Start-up과 혁신적 사고

Start-up과 혁신적 사고

초판 1쇄 발행일 2022년 02월 25일

지은이 전영미 · 서덕화 · 진주영 · 최인우 · 채완기 · 박상희
펴낸이 김대현
편집인 문남미
출판팀 지혜영
북디자인 이단비

펴낸곳 호서대학교 출판부
출판등록 제452-2011-000004호
주 소 충청남도 아산시 배방읍 호서로79번길 20
전 화 041)540-9767
팩 스 041)540-9745
이메일 press@hoseo.edu

ISBN 978-89-98741-52-5
정가 18,000원

PREFACE

지구상에 대한민국처럼 단기간 경제 강국으로 우뚝 선 나라는 보기 드물다. 수많은 역사적 수난을 겪으면서도 1인당 국내 총생산액(GDP)이 전 세계 10위에 진입하였다. 이러한 선진국 반열에 오른 위상은 끊임없이 반복되는 위기를 극복한 결과이다.

급변하는 디지털 시대는 새로운 혁신 국가로 자리매김해야 국가 경쟁력을 확보할 수 있다. 이를 뒷받침하는 원동력은 중소벤처의 도전적이고 혁신적인 창업가정신에 있다. 갈수록 미래 예측이 불가능한 외부환경 변화에 민감하게 대응하면서 항상 기회를 추구하고, 그 기회를 잡기 위해 혁신적 사고와 행동으로 시장에서 새로운 가치를 창조하고자 하는 것이 창업가정신인 이유다.

창조적 아이디어와 첨단 기술을 바탕으로 도전적인 사업을 운영하는 벤처기업에 있어 창업가정신이 필수적으로 갖추어져야 한다. 기업의 성장을 도모하고, 국가 경제 경쟁력을 이끌 수 있기 때문이다. 그래서 창업가정신 교육은 세상의 변화를 주도하는 혁신가를 만드는 모태이다.

선진국들이 창업가정신 교육을 필수적으로 추진하는 것은 지속 가능한 성장동력을 확보하기 위한 국가의 미래 전략 때문이다. 특히 창업가정신에서 배울 수 있는 진취성이나 위험 감수성, 경제 주역 리더로서 갖추어야 할 윤리의식이나 인성 함양은 대학생에게 반드시 선행되어야 할 교육이다.

이 책은 대학생들이 기업 생태계에서의 생존전략이 되는 벤처 창업을 이해하고, 창업가정신을 습득하여 미래 변화에 적응할 21세기 인재의 핵심역량 강화를 목표로 하고 있다. 이를 위해 경제환경 변화 추이를 바탕으로 창업에 대한 긍정적 시각 변화를 이끌고, 기존 사고의 관점 전환에서 확장된 창의적 아이디어 발상이 가능하도록 방법론을 제시하였다. 또한, 아이디어 구체화의 프로세스를 제시하여 실현하도록 구성하였다.

모두 창업가가 될 필요는 없다. 그러나 누구나 창업가가 될 수는 있어야 한다. 창업가정신이 기업 경영을 위한 신념이나 철학 실천의 행동강령으로 국한되기보다, 삶을 주도적으로 계획하고 펼쳐 나가는 데 방향을 제시하는 길이 되길 희망한다.

이 책이 나오기까지 함께 집필에 참여해 주신 교수님들께 진심 어린 감사의 마음을 전한다. 그리고 의미 있는 도전 기회를 주신 호서대학교 출판부 관계자분들께 감사드린다. 마지막으로 세심한 배려와 꼼꼼한 챙김으로 방점을 찍을 수 있게 도와주신 도서출판 연두에디션 관계자분들께도 고마운 마음을 전한다.

2022년

필자

CONTENTS

CHAPTER 1

벤처와 창업가정신

우리 사회는 4차산업혁명시대를 맞아 미래 산업을 주도하기 위해 발 빠르게 변화하고 있는 와중에 뜻하지 않게 '코로나19 팬데믹'이라는 복병을 만나게 되었다. 언제나 위기와 기회는 같이 온다고 하니, 지금의 상황은 누군가에게 기회가 되며, 누군가에게는 위기가 되어 생존을 위협받을 수 있다.

CHAPTER 1에서는 위기탈출 생존전략으로서 벤처 창업을 이해하고, 창업의 핵심요소 3가지 중 가장 중요한 창업가정신을 습득하는 데 목적이 있다.

창업가는 다른 사람이 관심 두지 않는 것을 그냥 지나치지 않고 기회를 발견한다. 혁신적이고 창의적으로 문제를 해결하며 위험부담이 있더라도 과감하게 실행한다. 또한, 다른 사람한테 의지하기보다 자율적이고 독립적으로 일을 추진하며, 목표를 수립하고 달성하려는 성취 욕구가 강하다. 필요한 자금이 부족해도 굴하지 않고 열정적으로 일하며, 위기와 어려움을 끈기와 근성으로 버티고 이겨내려는 사람이 창업가이다.

SECTION 1

기회와 위기의 공존 시대 생존전략

1 _ 기회와 위기의 공존

2016년 세계경제포럼에서 클라우스 슈밥(Klaus Schwab)에 의해 알려지기 전까지 대한민국에서는 4차산업혁명이라는 용어를 사용하지 않았지만, 독일은 2010년 Industry 4.0에서 제조업과 정보통신이 융합되는 단계를 준비하고 있었다.

대한민국은 왕조시대와 식민지지배로 인하여 산업화가 늦어졌고, 따라서 3차산업혁명 단계까지는 선진국을 뒤따라가는 모양새였다. 하지만, 정보화를 주도하면서 IT 강국 대열에 합류하였고, 이는 다른 어느 나라보다 먼저 4차산업혁명을 주도할 수 있는 준비의 밑거름이 되었다.

2020년 새해가 밝아오면서 희망에 부푼 다양한 꿈을 꾸었지만, 누구도 한 달 후에 닥쳐올 위기를 알지 못했다. 그 위기가 2년여 동안 온 지구를 지배하며 언제 끝날지 모를 위기감을 남겨줄 거라고는 예측할 수 없었다.

1997년 '외환위기', 2008년 '금융위기'를 겪었고, 2019년 '코로나 19위기'를 겪고 있으며, 지금은 "WITH CORONA"를 이야기하고 있다.

이제 위기는 항상 우리 옆에 존재하는 것이다.

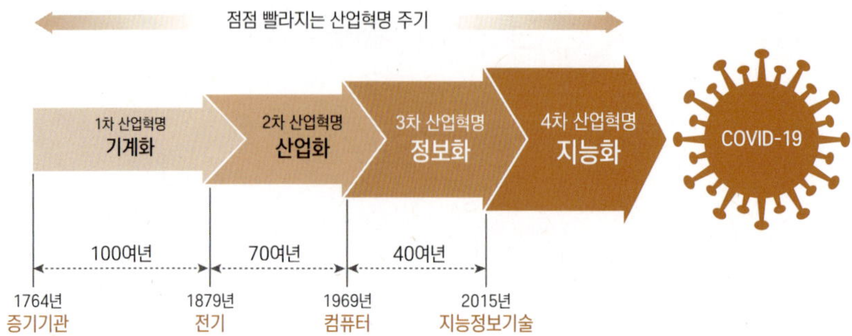

산업혁명 단계와 코로나 19

1.1 4차산업혁명

인공지능, 빅데이터 등 디지털 기술로 촉발되는 초연결 기반의 지능화 혁명 시대는 점점 변화의 속도가 빨라지며 범위가 넓어지고 있다.

1 개념

4차산업혁명은 2010년 독일의 미래기술정책(High Tech Strategy 2020) 10대 프로젝트인 Industry 4.0에서 제조업과 정보통신이 융합되는 단계에서 시작되었다. 이를 2016년 세계경제포럼(World Economics Forum : WEF)에서 클라우스 슈밥(Klaus Schwab)회장에 의하여 '4차산업혁명'이라는 개념으로 소개되었다.

제3차산업혁명을 기반으로 디지털 공간, 물리적 공간, 생물학적 공간의 경계가 허물어지는 기술융합의 시대가 오고, 제조업에 사이버물리시스템(Cyber-Physical System : CPS)을 융합한 제조혁신과 함께 전 세계 산업구조와 시장모델에 커다란 영향을 미칠 것으로 전망하였다.

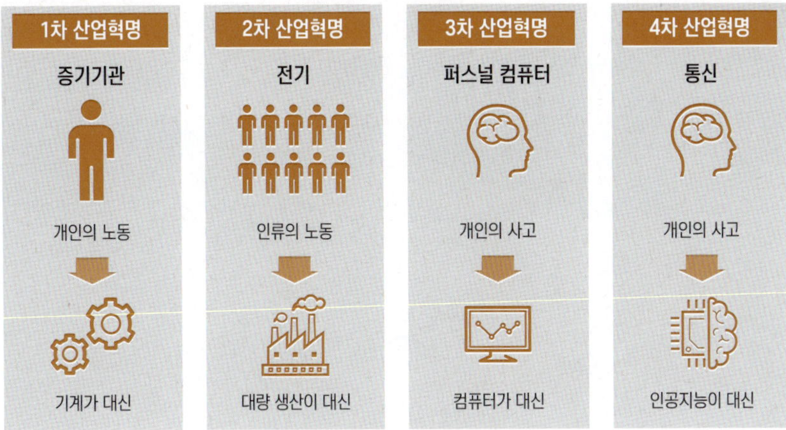

산업혁명 단계별 변화의 특징

2 4차산업혁명의 특징

4차산업혁명이 3차산업혁명과 다른 점은 범위, 속도, 영향력이며, 시스템의 변화, 획기적인 기술 진보, 파괴적 기술에 의한 산업 재편 등이 주된 특징이다.

주(主)에너지	재생에너지	
정보 신호	센서, 바이오 신호	
대표적 산출물	사물인터넷	
핵심산업	로봇, VR/AR	
핵심 구현 도구	인공지능	
중요도	연결의 수와 강도	

4차산엽혁명의 특징

3 AI와 ICBM

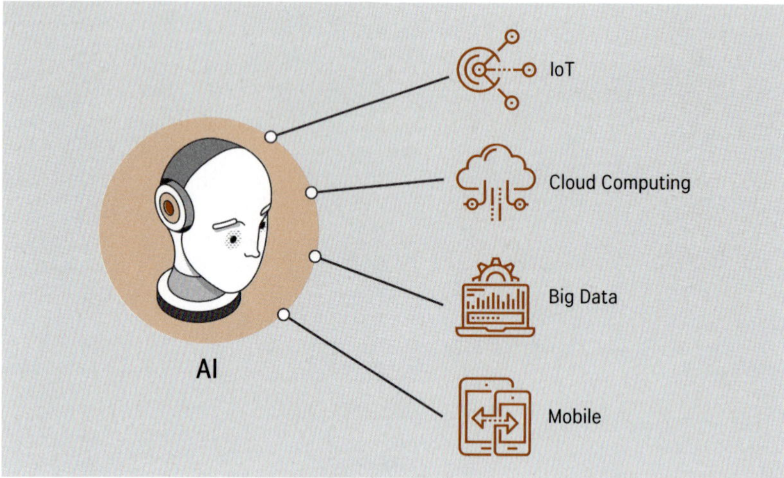

4차산업혁명 기반 기술은 컴퓨터와 데이터를 축적으로 한 AI(인공지능)를 주축으로 사물인터넷(IoT), 클라우드 컴퓨팅(Cloud Computing), 빅데이터(Big Data), 모바일(Mobile) 등이 있다.

■ AI(Artificial Intelligence, 인공지능)

인공지능(AI)은 동적 컴퓨팅 환경에 내장된 알고리즘을 생성하고 적용하여 인간의 지능을 모방하는 기초 지능이다.

인공지능은 어떻게 생겨났을까?

인간은 인간의 두뇌를 모방하는 기계를 만드는 것에 강한 흥미를 느끼고 있었으며, 인공지능 연구의 업적을 인정받아 튜링상을 받은 존 매카시(John McCarthy)가 1955년에 '인공지능'이라는 용어를 만들었다.

1956년 매카시는 다른 사람들과 함께 "인공지능에 대한 다트머스 여름 연구 프로젝트(Dartmouth Summer Research Project on Artificial Intelligence)"라는 컨퍼런스를 개최했고, 이 시작은 머신러닝(Machine Learning), 딥러닝(Deep

Learning), 예측 분석, 규범적 분석의 탄생으로 이어졌으며, 완전히 새로운 연구 분야인 데이터 과학도 등장하게 되었다.

AI는 인간처럼 사고하고 행동하는 컴퓨터를 만들려고 한다. 이 목표를 달성하려면 세 가지 핵심 구성요소가 필요하며, 더 인간다운 결과를 원할수록 더 많은 데이터와 처리 성능이 필요할 것이다.

- 계산 시스템
- 데이터와 데이터 관리
- 고급 AI 알고리즘(코드)

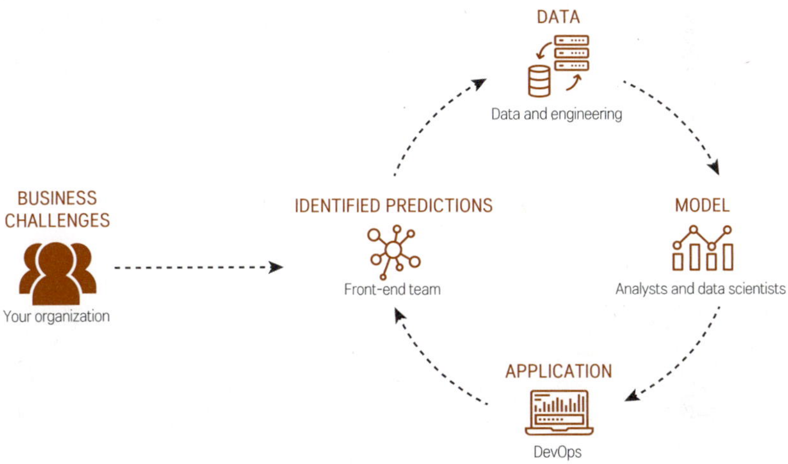

조직에서 머신러닝 구현하기

인공지능이 중요한 이유는 무엇일까?

오늘날 생성되는 데이터의 양은 이 데이터를 흡수하고 해석하며 의사결정을 내리는 인간의 능력을 초월한다. 인공지능은 모든 컴퓨터 학습의 기초이자 복잡한 의사결정의 미래이다.

3목두기(tic-tac-toe)게임에서 나올 수 있는 조합은 255,168개인데 이 중에서 46,080개는 무승부로 끝난다. 이 게임에서 이기는 수를 미리 파악해 두고 상대방이 어떤 곳을 공략하더라도 이기는 전략을 만드는 것은 그리 어렵지 않다고 생각한다. 그러나 체커 게임의 조합은 대략 10의 120제곱쯤으로 우주에 존재하는 원자의 수를 뛰어넘는다. 컴퓨터는 이러한 조합과 순열을 계산하여 최상의 결정을 내리는 데 있어서 매우 효율적이다.

인공지능 사용 사례

AI는 금융 사기 탐지, 소매업의 소비자 구매 행동 예측, 온라인 고객지원 상호 작용 분야에서 응용되고 있다. 금융 업계의 사기 탐지는 신용 대출 신청의 초기 점수를 산정할 때 AI를 사용하여 신용도를 파악한다. 콜센터에서는 VCA(가상고객지원)를 사용하여 인간과 상호 작용하지 않고, 고객의 문의를 예측하고 응답한다. 챗봇을 통해 대화하는 경우 AI를 실행하는 컴퓨터와 상호작용하며, 챗봇이 해석하거나 해결할 수 없는 문제는 직원이 개입하여 직접 의사소통한다.

■ IoT

우리가 실생활에서 가장 밀접하게 느끼는 4차산업혁명 시대의 연관 기술이며, 사람, 기기, 공간, 데이터 등이 네트워크로 연결된 '초 연결망' 상태를 의미한다.

IoT로 인해 나타날 변화

- 사용자의 귀가 패턴을 고려해 도착 전에 미리 실내 온도를 적정 수준으로 유지
- 웨어러블 기계가 인체 정보를 실시간으로 체크하여 건강에 문제가 생겼을 때 자동으로 경고
- 스마트 기기에 연결된 집, 건물, 도시에 살면서 인간의 모든 활동에 반응하는 IoT 서비스

삼성전자 패밀리 허브

- 내부 카메라를 통해 보관된 식재료를 언제든 스마트폰으로 확인
- 앱을 활용하여 식재료 주문, 키친 엔터테인먼트 등을 지원

LG전자 스마트씽큐

- 일반 가전에 스마트 기능을 부여하는 전략으로, 2017년부터는 출시하는 모든 가전 제품에 와이파이(WiFi) 무선랜을 탑재하고 음성·영상인식 등 AI 기술을 적용하였다.

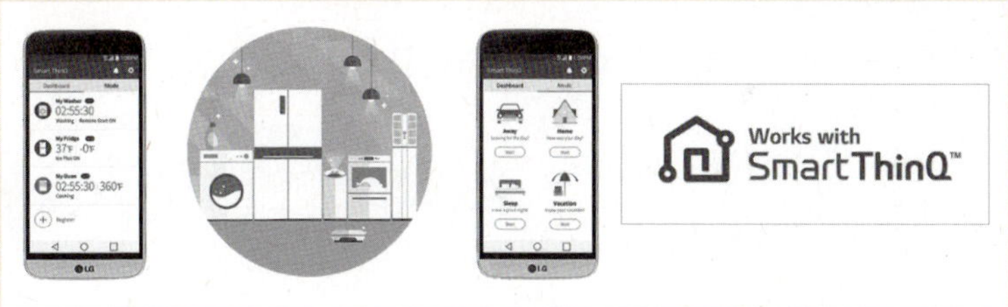

- SK텔레콤 지능형 스마트 홈서비스 : 현대건설과 손잡고 시작하였으며, 관련 서비스가 적용된 아파트에서는 스마트폰 음성 명령만으로 가전기기를 작동하고, 공용 출입문과 엘리베이터를 제어하는 등 다양한 맞춤형 서비스를 제공
- KT 홈 헬스 케어 : 병원에 가지 않고도 집에서 간단한 건강관리가 가능토록 헬스 케어 분야 IoT 기기·기술 활용
- S-Oil SUPER PROJECT : 생산라인 현대화 및 공정 내 제어·관리 시스템 개선 등 고도화된 IoT 솔루션 구축.

■ Cloud Computing

클라우드 컴퓨팅은 각각 따로 떨어진 기기들을 하나의 네트워크로 연결하고 원격으로 필요한 작업을 실행할 수 있는 기술이다. 클라우드 컴퓨팅은 IoT 기반의 센서로 수집한 정보를 빅데이터를 통해 분석할 수 있는 공간이자 인프라가 된다는 점에서 4차산업혁명의 큰 축을 담당한다.

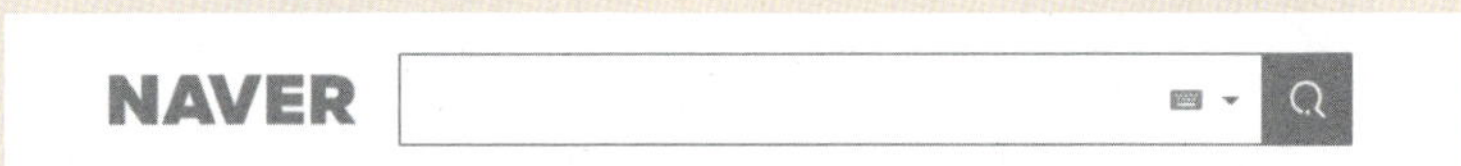

- 국내에서 클라우드 서비스에 가장 앞서 있는 곳은 네이버이다.
- '구글 드라이브'나 '아이클라우드'와 같은 '네이버 클라우드'를 운영 중이다.

- 클라우드 컴퓨팅은 핀테크 기술과도 시너지를 발휘하는데, 네트워크 내에서 일어나는 거래 내용을 안전하게 기록, 저장하는 기술인 블록체인 기술과 결합하면 클라우드 공간 내 정보 유통의 보안성을 높일 수 있다.
- 클라우드 컴퓨팅을 활용하여 의사가 환자의 의료기록을 실시간으로 활용하여 진료하는 맞춤형 진료 서비스가 이뤄질 수 있지만, 규제가 걸림돌이 될 수는 있다.

■ Big Data

"4차산업혁명은 누가 더 많은 빅데이터를 갖고 있느냐의 싸움이다."라고 이야기한다. 빅데이터를 확보하고 가공하기 위한 기술이 4차산업혁명의 핵심이다.

식품업계는 빅데이터로 직접적인 수익을 내고 있으며, 분석한 정보를 마케팅과 상품 판매에 적극적으로 활용하고 있다.

CJ제일제당의 비비고 '왕맥'

- 왕교자 + 맥주
- 비수기인 여름철 왕교자 매출 부진으로 고민하던 중 맥주 안주로 만두를 찾는 사람이 많다는 데이터에 근거로 기획하여 대박이 났음.

금융권

- 수천만 건에 달하는 카드 결제 데이터를 기반으로 소비 트렌드를 분석하고 이를 토대로 공공기관과 기업에 컨설팅해주는 게 주 업무.
- 국내 빅데이터 활용은 아직 미흡하고, 기업의 의사결정은 여전히 데이터 기반이 아니라 CEO의 주관적 판단에 따라 결정하는 경우가 많지만, 빅데이터 활용 성공 사례가 많이 나온다면 분위기는 달라질 것.

■ Mobile

스마트폰 없이 살 수 있을까?

2007년 1월 9일 미국 샌프란시스코 맥월드 연단에서 스티브 잡스(Steve Jobs, Steven Paul Jobs) 애플 CEO의 청바지 주머니에서 나온 조그만 기기는 세상에 나온 지 얼마 되지 않아 우리의 일상을 180도 바꿔놓았다.

스마트폰을 소개하는 스티브 잡스

모바일 기술의 발달로 모든 일상이 손안에서 이뤄지는 세상이 되었으며, IoT, 클라우드 컴퓨팅, 빅데이터는 모두 모바일을 매개로 서비스가 이루어진다.

모바일을 활용한 다양한 서비스

가장 큰 변화의 물결은 온라인과 오프라인 연계 서비스인 O2O 비즈니스에서 나타나고 있으며, 특히 유통업계는 고객의 스마트폰 활용 습관을 쇼핑에 활용하여 유통기한이 짧은 신선식품까지 당일 배송해주는 서비스를 하고 있다.

세차와 청소 등 생활밀착형 서비스도 스마트폰으로 편리하게 이용할 수 있으며, 매장을 방문하기 전 모바일 앱을 통해 먼저 주문해놓는 '오더(order)' 서비스도 실행하고 있다.

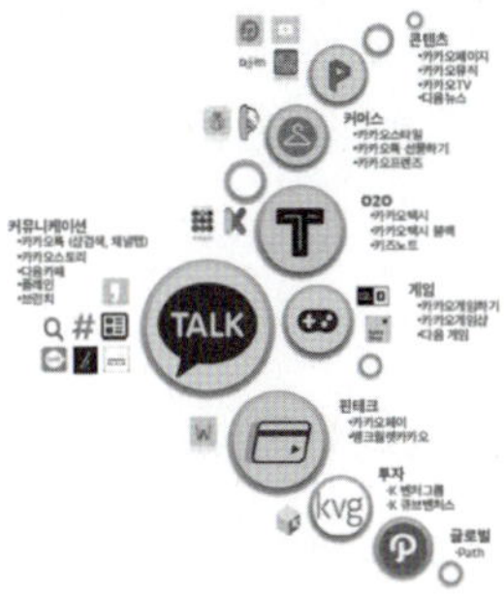

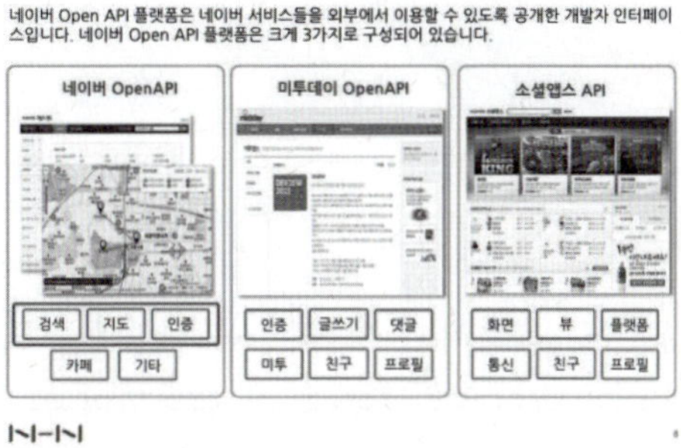

네이버	VS	카카오
인터넷 및 모바일 검색	핵심자산	카카오톡 택시 등 패밀리 앱
네이버페이(결제) 네이버톡톡(상담) 마이비즈니스(업체정보) 모두(모바일홈)	기존 플랫폼	카카오페이(결제) 플러스친구(상담) 옐로아이디(업체정보) 스토리채널(블로그)
검색에서 시작해 예약 주문 결제 등	차별화 전략	친구 추천 및 등록에서 시작해 예약 주문 결제

네이버와 카카오의 O2O 전략 비교

모바일 시장을 둘러싼 네이버와 카카오의 경쟁도 치열하다. 네이버는 단순한 검색 포털 사업자에서 벗어나 로봇·AI 등을 포함한 '기술 플랫폼'으로 변화하고 있고, 카카오는 다양한 생활 영역의 O2O 서비스를 누릴 수 있는 플랫폼으로 진화하고 있다.

1.2 4차산업혁명에 따른 미래사회의 변화

4차 산업혁명이 바꿀 미래-Hyper World

3H(Hyper) :
현재의 지능과 산업의 경계를 뛰어넘고
모든 사람과 사물이 연결된 초지능,
초산업, 초연결을 표현한 '초월'의 개념

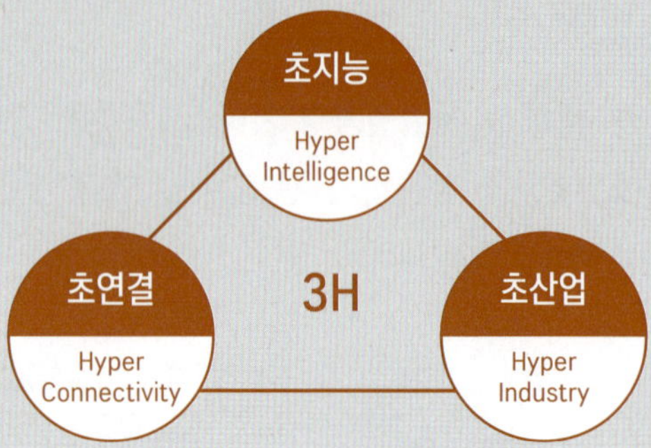

1 초지능 사회

알파고 쇼크 이후 인공지능은 엄청난 속도로 진화하였다. 아무런 사전 데이터가 없더라도 스스로 바둑을 두며 원리를 터득하여 세상에 없던 창의적인 수를 두는 경지에 이르렀다.

모든 기계와 대화를 할 수 있는 음성혁명이 일어났으며, 언어장벽이 허물어지는 언어혁명이 진행되고 있다. 로봇은 사람을 대신해서 지치지 않고 물건을 생산하는 기계혁명을 일으키고 있다. 이런 혁명에는 인간의 뇌처럼 학습하면서 문제를 해결하는 인공지능이 자리 잡고 있다.

1H: 초지능(Hyper-intelligence) 사회

모든 기계와 대화 가능한
음성 혁명

100개국 언어장벽 허무는
언어 혁명

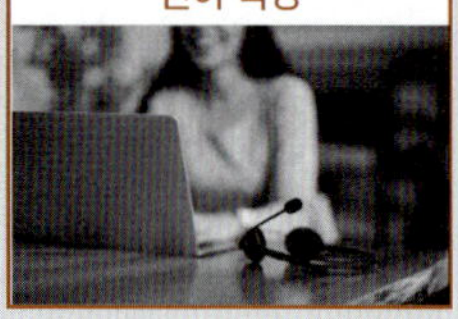

로봇이 24시간 생산하는
기계 혁명

2 초연결 사회

4차산업혁명의 꽃으로 불리는 자율주행차는 초연결기술의 집약체이며, 이동 혁명을 이끌고 있다. 사물인터넷, 빅데이터, 5G 기술과 융합하여 단순한 이동수단이 아닌 모든 사물과 연결된 생활공간으로 진화하고 있다. 또한, 모든 사물이 IoT로 연결되고, 초효율 지능사회가 되는 도시혁명이 일어나고 있다.

2H: 초연결(Hyper-connectivity) 사회

이동 혁명
자율주행차 상용화, 드론 택시의 등장,
서울~부산 15분 시대 여는 하이퍼루프 기술 등

도시 혁명
스마트 시티의 탄생, IoT로 모든 사물이 연결된 세상,
초효율 지능사회의 도래

- 세계최대의 자동원격검침(AMR, Automated Meter Reading)시스템을 도입한 오픈 데이터 기반 미국 뉴욕의 스마트시티 변신

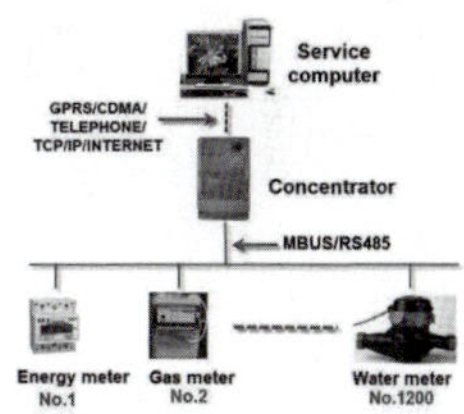

- 사이드워크랩스를 통해 21세기형 스마트 시티를 꿈꾸는 캐나다 토론토
- 자율주행 셔틀과 행인의 움직임을 감지하는 교통신호등, 모듈형 주택, 지하터널을 오가는 화물수송 로봇

- 2020년까지 500개 이상 스마트시티를 만들겠다는 야심찬 목표의 롤모델, '대륙의 스마트시티' 항저우
- 스마트폰만 있으면 현금·카드가 필요 없는 도시브레인 시스템
- 알리바바 본사가 있으며, 알리클라우드 기반 도시관리시스템인 ET 도시브레인시스템 도입

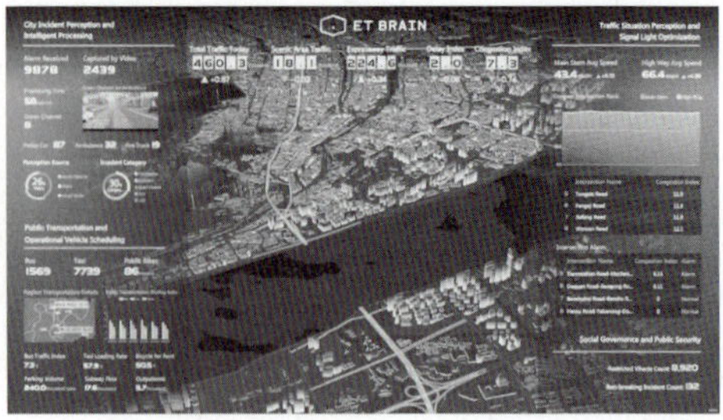

역사와 문화의 도시 항저우가 인터넷과 인공지능이 결합된 스마트시티가 되었다.

3 초산업 사회

모든 산업의 경계가 무너지는 제조 혁명이 지구촌 곳곳에서 일어나고 있다. 세계적 소프트웨어 회사 지멘스(Siemens)는 제조업·에너지·설비·교통·물류·빌딩관리·스마트시티·헬스 케어 등 다양한 분야에 디지털화 시대를 여는 비즈니스모델을 추진하고 있으며, 마인드 스피어(Mind Sphere)는 지멘스 솔루션의 핵심이다.

드론을 활용하여 택배를 하는 배달 혁명, 증강현실을 이용한 쇼핑 등이 거래 혁명을 일으키고 있으며, 4차산업혁명이 전 산업계를 송두리째 변화시키고 있다.

1.3 포스트 코로나 시대

중세시대는 흑사병으로 인하여 유럽 인구 3분의 1이 목숨을 빼앗겼고, 인구의 급격한 감소로 영주들은 소작농을 구하지 못해 파산하기 시작하였다. 이러한 영향으로 중세시대는 급격하게 재편되어 화폐경제, 교역의 시대가 도래하였다.

16세기 잉카제국은 스페인 군대를 따라 들어온 천연두로 몰락하였고, 남미의 금은이 유럽으로 쏟아져 들어오면서 상공업과 자본주의의 싹을 틔웠고, 유럽의 금융 질서가 새롭게 바뀌는 계기가 되었다.

20세기 스페인독감으로 인한 사망자수가 세계 1차대전 사망자수를 넘어서면서 이로 인한 노동량 감소는 자본 집약 산업의 발전으로 이어졌다.

3차산업혁명 시대의 일자리 창출

4차산업혁명 시대의 급격한 변화 속에서 코로나 19는 우리에게 또 하나의 커다란 충격을 주고 있다. 코로나 19로 인하여 경제뿐만 아니라 여러 가지 어려움을 겪고 있지만, 앞의 외국 사례에서 보는 것처럼 경제적 어려움은 잠시 지나가는 것에 불과하며, 새로운 시대의 변화가 올 것을 예견할 수 있다.

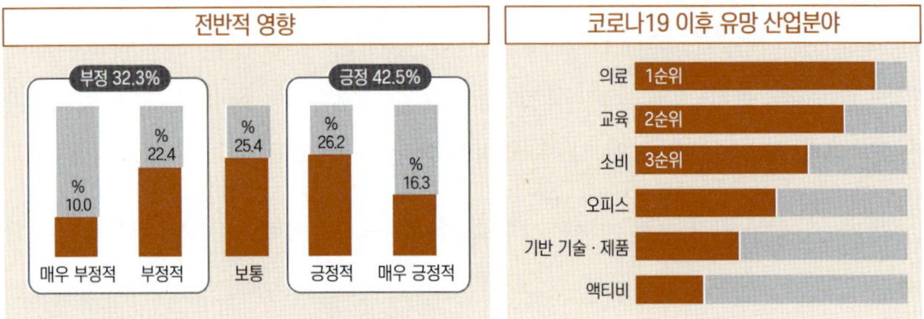

출처: 중소벤처기업부 2020.12 설문조사 결과

코로나 19 이후 스타트업 생태계 영향

1 경기 침체

코로나 19 팬데믹 이전에는 4차산업혁명과 글로벌화의 큰 흐름을 따라서 새로운 사업기회를 모색하였다. 하지만, 코로나 19의 대유행으로 짧은 기간에 경제·사회·문화 등 전 분야에 영향을 미쳤으며, 글로벌 디지털 전략수립, 지역 중심으로 글로벌 공급망 재편, 기후변화 대응 등 코로나 시대의 새로운 환경을 만들었다.

특히, 2020년 세계경제성장률을 세계은행 –5.2%, OECD –4.5%, IMF –4.4%로 예측할 정도로 세계경제는 코로나 19이전보다 침체하였다.

2 일자리 감소와 업무 역량의 디지털화

코로나 19로 인한 경기 침체로 실업률 증가, 고용 양극화 등이 나타나고 있으며, 감염병 예방을 위한 '사회적 거리 두기' 시행은 재택근무와 온라인

회의라는 새로운 일상을 만들어놓았다.

특히 코로나 19 확산을 막기 위한 비대면 환경 조성은 디지털 사회로의 전환을 가속하였고, 대면접촉을 최소화하기 위하여 자동화를 추진하고 있으며, 업무 역량도 디지털시대에 맞게 변화하고 있다.

3 레이어드 홈(layered home)

코로나 19시대에 가장 주목받는 플랫폼은 무엇일까? 배달 플랫폼, 온라인 쇼핑 플랫폼, 커뮤니티 플랫폼 등이 떠오르지만, 정답은 다름 아닌 '집'이다. 바이러스의 위협을 피해 공부·업무·운동·취미 활동은 물론 사교활동까지도 모조리 집에서 해결해야 하는 '집콕'시대가 도래한 까닭이다.

사회의 수준이 높아짐에 따라 사람들의 관심사는 '의-식-주' 순서로 변화한다. 패션과 외모에 신경을 쓰다가, '먹방', '쿡방' 같은 식생활에 관심이 커지고, 마지막으로 주거에 쏠림이 강해진다는 뜻이다. 그러나 그동안 변화가 뚜렷하게 나타나지 않았었는데 코로나 19로 인하여 확실한 변화 양상을 보이고 있다.

코로나 19로 인해 앞당겨진 주거의 변화는 '레이어드 홈(layered home)'이다. 여러 벌의 옷을 겹쳐 입는 레이어드룩처럼 집은 주거의 기본 기능에 새로운 기능을 다음과 같이 추가하였다.

첫째, 반강제적으로 집에서 머무는 시간이 많아지자 휴식, 수면 등 원래의 안식처로서의 집 기능이 더욱 강화되고 있다. 그러면서 내구재의 교체주기 축소와 고급화라는 특징이 나타나고 있다. 집 안에 머무르는 시간이 길어지고 내구재에서 얻는 효익도 크게 느껴지기 때문에 돈을 쓰는 것이 전혀 아깝지가 않다고 생각하게 되었다.

둘째, 코로나 19는 밖으로 향하던 많은 활동을 다시 집으로 향하게 하였다. 따라서 새로운 공간 확보와 솔루션화가 필요하게 되었으며, 건설사에서 제공하는 알파룸은 운동룸, 취미룸 등으로 변신하고 있다. 확장하는 것이 당연했던 발코니 공간도 홈캠핑, 홈카페 공간으로 재조명받고 있다. 새로운 공간 확보가 어려우면 솔루션의 도움을 받기도 한다.

셋째, 집의 개념이 집 근처, 동네로 확장되고 있다. 재택근무 시대에는 집과 지하철이 가까운 역세권보다 집 안에서 해소하지 못하는 부족한 것을 집 근처에서 해결하는 슬세권(슬리퍼와 흔히 역세권(驛勢圈)이라고 쓰이는 세권을 합성한 말)이 훨씬 더 중요하다. 즉, 집 근처에 기분 전환할 카페와 급할 때 쇼핑을 할 수 있는 작은 마트가 더 중요하게 되었다.

넷째, 투자 자산에서 거주를 위한 집으로 변신하고 있다. 집의 역할이 변하면, 집 안에서 생활하는 사람들의 모든 소비 활동 역시 진화한다. 사람들이 택배기사를 가장 친한 사람으로 꼽는 광고는, 집은 곧 일상을 창조하는 공간이며, 미래 소비산업의 요람이 될 것이라는 증거이다.

4 디지털 글로벌화 전략 추진

디지털 글로벌화는 산업 생태계의 역량 있는 참여자와의 연결을 통해 기업 고유 기술과 지식을 창출하여 경영 우위를 지속해 가는 것이다. 글로벌 협업을 통해 산업 간 융합과 혁신을 촉진하여 글로벌시장에서 성장할 기회를 얻는다.

애플도 플랫폼 기능과 커뮤니케이션을 강화하여 자사가 구축한 생태계 내에서 보완적인 역할이 가능하다면 누구와도 협력할 수 있는 조직으로 전환하여 팬데믹 상태에도 불구하고 세계 최대기업으로 성장하고 있다.

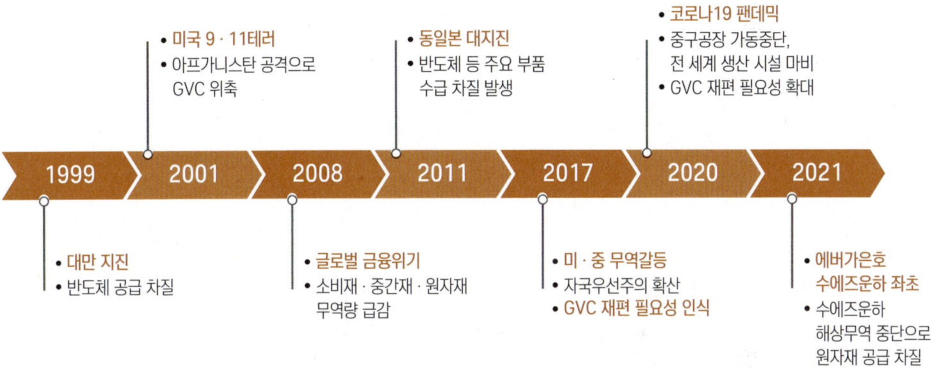

출처: IBK기업은행(2021), 중소기업 CEO Report, 195: 7.

글로벌 가치사슬을 흔든 결정적 사건

5 지역 중심의 공급망 재편

코로나 19 이전에도 세계 주요나라들은 자국의 안보를 이유로 해외 기업의 자국기업 인수합병을 적극적으로 막고 있었다. 하지만 코로나 19로 글로벌 공급망이 붕괴하자 높은 반도체 해외 의존도를 국가 안보적 위기로 인식하게 되었다. 따라서 코로나 19 이후 글로벌 공급망은 효율성과 공급 가격을 고려한 원가 절감형 오프쇼어링(offshoring) 패턴에서 핵심 산업

활동을 모두 자국에서 수행하는 리쇼어링(Reshoring) 패턴으로 재편되고 있다.

코로나 19로 촉발된 지역 중심 공급망 재편은 북미, EU, 중국을 대상으로 중간재를 수출해온 우리나라 기업들에는 큰 타격이 되고 있다. 이를 해결하기 위하여 소비자와 시장이 있는 지역 중심으로 공급망을 재편하고, 중국에 대한 의존도를 낮추고 있으며, 국내 기업 간 협력을 강화해 내부 경쟁력을 강화하고 있다.

6 기후변화 대응과 탄소 중립의 압박

기후변화와 탄소 중립을 준수하라는 압박은 코로나 19 확산을 기점으로 더욱 강경해지고 있다. 탄소 배출로 성장한 우리나라 기업이 기후변화에 대응하기 위해서는 기업 이미지와 브랜드 가치 제고, 경제적 실익 측면에서 포괄적이고 중장기적인 표준화된 대응방안 마련이 필요하다.

2 _ 생존전략 : 벤처 창업

2.1 벤처 창업의 개념과 특징

1 개념

벤처 창업은 일반적으로 혁신기술과 지식을 창출하기 위하여 창업하는 것을 의미한다. 다만, 해당 기업군의 기준이 명확하지는 않으며 통상적으로 젊은 사람들이 기술이나 전문성에 근거해서 4차산업혁명시대의 다양한 기술을 활용하여 창업하는 것을 의미하고, 일반창업보다 고위험, 고수익이 특징이다.

1997년 10월 '벤처기업육성에 관한 특별조치법(약칭 : 벤처기업법)'이 제정되면서 '벤처'라는 이름이 공식적으로 사용되었다. 법의 제정 목적에 맞게 우리 산업의 구조조정을 원활히 하고, 경쟁력을 높이는 데에 기여 하는 기업을 벤처기업이라고 정의하고 있다.

2 구분

벤처 창업은 사업 유형과 사업 수행 행태를 기준으로 일반창업, 생계형 창업과 구분한다. 일반창업은 벤처 창업과 생계형 창업의 중간 정도로 전통 제조업 창업과 일반 서비스업, 유통업 창업 등을 포함한다. 생계형 창업은 소자본으로 요식업, 프랜차이즈 가맹점 등을 창업하는 기초적인 생계유지 수단 비중이 높은 창업이다.

[창업의 유형에 따른 구분]

구분	관련 법령	특징	해당 업종
벤처 창업	벤처기업 육성에 관한 특별조치법	고위험, 고수익, 기술기반	벤처캐피탈 투자 기업, 연구개발 투자기업, 신기술개발기업, 기술평가기업
생계형 창업	소상공인 보호 및 지원에 관한 법률	기초적 생계유지 수단 소기업 / 소상공인	도매, 소매, 음식업, 서비스업
일반 창업	중소기업 창업지원법	전통적인 창업	중소 제조업

3 특징

■ 기술수명주기와 기술개발

핵심 기술을 기반으로 창업을 하므로 기술개발과 창업에 필요한 자원 획득 속도가 성공 여부를 좌우한다. 벤처기업은 연구개발을 바탕으로 비즈니스모델을 도출하고, 사업화 가능성을 검토 · 평가 후, 제품화를 통해 창업한다.

창업 단계에서는 사업의 개념을 명확하게 하고, 제품의 특성을 파악하여 시장을 확인한 후 자원을 조달하는 과정을 걸치는데, 기술수명주기를 이용하여 제품 생산 시기를 결정하고 경쟁우위를 확보할 수 있다.

[기술수명주기와 경쟁우위]

기술수명주기 단계	경쟁우위에 대한 기술의 중요성
1. 초기단계 (Emerging technologies)	• 연구개발 초기이며, 잠재력을 평가받기까지 개발의 진보가 필요한 기술 • 태동 단계인 경우
2. 발전단계 (Pacing technologies)	• 현재 연구 중이나 가까운 미래에 핵심기술이 될 수 있는 가능성이 높은 기술 • 성장 단계인 경우
3. 핵심단계 (Key technologies)	• 제품/프로세스의 차별화 및 경쟁우위를 유지할 수 있는 기술 • 현재 시장의 경쟁에 있어 핵심 기술 • 성장/성숙 단계인 경우가 많음
4. 표준화단계 (Base technologies)	• 사업수행을 위해 반드시 보유해야 할 기반 • 표준화 되어 있는 경우가 많음 • 성숙/노화 단계인 경우가 많음

▪ 죽음의 계곡 극복

기술수명주기단계마다 벤처기업이 극복하기 어려운 장애물이 가로막고 있다. 첫 번째는 우수 원천기술이 자금을 지원받지 못해 시장에 맞는 가치 있는 응용기술로 발전하지 못하게 만드는 '악마의 강'이다. 두 번째는 기술개발에 내재하는 위험이나 불확실성으로 인해 초기 사업화 단계의 응용연구에 자금이 원활하게 투입되지 않아 시제품 개발에 실패하면서 맞이하는 '죽음의 계곡'이다. 마지막으로는 시제품이 개발된 뒤에도 시장이 무르익지 않거나 마케팅 역량이 부족해 사업화에 성공하지 못하는 '다윈의 바다'이다.

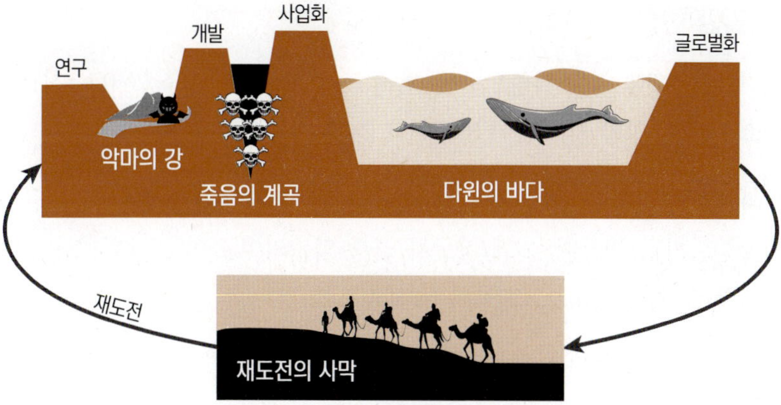

벤처생태계의 위험구간

강, 계곡, 바다를 건너 사업화에 성공하려면 소비자의 니즈에 맞는 추가 기술 개발과 시장 흐름을 읽어서 적절한 시기에 시장에 진출해야 한다. 위기 상황에 누군가가 비즈니스모델 개발에 적합한 기술을 제공하고, 시장 진출 경험과 마케팅 비법을 주는 구원의 손길이 있다면 행운이지만, 그럴 가능성은 크지 않다.

2.2 벤처 창업의 현황

국내 창업기업 10곳 중 7곳은 창업 후 5년을 넘기지 못하고 문을 닫는다. 국내 창업기업의 5년 차 생존율은 29.2%이며, OECD 주요국 창업기업 5년 생존율 41.7%에 비해 상당히 낮은 수준이다. 국내 업종 중 5년 차 생존율이 가장 높은 업종은 제조업이며, 5년 생존율은 39.9%이다. OECD 주요국의 5년 차 생존률을 국가별로 살펴보면, 프랑스가 48.2%, 영국 43.6%, 이탈리아 41.8%, 스페인 39.7%, 독일 38.6%, 핀란드 38.5%로 나타났다.

1 일반 현황

벤처기업은 5대 업종 기준으로 일반 제조 40.4%, 첨단제조 26.0%, 첨단서비스 19.6%, 일반 서비스 11.8%, 기타 2.2% 비중으로 분포하였다.

10대 업종 현황을 보면 음식료/섬유/비금속/기타제조 분야의 비율이 21.0%로 가장 높으며, 기계/자동차/금속 업종의 비율이 19.4%, 소프트웨어개발/IT 기반 서비스 12.5%를 차지하고 있다.

[10대 업종분포 현황]

에너지/화학/정밀	의료/제약	컴퓨터/반도체/전자부품	통신기기/방송기기	기계/자동차/금속	음식료/섬유/비금속/기타제조	소프트웨어개발/IT기반서비스	정보통신/방송서비스	도소매/연구개발/서비스/기타서비스	기타
8.7	3.6	10.3	3.5	19.4	21.0	12.5	7.1	11.8	2.2

벤처기업의 평균 업력은 11.0년이며, 성장단계에서 성숙기에 해당하는 기업이 32.9%로 가장 높은 비중을 차지했다.

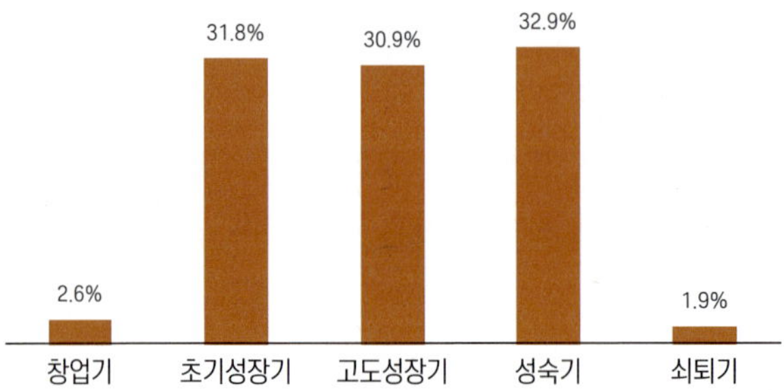

기업 성장단계

2 경영성과 및 재무현황

벤처기업의 2019년 말 기준 매출액은 193.3조원이며, 기업당 평균 매출액은

5,296백 만원, 평균 영업이익은 120백 만원, 평균 순이익은 24백 만원으로 나타났다. 대기업과 중소기업에 비하여 매출액 영업이익률과 매출액 순이익률은 낮았다.

평균자산은 6,381백 만원, 평균 부채는 3,586백 만원, 평균 자본은 2,795백만원이며, 자기자본 비율은 43.8%, 부채비율은 128.3%로 나타났다.

[2019년 벤처기업 경영성과 현황]

구분	매출액		영업이익		금융비용 (이자비용)		순이익		매출액 영업 이익률	매출액 순이익률
	총액	평균	총액	평균	총액	평균	총액	평균		
2018년	191,908,501	5,321	7,654,731	212	3,000,325	83	4,004,035	111	4.0	2.1
2019년	193,320,462	5,296	4,370,727	120	3,339,941	91	871,308	2.3	2.3	0.5
증감률	-0.5		-43.4		9.6		-78.4		-	-

[2019년 벤처기업 재무현황]

구분	자산		부채		자본		자기 자본 비율	부채 비율
	총액	평균	총액	평균	총액	평균		
2018년	207,937,263	5,766	110,476,672	3,063	97,460,636	2,702	46.9	113.4
2019년	232,925,454	6,381	130,910,916	3,586	102,014,537	2,795	43.8	128.3
증감률	10.7		17.1		3.4		-	-

3 인력 현황

2019년 12월 말 기준 벤처기업의 총종사자 수는 810,643명으로 추정되며, 기업당 평균 종사자 수는 22.2명이다.

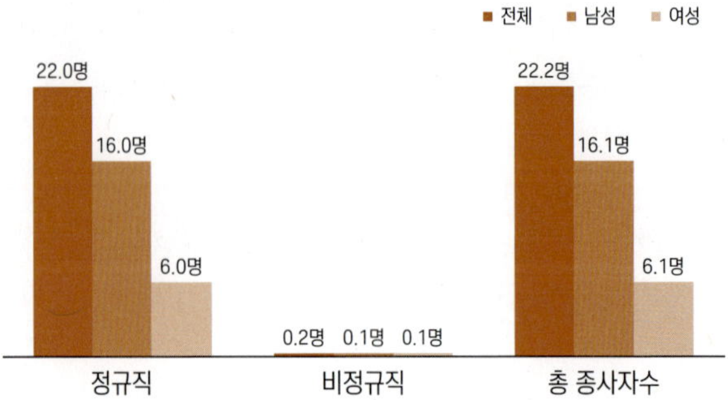

2019년 인력 규모 현황

인력 확보 애로 직종은 연구/개발(72.1%), 생산/품질(51.5%), 홍보/마케팅/영업(40.8%), 인사/총무(12.6%), 전략/기획(9.9%), 재무/회계(6.0%) 순으로 나타났다.

4 창업자 특성

대표이사의 7.7%가 남성이며, 50대가 42.4%로 가장 높은 비중을 차지하고 있으며, 56.2%가 대학졸업자이며, 전공은 공학이 48.0%를 차지하였다.

대표이사의 이전 근무지는 중소기업 및 벤처기업이 79.2%이며, 업무 경력 분야는 연구/개발 분야 출신이 65.1%로 가장 높았다.

<대표이사 연령분포>

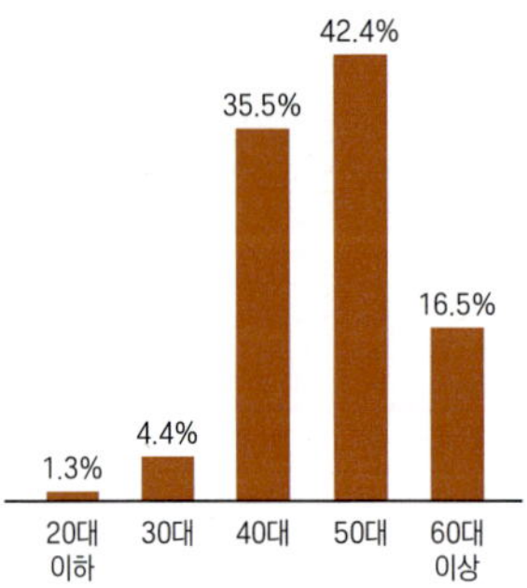

<대표이사 최종학력>

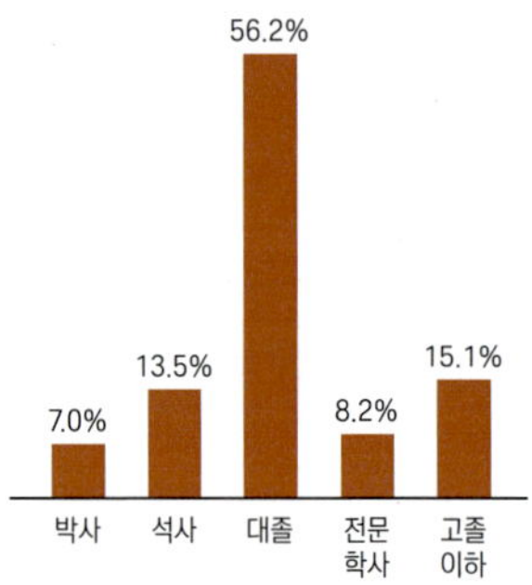

창업 당시 기준으로 창업연령은 40대가 44.5%로 가장 높았으며, 창업 방식은 독자적으로 창업한 경우가 98.1%, 창업 보육과정을 거친 경우가 1.7%, 기업의 분사 형태가 0.2%로 나타났다.

생각해보기 내 인생에서 창업이란?

1. 4차산업혁명의 핵심요소는 무엇인지 적어보시오.

2. 코로나 19는 우리 사회에 어떤 영향을 미쳤는지 이야기해 보시오.

3. '벤처 창업'은 어떤 의미가 있는지 설명해 보시오.

4. 위기에서 생존할 수 있는 전략은 무엇인지 적어보시오.

자료실 2020년 벤처기업 정밀 실태조사

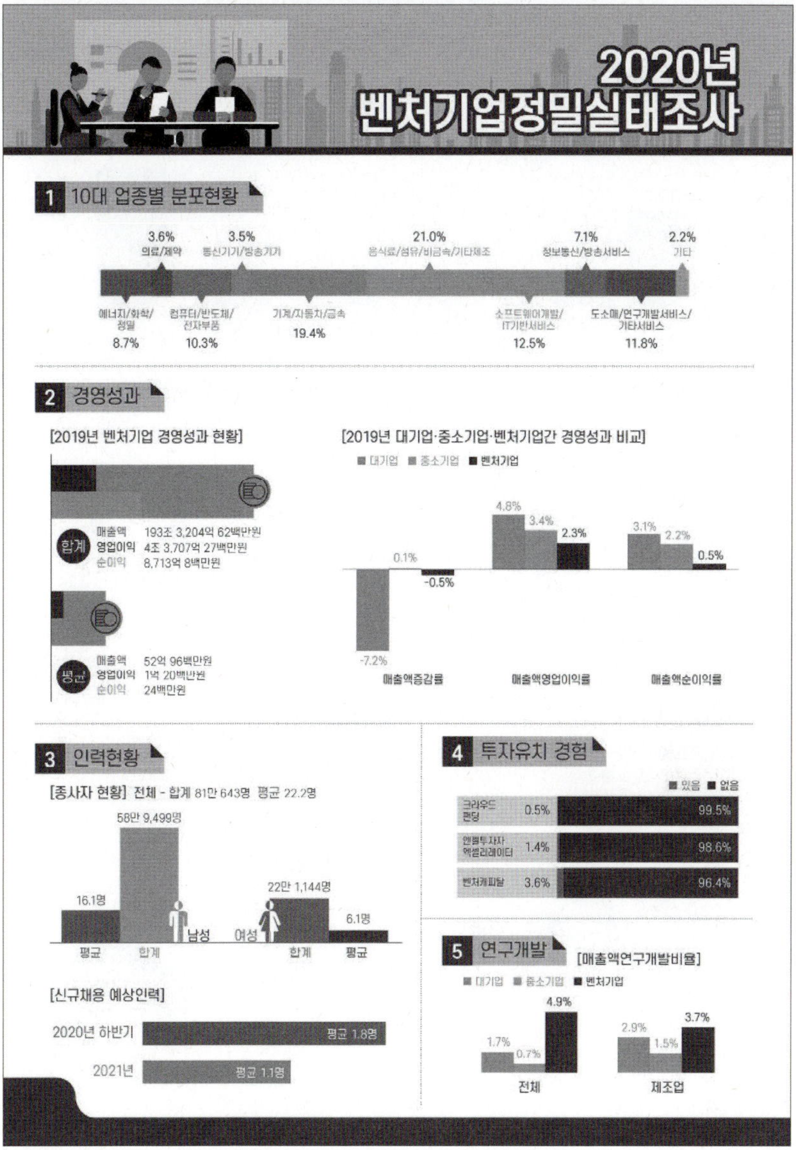

2020년 벤처기업정밀실태조사

6 산업재산권 현황

[산업재산권 현재보유(평균)]

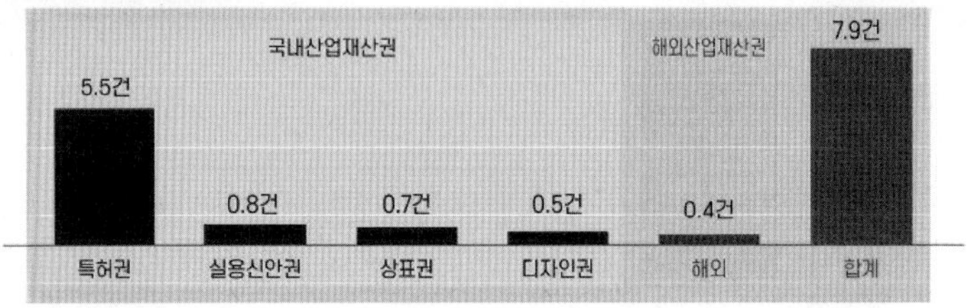

7 브랜드 보유

[자체 브랜드 보유여부]

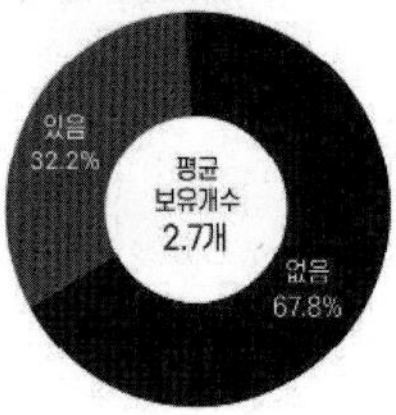

8 세계 최고수준 기업과 기술력 수준 평가

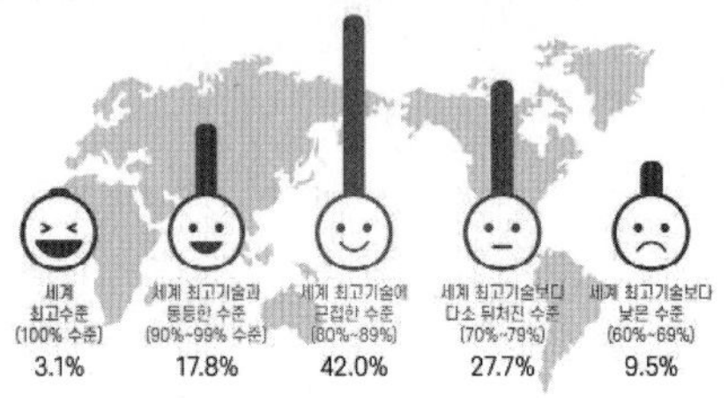

9 수출현황

[해외진출현황] [해외직·간접수출]

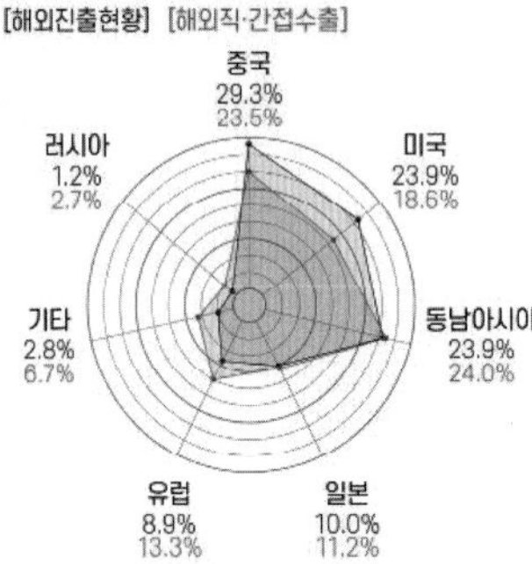

10 4차 산업혁명

[주력제품(서비스) 기술]

벤처기업의
주력제품(서비스)과
4차 산업혁명 관련 여부

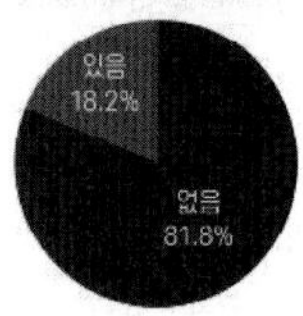

SECTION 2

창업가정신만이 살길이다!

1 _ 창업가정신이란

창업가정신은 혁신적인 가치를 창조하는 벤처 창업가가 갖추어야 할 핵심역량이다. 따라서 4차산업혁명의 거대한 흐름과 포스트 코로나 시대에서 살아남으려면 창업가정신을 함양할 필요가 있다.

미국의 경우, 국민소득 2만 달러 시점에 창업가정신 교육이 확산되었고, 유럽도 유럽연합을 중심으로 2006년부터 교육하고 있으며, 유럽 경제 불황을 극복할 수 있는 유일한 방법으로 주목받고 있다.

1.1 창업가정신의 정의

창업가정신은 보통 기업가정신과 혼용하여 사용하는데 한자로 표기하여 구분하면 좀 더 정확하게 정의할 수 있다. 일반적인 기업가(企業家)와 구분하여 기업가(起業家)들이 벤처 창업을 위하여 기술 지향적이고 혁신적인 창업가의 면모를 보이는 것을 기업가정신이라고 표현한다면 창업가정신과 같이 사용할 수 있으며, 우리는 창업가정신으로 표현하기로 한다.

창업가정신은 오스트리아의 경제학자 슘페터(J. A. Schumpeter)에 의해서 알려지기 시작하였다. 1934년 슘페터는 새로운 재화의 생산, 기존 재화의 품질향상, 새로운 생산방법의 도입, 신시장의 개척, 원료와 부품의 새로운 공급원 획득, 새로운 산업조직 형성 등과 같은 생산요소의 새로운 결합으로 발전하는 혁신 활동을 창업가의 자세로 정의하였다.

창업가정신은 슘페터 이후 다양하게 연구되고 활용되었으며, 제프리 티몬스(Jeffrey Timmons)는 '창의성, 위험 감수성, 진취성'을 강조하였다. 현대 경영학의 아버지 피터드러커(Peter Drucker)는 창업가정신에서 변화와 실천을 강조하였다.

1.2 창업가정신에 관한 오해와 선입견

창업가정신은 용어의 정의부터 오해와 선입견을 많이 내포하고 있다. 따라서 오해와 선입견을 풀지 않으면 제대로 창업가정신을 이해하지 못한다.

1 기업가정신(企業家精神)이 아니다.

창업가정신은 '기업의 본질인 이윤 추구와 사회적 책임의 수행을 위해 기업가가 마땅히 갖추어야 할 자세나 정신'으로 정의되는 기업가정신이 아니다. 기업가(企業家)는 회사를 소유·경영하는 사람이고, 창업가(創業家)는 이윤 추구를 위해 기회를 포착하고 불확실성 속에서 위험을 감수하며 실천에 나서는 사람이다. 따라서 기업인(企業人)과 동의어가 아니다.

2 창업가는 직업이 아니다.

종업원도 혁신적 아이디어로 새로운 상품과 시장을 창출하면 사내 창업가(intrapreneur)이며, 창업가정신을 벤처 창업과 같은 창업가 정신과 동일시하는 것도 잘못된 해석이다.

3 창업가정신은 무조건 많을수록 좋은 것은 아니다.

창업가정신은 많으면 좋다고 보는 경향이 있는데, 창업가 활동은 창업가 자신의 이익을 앞세우는 행위이다. 자신에게 가장 유리하다고 판단한 일에 창업가정신을 발휘하기 때문에 모든 창업가 활동이 꼭 사회적으로 바람직할 수는 없다. 예컨대 비리와 부패·유착을 통해 사적 이익을 챙기는 것도 창업가정신이라고 보는데, 미국의 경제학자 윌리암 보몰(William. J. Baumol)은 창업가정신이 반드시 생산적인 것은 아니며, 때로는 비생산적이고 심지어는 파괴적일 수 있다고 강조했다. 파괴적 창업가정신은 많을수록 좋지 않다.

4 창업가정신은 행동과 실천에 관한 것이다.

창업가 정신이니까 '정신'에 관한 것으로 생각하겠지만, Entrepreneurship의 어원인 Entrepreneuriant는 프랑스어로 '수행하다'라는 뜻이며, 따라서 창업가정신은 행동과 실천에 관한 것이다.

피터 드러커(Peter Drucker)가 창업가의 역할을 이윤의 극대화보다 기회의 극대화로 보고 창업가정신은 실천임을 강조한 것도 같은 맥락이다. 실천의 측면에서 창업가 활동은 개인의 소양과 태도보다 그 나라의 법령과 정책·문화·가치관과 같은 제도 요인에 의해 좌우된다. 따라서 어려움을 극복하고 생존하기 위해서 창업가정신을 되살리겠다면, 국민 개개인의 소양과 태도보다 국가의 제도와 정책을 살피는 것이 필요하다.

5 창업가에 대한 통념 10가지

- 창업가는 사상가가 아니라 행동가이다.

  창업가는 행동하려는 경향이 많지만, 자신의 행동을 신중하게 계획하는 매우 꼼꼼한 사상가이기도 하다. 요즘 명확하고 완벽한 사업계획서 작성의 중요성은 사고하는 창업가가 행동하는 창업가만큼 중요하다는 것을 보여주는 것이다.

- **창업가는 만들어지는 것이 아니라 타고 난다.**

  창업가는 배우거나 가르칠 수 없다는 통념이 오랫동안 있었지만, 오늘날은 창업가정신도 훈련으로 만들어질 수 있다는 것을 보여주고 있다.

- **창업가는 언제나 발명가이다.**

  많은 발명가가 창업가이지만, 수많은 창업가는 다양한 종류의 혁신적인 활동을 수행한다.

- **창업가는 학문적·사회적 부적응자이다.**

  몇몇 사업가가 학교를 중퇴한 후 사업을 시작한 데서 비롯되었지만, 창업가는 사회, 경제, 학문적인 면에서 성공한 사람이다.

- **창업가는 기준에 딱 들어맞아야 한다.**

  창업가의 특성에 대한 체크리스트가 있지만 완벽하지는 않다. 환경과 도전, 상호 영향을 통해 다른 기준이 생겨날 수 있다.

- **창업가에게 필요한 전부는 자금이다.**

  벤처 창업이 성공하기 위해서는 자금이 필요하고 수많은 사업 실패가 자금 때문이지만, 자금이 실패를 막는 유일한 방패는 아니다. 자금은 필요한 자원이며 그 자체가 목적은 아니다.

- **창업가에게 필요한 전부는 행운이다.**

  행운은 준비가 기회를 맞을 때 온다. 기회가 왔을 때 붙잡은 창업가는 행운이 있는 것처럼 보이지만, 사실 성공을 위해 많은 준비를 해왔기 때문에 가능한 것이다. 행운으로 보이는 것은 준비 · 결단 · 욕망 · 지식 · 혁신이다.

- **창업가정신은 체계가 없으며 무질서하다.**

  창업가는 겉으로 보이기에 성급하게 보일 수도 있지만, 창업가는 벤처의 모든 국면에서 깊이 관여하고, 사업을 잘 진행하며, 전형적으로 매우 체계적인 사람이다.

- **대부분 창업계획은 실패한다.**

  많은 창업가가 성공하기 전에 실패로 인하여 고통을 받는다. 실패는 배우고자 하는 사람에게 많은 교훈을 주며 미래의 성공을 끌어낸다. 창업 실패율에 대한 통계를 보면 높은 실패율을 보이지만, 통계에 따라 목적한 바에 따라 오도되는 경우도 많다.

- **창업가는 극단적인 위험감수자이다.**

  창업가는 무모하게 도박을 하는 것처럼 보이지만, 대개 적당하거나 계산된 위험의 범위에서 위험을 최소화하기 위해 계획하고 경영한다.

1.3 기업가정신과 창직가정신과 비교

1 기업가정신(企業家精神)

기업이 유지되기 위해서는 좋은 자원(노동, 자금, 천연자원)이 아무리 많더라도 적절한 정신이 없으면 좋은 제품과 서비스를 만들기 어렵다. 경제학자 졸탄 악스(Zoltan Acs)는 "빵을 부풀게 하는 것은 주원료인 밀가루와 설탕이 아니라 효모다."라고 하였으며, 효모 역할이 '기업가정신'이라고 하였다.

기업가정신은 기업의 본질인 이윤 추구와 사회적 책임의 수행을 위해 기업가가 마땅히 갖추어야 할 자세나 정신이며, 기업이 처해 있는 국가의 상황이나 시대에 따라 개념이 바뀌어 왔다. 기업은 가장 중요한 목적인 이윤을 창출하는 동시에 이윤을 사회에 환원한다는 사회적 책임도 가지고 있다. 따라서 기업가는 이윤을 창출하면서 사회적 책임을 잊지 않는 정신이 있어야 한다.

현대적인 의미의 기업가정신은 고객 제일주의, 산업보국, 인재 양성, 공정한 경쟁, 근로자 후생복지, 사회적 책임의식 등이 추가되었다.

밥슨 칼리지(Bobson College)는 기업가정신을 '삶의 기술'이라고 하였다. EU에서는 '진로교육의 일환, 유럽 사회 통합을 위한 수단'이라고 하여 폭넓게 정의하였다.

2 창직가정신(創職家精神)

창직가(創職家)란 세상에 없던 직업을 만들고 알려야 하는 창조적 개척자이며, 짧은 시간에 눈에 보이는 성과가 나오지 않을 수 있지만 그런 상황을 즐기며, 인내심을 가지고 도전하는 자세가 필요하다.

이런 창직 활동을 열정적으로 수행하면 다른 사람에게 영향을 미치고, 지지하는 사람들이 생기면서 미미한 시작이 결국 세상을 바꾸게 될 것이다. 창직은 새로운 직업을 만드는 개척자 같은 도전 정신과 열정이 필요하며, 이를 '창직가 정신'이라고 한다. 창직가정신의 기본요소는 가치성, 창의성, 혁신성, 도전성, 인내성, 보편성, 기여성을 꼽는데 창업가정신과 유사한 요소가 많다.

- 가치성

  창직은 스스로 자신의 능력과 역량에 바탕을 두고 새로운 직업을 만드는 활동이기 때문에 직업적 가치성을 중시함으로써 직업 만족도가 매우 높다.

- 창의성

  창직을 위해서는 창의성이 강조된다. 유연한 사고를 통해 사회변화를 읽고 미래통찰력으로 한발 앞서서 새로운 것을 창조하려는 노력이 있어야 한다.

• **혁신성**

작게는 실생활에서부터 크게는 사회현상에 이르기까지 발생하는 문제나 현안들에 대해서 남다른 시각을 가지고 분석하고 점검하며, 이를 통해 혁신적으로 문제를 해결해야 한다.

• **도전성**

세상에 존재하지 않았던 새로운 직업에 대한 막연하고 불안한 미래를 감수하고, 직업에 대한 가치를 최고의 목표로 두며 적극적으로 도전하려는 마음이 필요하다.

• **인내성**

창직 아이디어를 새로운 직업으로 구체화해서 대중에게 알리고 이를 노동시장에 보급한다. 이런 일련의 창직 과정은 기간이 얼마나 걸릴지 예측하기 힘든 지루한 시간과 싸움이다. 강인한 정신력과 인내력은 필수다.

• **보편성**

창직은 새로운 직업을 만들어 노동시장에 보급하는 활동이므로, 새로운 직업의 필요성을 알고 직업을 원하는 수요자에게 언제든지 쉽게 보급할 수 있도록 해야 한다.

• **기여성**

경쟁 없는 새로운 직업을 발굴하고 보급함으로써 기존에 없던 일자리를 창출하고, 국가 경제에 활력을 불어넣는 사회적 기여는 창직의 기본이다.

2 _ 창업가정신의 역사

인류의 진화는 동굴에서 캠퍼스까지 매우 다양한 형태로 설명되었다. 이러한 이론의 중심에는 변화대리인의 역할이 있는데, 오늘날 인류 역사의 변화대리인이 창업가이고, 앞으로도 그럴 가능성이 크다.

창업가에 대한 관심은 18세기 프랑스에서 경제학자 리챠드 칸티용(Richard Cantillon)이 위험감수 활동을 창업가와 결부시킨 때로 거슬러 올라간다. 창업가정신과 경제학의 접목은 오랫동안 이어져 왔으며, 1950년까지 창업가정신에 대한 정의는 경제학자들에게서 나왔다.

2.1 리챠드 칸티용(Richard Cantillon)의 창업가정신

최초로 '창업가'라는 용어를 사용하였으며, 상업 본질에 관한 글을 통해서 창업가는 고정된 임금이 없는 사람이라고 하였다. 창업가는 어떤 물건을 특정 가격에 미리 지급하고 다시 되파는 사람이며, 되팔 때의 가격은 미리 알 수 없으므로 불확실함이 있는 차액을 챙기는 중개거래인이라고 하였다. 즉, 창업가정신의 핵심은 불확실성이라고 정의하였다.

2.2 슘페터(Joseph A. Schumpter)의 창업가정신

19세기 후반부터 1차 세계대전이 일어나기까지 독일과 오스트리아의 고도성장을 경험한 젊은 경제학자 슘페터는 경제가 발전하는 것을 이론으로 만드는 것에 관심이 있었다. 그는 자본주의를 연구하면서 새로운 방식으로 생산하고 새로운 상품을 생산하는 창업가를 발견하였다.

사업가와 창업가의 차이를 슘페터는 혁신을 일으키는 것에서 찾았다. 슘페터가 꼽은 창업가의 가장 순수한 예는 1820년대 영국 기술자이자 발명가 헨리 베서머(Henry Bessemer)였다. 그는 연료 공급이 불필요한 제강법을 발명하여 스스로 철강사업에 뛰어들어 값싼 강철의 시대를 열었다. 진정한 천재였고, 전형적인 창업가였으며 값싼 강철에 대한 뚜렷한 비전이 있었다.

슘페터는 단순히 부자가 되고 싶다거나 돈벌이가 목적이 아닌 무언가를 창조해내고, 자신의 에너지와 재능을 발휘하는 데에서 즐거움을 느끼며 어려움을 피하지 않고 변화를 모색하는 창업가들의 정신이야말로 경제성장의 원동력이라고 하였다. 많은 창업가가 나타날 때 호황기를 누릴 수 있으며, 그런 창업가가 소멸하고 기업이 관료화될 때 자본주의는 붕괴한다고 하였다.

슘페터가 보았던 시대의 변화

- 포드자동차는 1913년 컨베이어벨트 시스템으로 자동차를 생산하기 시작해 자동차 한 대 조립시간을 750분에서 93분으로 단축하였고, 이로 인하여 자동차 가격은 점점 낮아졌다.

  - 1908년 825달러, 1913년 550달러, 1920년 255달러
- 1907년에 8,500대에 불과하였던 미국 전체 자동차 생산량은 1925년 포드 자동차의 모델 T가 1200만대가 판매될 정도로 변화하였다.
- 양철캔의 전성기였던 1950년대에 등장한, 고리를 잡아당겨 뚜껑을 여는 알루미늄캔 이후 쇠퇴하는 양철캔과 이에 타격을 받아 침체하는 미국 철강회사의 모습은 산업의 지형뿐만 아니라 생활 방식까지 바꿔놓았다.

2.3 티몬스(Jeffry A. Timmons)의 창업가정신

창업가정신에 관해 티몬스(Jeffry A. Timmons)는 아무것도 아닌 것으로부터 가치 있는 것을 만들어내는 창조적인 행동이고, 현재 보유하고 있는 자원의 부족을 감수하면서 새로운 기회를 추구하며, 비전을 추구하면서 다른 사람들을 이끌 열정과 헌신, 계산된 위험을 감수하는 의지라고 하였다.

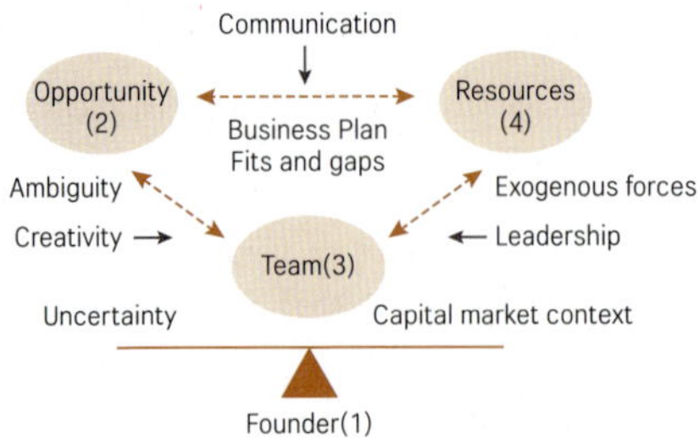

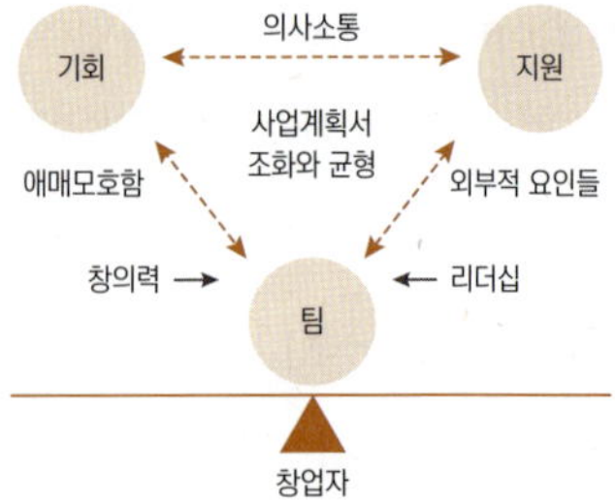

티몬스의 창업모형

2.4 피터 드러커(Peter Drucker)의 창업가정신

창업가정신은 위험을 무릅쓰고 포착한 기회를 사업화하려는 모험과 도전의 정신이다. 저서 'Innovation and Entrepreneurship'에서 창업가는 새롭고 이질적인 것이며, 유용한 가치를 창조하는 경영자라고 정의하였다.

구분	내용
칸티용 (R. Cantillon)	• 창업가는 생산수단(토지, 노동, 자본)을 통합하여 상품을 생산·판매하고 경제발전을 담당하는 사람 • 불확실한 가격에 상품을 사서 불확실한 가격에 판매함으로써 발생하는 위험을 부담
슘페터 (Joseph A. Schumpter)	• 창업가는 창조적 파괴를 통하여 새로운 제품 발명, 생산 방법 도입, 시장 개척 등의 결합을 창출하는 사람 • 창업가정신은 혁신적인 활동을 가능하게 하는 창업가의 재능 또는 역량
티몬스 (J. Timmons)	• 창업가정신은 실질적으로 아무것도 아닌 것에서 가치 있는 것을 만들어내는 창조적인 행동 • 현재 보유하고 있는 자원 부족을 감수하여 새로운 기회를 추구하며, 다른 사람들을 이끌 열정, 헌신, 계산된 위험을 감수하는 의지가 필요함.
피터 드러커 (Peter Drucker)	• 창업가란 언제나 변화를 탐색하고, 변화를 새로운 기회로 실천에 옮기는 사람 • 창업가정신을 발휘하는 수단을 혁신이라고 함.

창업가정신과 혁신은 서로 불가분의 관계이며, 신생기업이나 벤처기업은 물론이고, 대기업이나 오래된 기업에도 꼭 필요한 것이라고 하였다. 사회 구성원이라면 꼭 가지고 있어야 할 자기혁신의 바탕이 창업가정신이라고 하였다.

3 _ 창업가정신의 구성요소

창업가정신은 시대와 학자에 따라 다른 해석을 하고 있으며, 구성요소 또한 매우 다양하다. 이중 대표적인 구성요소는 혁신성, 위험 감수성, 진취성, 자율성, 경쟁적 공격성이 있다.

3.1 혁신성

슘페터(Joseph Alois Schumpeter)에 의해 처음 도입된 개념으로 조직에서 아이디어, 제품이나 서비스, 시장 등에 새로운 것을 적극적으로 도입하고 추진하려는 성향이 공정혁신, 기술혁신, 새로운 시장 개척 등의 경영 활동으로 나타난다. 혁신적인 창업가는 기존의 체계와 다른 창조적인 과정을 통해 새로운 기회를 추구하는 경향이 있다.

3.2 위험 감수성

불확실한 결과가 예상되더라도 과감하게 도전하려는 의지이다. 위험에 무관심하고 위험을 즐기며 적극적으로 기회를 모색하고 추구하려는 의욕을 말한다.

성공적인 창업가는 불확실한 미래와 위험을 치밀한 준비와 계산으로 통제하며 불필요한 위험은 회피한다. 맥클리랜드(McClelland)는 위험 감수성이 창업가정신의 가장 핵심적 요인이며, 창업가와 경영자를 구분하는 결정적인 기준이라고 하였다.

3.3 진취성

변화를 인식하고 자발적으로 경쟁 환경에 대응하는 창업가의 태도이다. 기업 환경의 변화에 따라 미래 수요를 예측하고, 경쟁 환경 속에서 새로운 제품과 서비스를 도입함으로써 경쟁사를 제압하는 적극적인 자세를 의미한다.

인공지능, 사물인터넷, 빅데이터, 자율주행차, 블록체인 등 4차산업혁명의 특징적인 요소는 진취성을 갖춘 창업가들에 의해서 만들어졌으며, 꾸준히 발전하고 있다.

3.4 자율성

개인이나 팀이 독립적으로 움직이는 창업가의 감각과 관료주의를 탈피하여 새로운 가치와 아이디어를 추구하는 창업가의 독립성을 말한다.

3.5 경쟁적 공격성

시장에서 경쟁사를 압도하기 위하여 직접적이고 집중적으로 경쟁하려고 하는 성향을 말한다.

차원	정의
혁신성 (Innovation)	새로운 것을 적극적으로 도입하고 추진하려는 성향이며, 기존의 체계와 다른 창조적인 과정을 통해 새로운 기회를 추구하는 경향
위험 감수성 (Risk Taking)	불확실한 결과가 예상되더라도 과감하게 도전하려는 의지
진취성 (Proactiveness)	미래 수요를 예측하고 기회를 포착하는 통찰력을 가진 특성

차원	정의
자율성 (Autonomy)	개인이나 팀이 독립적으로 움직이는 창업가다운 감각이며, 새로운 가치와 아이디어를 추구하는 창업가다운 독립성
경쟁적 공격성 (Competitive Aggressiveness)	시장에서 경쟁사를 압도하기 위하여 직접적이고 집중적으로 경쟁하려고 하는 성향

4 _ 왜 창업가정신을 배워야 하는가?

4.1 4차산업혁명과 코로나 이후 불확실한 미래

산업혁명은 변화의 역사이다. 새로운 시대와 기술의 변화에 적응한 사람은 살아남아서 새로운 주역이 되었으며, 나머지는 도태되었다.

흑사병으로 인하여 영주들이 파산하면서 중세는 교역의 시대가 도래하였고, 천연두로 인하여 유럽의 금융 질서가 새롭게 바뀌었으며, 스페인독감으로 인하여 자본 집약 산업의 발전으로 이어졌다.

4차산업혁명의 새로운 물결과 코로나19 팬데믹으로 인한 경제적 어려움은 잠시 지나가는 것에 불과하며, 새로운 변화가 올 것을 예견할 수 있다. 무엇을 준비하여야 살아남을 수 있을 것인가? 불확실한 미래에는 변화에 적응하는 유연성과 끈질기게 도전하는 열정, 그리고 자신을 채찍질하는 혁신성을 갖춘 창업가정신이 필요하다.

4.2 창업하기 좋은 나라 대한민국

대한민국의 창업정책은 많이 변하고 발전해서 과거보다 창업하기 좋은 나라가 되고 있다. 예비창업자 지원, 초기 창업자 지원, 재창업자 지원 등 각 창업 시기별로 필요한 지원 패키지를 활용하여 지원하는 제도가 있다.

창업지원제도는 교육 기회, 공간제공, 자금 지원, 컨설팅 등 다양한 분야에서 이루어지고 있으며, '창업진흥원'이라는 별도의 기구를 만들어서 지원을 아끼지 않고 있다.

실패는 성공의 어머니라고 하지만, 아무도 실패하고 싶지 않고, 실패에 대한 책임을 지는 것을 두려워하기 마련이다. 그래서 창업을 꺼리는 것이 이해되지만, 이제는 창업 실패의 결과를 혼자 책임지지 않도록 제도로 보호하고 있다.

성공하면 갚고, 성공하지 못하면 갚지 않아도 되는 '성공불융자'라는 제도가 있을 정도로 창업가가 존중받는 사회가 되었다. 국가에 세금을 내는 사람이 창업가이며, 고용을 창출하는 사람도 창업가라는 것이 확인되었다. 대학 졸업 이후 취업을 꿈꾼다면 일자리를 만드는 창업가가 존중받는 사회가 되는 것은 당연하다.

4.3 공무원에게도 필요한 창업가정신

공무원이 최고의 직업인 나라의 미래는 없다. 공무원 시험 준비생 40만명 시대에 학생들의 취업 1순위로 꼽히는 공무원도 더이상은 철밥통 소리를 들을 수 없을 정도로 변화의 소용돌이 속에 있는 것이 현실이다. 오히려 4차산업혁명을 국가가 앞장서서 이끌고 있다.

공공 분야도 얼마나 새로운 가치를 창출할 수 있는가에 따라 이를 소비하는 사람들에게 지대한 영향을 미치고, 국가를 이끌어가는 지도자에게도 위험감수와 기회 발굴 능력이 필요하므로 창업가정신이 필요하다.

비영리단체는 원칙적으로 이윤을 추구하지 않지만, 끊임없이 새로운 아이디어와 지식을 창출하여 조직의 목적을 달성해야 하는 역할을 담당하고 있으므로 창업가정신이 필요하다.

좋은 정책을 만들어 집행을 잘 하는 것이 공무원이며, 정책 실패의 책임도 일반 기업에 비해서 덜하겠지만, 공무원이 창업가정신의 주요 요소인 혁신성, 위험 감수성, 진취성, 자율성을 갖춘다면 가장 효율적인 정책을 찾을 수 있고, 국민에게 이로운 정책 집행을 할 수 있을 것이다.

4.4 인생은 벤처와 같다.

사람이 태어나서 유아기를 벗어나 사춘기를 겪고, 청년기를 지나면서 성인이 된 이후에는 인생의 목표를 생각하고 성공을 꿈꾼다. 하지만 인생은 누구나 생각한 대로 되지 않으며 벤처와 같은 삶을 살아야 한다. 창업가정신의 구성요소인 혁신성, 위험 감수성, 진취성을 마음에 새기거나 배워 간다면 자신이 목표했던 성공한 삶을 만들어갈 수 있다.

창의력은 이론으로 배울 수 있는 것이 아니라 실제 현실에서 자신도 모르게 경험을 통해서 얻을 수 있다. 창업가정신을 배우면서 창의력을 익히고 스스로 성공한 인생을 만드는 방법을 찾을 수 있다.

생각해보기 왜 창업가정신을 배워야 하는가?

1. 창업가정신의 의미는 무엇인지 적어보시오.

2. 창업가정신의 구성요소는 무엇인지 설명하세요.

3. 왜 창업가정신을 배워야 하는지 이야기해 보시오.

4. 나의 창업가정신 지수는 어떠한지 이야기해 보시오.

자료실 창업가정신 측정설문 1 _ Timmons

구분	설문 문항
개인적 특성 (14문항)	ⓐ 오랜 시간 일을 추진할 수 있는 열정과 에너지를 가지고 있는가? ⓑ 자신이 세운 목표를 달성 할 수 있는 자신감이 충만한가? ⓒ 일시적이 아니라 장기적으로 특정 사업에 참여하고 있는가? ⓓ 금전을 평가의척도로 사용하는가? ⓔ 문제 해결에 끈기를 가지고 임하는가? ⓕ 명확한 목표를 설정할 수 있는 능력과 결단력이 있는가? ⓖ 자신의 노력으로 성공 가능성을 높일 수 있는일에 모험심을 가지고 있는가? ⓗ 실패한경우 실망하지 않고 문제점을 밝혀내고 배우려고 노력하는가? ⓘ 피드백을 활용하여 개선하여야 할 문제를 파악하고 시정조치를 하는가? ⓙ 독립심이 강하고 책임감을 갖고 있는가? ⓚ 주변자원의 활용을 위해 사내외의 상황을 적절히 이용할 수 있는가? ⓛ 자신의 세운 목표와 경쟁을 하는가? ⓜ 운명을 외적 요인으로 보지 않으며 스스로 개척할 수 있는 자신감을 갖고 있는가? ⓝ 불확실성을 불안해하지 않게 극복할 수 있는가?
업무 역량 (8문항)	ⓐ 사업과 가정을 잘 조화시킬 수 있는가? ⓑ 창업을 자기 인생의 모든 것으로 보는가? ⓒ 기업가로서의 창의성과 기술 혁신 능력이 있는가? ⓓ 업종에 대한 전문적인 지식은 갖추고 있는가? ⓔ 경영팀을 구성할 수 있는 능력이 있는가? ⓕ 기업가의 자유경제 체제에 대한 경제관이 확실한가? ⓖ 기업 윤리관이 확실한가? ⓗ 종합력을 갖추고 있으며 타인으로부터 신뢰를 얻고 있는가?

자료실 창업가정신 측정설문 2 _ Carland

구분	설문항목
1	☐ 비즈니스에 있어서 기록된 명확한 목표가 중요하다. ☐ 당신이 어떤 방향으로 비즈니스를 진행해 가고 있는지를 아는 것만으로도 충분하다.
2	☐ 나는 스스로 다양한 기술을 가진 사람이 되기를 좋아한다. ☐ 나는 스스로 창의적인 사람이 되기를 좋아한다.
3	☐ 나는 비즈니스가 성공할 것이라는 확신이 서기까지는 그것을 시작하지 않을 것이다. ☐ 나는 내 사업이 성공할 것인지 또는 실패할 것인지 확신할 수는 없을 것이다.
4	☐ 나는 나의 비즈니스가 끊임없이 성장하기를 원한다. ☐ 내 사업의 현실적인 목표는 나의 가족을 보살피는 것이다.
5	☐ 내 사업에 있어 가장 중요한 요소는 계획이다. ☐ 나는 내 사업에서 매일 매일의 경영관리가 중요하다고 느낀다.
6	☐ 나는 상황을 심리적, 감성적인 성향으로 해석하기를 좋아한다. ☐ 나는 상황을 분석적인 성향으로 해석하기를 좋아한다.
7	☐ 내 사업의 주요 목적은 지속적인 기업을 만들어 나가는 것이다. ☐ 나는 내 사업이 최고가 될 때까지 쉬지 않고 전진할 것이다.
8	☐ 효과적인 계획이 되기 위해서 반드시 기록되어져야 한다. ☐ 굳이 기록되지 않은 계획이라도 효과적일 수 있다.
9	☐ 나는 내 사업에 가장 많은 시간과 노력을 기울일 것이다. ☐ 나는 내 사업뿐 아니라 가족과 친구에게도 노력을 기울일 것이다.
10	☐ 나는 감성적으로 생각하는 편이다. ☐ 나는 이성적으로 생각하는 편이다.
11	☐ 내 사업 이외에도 나에게 중요한 것들이 많이 있을 것이다. ☐ 내 사업이 나의 인생에 있어서 가장 중요한 것이 될 것이다.
12	☐ 나는 적극적으로 해야 할 일을 계획하고 사고하는 사람이다. ☐ 나는 자연스럽게 일이 진행되기를 바라는 편이다.
13	☐ 나의 종업원들은 나를 위해 열심히 일할 것이다. ☐ 나의 종업원들은 나를 좋아할 것이다.

구분	설문항목
14	☐ 나는 내 사업이 다소 지루하더라고 안정적으로 운영되기를 원한다. ☐ 나는 내 사업이 정착된다면 다시 다른 사업을 시작할 것이다.
15	☐ 나는 스스로 실용적인 사람이라 생각한다. ☐ 나는 스스로 상상력이 풍부한 사람이라 생각한다.
16	☐ 성공에 도전하는 것이 돈을 버는 것만큼 중요하다. ☐ 성공에 따른 경제적 보상이 가장 중요하다.
17	☐ 나는 항상 새로운 방식으로 일을 하기를 기대한다. ☐ 나는 일을 처리하는 절차를 시스템하려고 노력한다.
18	☐ 나는 감성적인 성향이 중요하다고 생각한다. ☐ 나는 논리적인 성향이 중요하다고 생각하다.
19	☐ 나는 업무 운영의 표준 절차가 중요하다고 생각한다. ☐ 나는 새로운 것을 만들어 내는 도전을 무엇보다 즐긴다.
20	☐ 나는 비즈니스를 계획하는데 많은 시간을 보낼 것이다. ☐ 나는 비즈니스를 실행하는데 많은 시간을 보낼 것이다.
21	☐ 비즈니스 운영방식이 갈수록 관습적으로 정형화되어진다. ☐ 비즈니스에 정형화되어지는 것은 아무것도 없다.
22	☐ 나는 현실적인 사람을 더 좋아한다. ☐ 나는 상상력이 풍부한 사람을 더 좋아한다.
23	☐ 경쟁업체와의 차이는 경영자의 태도이다. ☐ 경쟁업체보다 나은 무엇인가를 우리는 가지고 있어야 한다.
24	☐ 나는 개인적인 목적은 사업을 잘 운영하는 것이다. ☐ 나는 현실적으로 사업이외에 가정과 친구에도 집중할 것이다.
25	☐ 나는 경쟁자를 능가하는 새로운 아이디어를 계속 시도한다. ☐ 너무 많이 변한다면 소비자들이 혼란을 겪을 수도 있다.
26	☐ 가능하면 항상 리스크를 피하는 것이 가장 좋은 방법이다. ☐ 경쟁업체를 이기려면 위험을 감수해야 한다.
27	☐ 나는 자금을 차용하는 것을 싫어한다. ☐ 자금을 차용하는 것도 비즈니스에 필요한 결정이다.

구분	설문항목
28	☐ 품질과 서비스만으로 충분치 않고 좋은 이미지를 가져야 한다. ☐ 공정한 겨격과 좋은 품질이면 모든 고객은 만족할 것이다.
29	☐ 사람들은 나를 열심히 일하는 사람이라 생각한다. ☐ 사람들은 나를 어울리기 편한 사람이라 생각한다.
30	☐ 내 상버에서 비교적 확실한 것들을 추진하려고 한다. ☐ 좀 더 사업을 성장시키려면 때론 위험을 감수해야 한다.
31	☐ 나는 사람들이 안정적으로 일하는 것이 중요하다고 생각한다. ☐ 나는 사람들이 누군가를 위해 많은 일을 하기를 원치 않는다.
32	☐ 나는 종업원들의 권리에 관해 많은 관심을 가진다. ☐ 나는 종업원들의 심리적인 감정 상태에 많은 관심을 가진다.
33	☐ 주어진 상황에서 가능성을 발견하는 것이 중요하다. ☐ 주어진 상황을 있는 그대로 파악하는 것이 중요하다.

하위 요인	개념 정의	측정 지표
성취 욕구	일을 잘 하려는 관심 정도 본인의 과거 실적을 타인의 실적과 비교하여 더 나은 결과를 추구하려는 의지와 실행력	1,4,5,8,9,13,23, 24,29,31,32
혁신성	새로운 아이디어를 구상하고 실현하고자 하는 의지와 시도하는 성향, 특히 지식서비스, 아이디어 사업 분야에서 요구되는 성향	2,15,17,19,21, 22,25,28
위험감수성	사업 초기 인적, 물적 자원의 구성과 사업화를 구현하는데 불확실성을 감수한 의사결정 또는 재정적 투자 등을 적기에 할 수 있는 창업가의 마인드	3,6,10,18,20, 26,27,30
진취성	변화를 포착하여 적극적으로 수용하고 현재의 상황에 인주하지 않고 나아가려는 의지 및 시도 정도로 긍정적 사고와 행동력의 바탕이 되는 역량	7,11,12,14,16,33

참고문헌

김영기, 박상문, 김주용, 송민석, 김남식(2021), 「기업가정신과 창업가정신 그리고 창직가정신」, 브레인플랫폼.

김진수, 최종인, 임충재, 고혁진, 이유종(2017), 「4차 산업혁명 시대의 기술창업론」, 탑북스.

중소벤처기업부(2020), 「2020년 벤처기업정밀실태조사」.

Kuratko, Donald F. (2016), 「창업가정신」, 이종건, 임왕규, 최경일 옮김, 한경사.

CHAPTER 2

세상을 바꾸는 인재

나를 Review하다

SECTION 1　21세기 인재의 핵심역량

SECTION 2　나를 발견하다

과학과 산업기술의 발전으로 4차산업혁명 시대를 맞이함에 따라 산업계는 미래 산업을 주도하기 위해 발 빠르게 변화하고 있다. 아울러 전문가들은 시대가 요구하는 인재상을 다양하게 정의하고 있으며, 기업에서는 변화에 적응할 인재들의 핵심역량 강화를 위해 노력을 아끼지 않고 있다.

이러한 시대 변화에 능동적으로 대응하기 위해 21세기 인재의 핵심역량은 무엇이고, 4차산업혁명 시대의 인재상은 무엇인지 올바르게 파악하여 미리 대처할 필요가 있다.

따라서 나 자신을 들여다봄으로써 자신을 파악하고, 내가 잘할 수 있는 일과 부족한 점은 무엇인지 파악하여 자신의 역량을 키워나간다면, 미래 인재로서 한 걸음 더 다가갈 수 있다.

SECTION 1

21 세기 인재의 핵심역량

1 _ 미래형 인재의 핵심역량

인공지능(AI), 사물 인터넷(IoT), 로봇, 드론, 자율주행 자동차 등 4차산업 혁명 시대를 주도하는 기술들이 이제는 우리 일상생활과 함께하고 있으며, 우리는 이들을 낯설지 않게 느끼면서 살아가고 있다. 하지만 이렇게 변화된 삶을 살아가게 된 것이 그리 오래전부터의 일은 아니다. 그래서 이와 함께 미래는 또 어떤 변화가 있을지 궁금해지는 세상이다.

시대 변화와 함께 과거의 직업 중에서 많은 직업이 사라지고 새로운 직업들이 생겨났으며, 또한 현재의 직업 중에서도 앞으로 많이 사라지고 새로운 직업들이 다시 생겨날 것이다. 이러한 미래 양상에 맞추어 시대가 요구하는 인재상에 부합하는 사람을 '미래형 인재'라고 할 수 있다. 이는 현재와는 다른 미래를 내다보고 준비해나가는 인재를 말한다.

미래를 예측한다는 것은 결코 쉬운 일이 아니다. 미래 예측은 단지 예측에서 끝나는 것이 아니고, 예측으로부터 전략과 구체적 계획이 나오고 그것이 행동으로 이어져야만 의미를 갖는다. 따라서 지금 어떤 준비를 하고 어떤 노력을 하느냐에 따라 우리의 미래는 달라질 수 있다. 지금 우리가 미래를 위해 준비하고 있는 노력의 결과가 곧 우리의 미래가 될 수 있기 때문이다. 이러한 관점에서 "미래를 예측하는 가장 좋은 방법은 미래를 창조하는 것이다."라고 한 미래학자 피터 드러커(Peter Ferdinand Drucker)의 명언을 깊이 새겨볼 필요가 있다.

미래의 어느 시점에서 우리 사회를 이끌어가며 중심적인 역할을 해야 하는 미래형 인재는 시대와 사회가 필요로 하는 일정한 역량과 재능을 갖추어야 한다. 인재가 갖추어야 할 핵심역량은 시대에 따라 변한다. 4차산업혁명 시대의 인재가 갖추어야 할 핵심역량은 과거 산업화 시대 인재의 핵심역량과 다르다.

미래가 요구하는 인재는 미래에 대한 지속적인 관심을 가져야 하고, 미래는 절대적인 숙명이 아니라 우리가 능동적으로 만들어갈 수 있다는 신념을 갖는 것이 중요하다. 그리고 4차산업혁명은 빠른 변화를 가져올 것이므로 변화에 대한 적응력과 대응이 중요하며, 변화를 꿰뚫어 보는 통찰력(Insight)을 기르고 미래를 예측하는 자세가 필요하다.

또한, 다양한 관심을 가지고 분야를 넘나드는 융합을 추구하되, 반드시 자신만의 전문성을 가져야 미래 사회가 요구하는 인재가 될 수 있다. 여기에 인문학적 관점까지 갖는다면 금상첨화라고 할 수 있다.

이와 같은 관점에서 미래형 인재의 핵심역량을 창의·융합적 사고, 복합적인 의사소통, 전략 역량, 통합 능력, 글로벌 마인드, 리더십과 팀워크, 진실성과 윤리적 의사결정의 7가지 역량으로 나누어 살펴볼 수 있다.

미래형 인재의 핵심역량

1.1 창의·융합적 사고

과거 20세기까지는 기존의 지식을 잘 외우고 그것에 정통한 지식형 인재가 필요했다면, 미래 사회에서는 창의적 사고와 융합적 사고 능력을 갖춘 미래형 인재가 필요하다.

과거에는 문자언어로 전달되는 책이 유일한 지식의 원천이었다. 하지만 미래에는 무한히 쏟아지는 정보 중에 나에게 딱 맞는 지식을 찾아 적재적소에 배치하는 창의·융합적 사고 역량이 요구된다.

1 창의적 사고

창의적 사고에 관한 정의는 다양하다. 창의적 사고는 새롭고 독창적이며 유용한 것을 만들어 내는 능력, 전통적인 사고방식에서 벗어나 새로운 관계를 창출하거나 비일상적인 아이디어를 산출하는 능력, 아이디어를 개발하고 정교화할 수 있는 능력, 새로운 관점에서 문제를 바라보거나 이미 알고 있는 두 개 이상의 개념을 결합하여 새로운 개념을 만들어 내는 능력이다.

창의적 사고를 위해서는 주변 세계에 관심을 갖고 늘 관찰하는 태도를 유지하는 것이 필요하다. 또한, 남들과는 다른 관점과 시각으로 사물과 현상을 바라보고 새로운 언어와 참신한 표현으로 나타낼 수 있어야 한다.

2 융합적 사고

융합적 사고는 전문 지식과 인문학적 소양을 바탕으로 문제를 새로운 시각에서 발견하고, 종합적인 관점과 각 요소 간의 최적화를 위한 관점을 동시에 살피는 것이다. 다양한 방식의 앎과 느낌을 가장 높은 수준에서 통합하는 사고이기도 하다. 이를 위해 다양한 분야의 지식과 기술을 넘나들며 수용하고 응용할 수 있는 능력이 필요하다.

창의적 사고 + 융합적 사고 = 창의·융합적 사고

창의·융합적 사고

융합적 사고의 목표는 사회 문제를 발굴하여 해결하고, 인간의 가치를 높이는 것을 추구한다. 이를 통하여 융합의 뿌리인 창의성과 다양성을 길러 나갈 수 있다. 따라서 융합적 사고란, 인간을 존중하고 법과 제도의 가치를 이해하며, 인간 친화적, 환경친화적 과학기술을 추구함으로써 창조적이고 지속 가능한 사회 구현에 기여 하는 사고를 말한다.

3 창의·융합형 인재

세계경제포럼(WEF)의 클라우스 슈밥(Klaus Schwab) 회장은 4차산업혁명 시대를 주제로 한 다보스포럼에서 "과거와 같은 생각에 머문다면 미래에는 일자리를 가질 수 없을 것이다."라고 하며, 이를 대비한 미래의 역량으로 창의와 융합을 강조하였다.

창의와 융합은 다양한 지식을 융합하여 새로운 가치를 창출하고, 협력을 통하여 분야 간 연결점을 찾아 새로운 해결책을 만들어 내는 것이다. 또한, 서로 떨어져 있던 것을 관련짓고 연결하여 새로운 가치를 창출한다는 점에서 그 중요성이 더욱 커지고 있다.

사회가 변하고 기술이 발전함에 따라 이제는 한 분야만 가지고서는 문제를 해결하기에 어려움이 있다. 이로 인해 사물과 사물을 연관시키려는 노력에 의해 나타난 것이 창의·융합적 사고이다. 창의·융합적 사고를 갖기 위해서는 어느 한 분야에 치우치지 않고, 유연하면서도 다방면에 호기심을 갖는 개방적인 사고가 필요하다. 따라서 창의·융합형 인재는 인문학적 상상력과 과학기술 창조력으로 새로운 지식을 창조하고, 다양한 지식을 융합하여 새로운 가치를 창출할 수 있는 사람을 말한다.

1.2 복합적인 의사소통

1 의사소통의 개념과 중요성

의사소통이란, 다양한 수단을 활용하여 의미를 이해할 수 있는 상대끼리 당사자들의 생각이나 정보를 전달하는 일련의 과정 전체를 말한다. 집단에서 발생하는 많은 갈등이나 문제는 의사소통과 관련되어 있다. 그래서 의사소통을 어떻게 하느냐에 따라 개인이나 집단이 추진하는 일의 성패가 좌우된다.

점점 복잡하고 다양해지는 현대의 조직에서 커뮤니케이션(Communication)은 구성원 간 상호관계를 조정하는 역할을 한다. 또한, 업무성과는 물론 직무 만족이나 몰입도에 지대한 영향을 미치므로, 의사소통의 중요성이 더욱 높아지고 있다. 4차산업혁명 시대의 신기술이 사회 전반에 영향을 미치는 현실에서 복합적인 의사소통 능력은 조직의 커뮤니케이션 문제해결을 위한 중요한 요소이다.

2 효과적인 의사소통 기술

효과적인 의사소통 기술 중 가장 대표적인 것은 공감(Empathy)과 적극적 경청(Active Listening)이다. 공감과 적극적 경청은 의사소통에 있어서 가장 기초가 되는 기술임과 동시에 중요한 기술이다. 대화에 있어서 최고의 기술이라고 할 수 있다.

공감은 자신을 상대방의 입장에 두고, 내가 이 사람이라면 무엇을 원하고 생각하며 느낄 것인지에 관해 생각하며 반응하는 것이다. 즉, 타인의 상황과 기분을 느낄 수 있는 능력을 말한다. 이는 상대방의 눈으로 보고, 느끼며 생각이나 말하는 구조로 마음의 세계를 보게 한다. 또한, 상대방이 깨달은 대로 이해할 수 있는 의사소통 방법이며, 이를 통해 감정과 행동을 알게 하는 능력이다.

적극적 경청은 상대방과의 대화에서 귀를 기울여 듣는 것 이상을 의미한다. 상대방의 말을 보다 적극적으로 파악함은 물론, 몸짓과 표정, 음성에서 섬세한 변화까지 탐지하여 저변에 깔린 메시지 감지를 의미한다. 이는 상대방의 언어적, 비언어적 메시지를 파악함과 동시에 그 메시지에 감정이입 단계까지 포함하는 것이므로, 의사소통 능력을 향상시켜 주는 중요한 요소이다.

따라서 상대방의 메시지를 바르게 이해하기 위해서 언어적 메시지뿐만 아니라 비언어적 메시지까지 파악하는 많은 훈련과 노력이 필요한 영역이다.

1.3 전략 역량

1 전략과 전략적 사고

우리는 '전략'이라는 말을 자주 접하면서 많이 활용하고 있다. 그리고 정치지도자가 국가와 정당의 전략에 관해 설명하고, 최고경영자(CEO)가 위기탈출 전략을 발표하는 것을 종종 볼 수 있다. 빅 매치(big match)를 앞둔 스포츠 감독의 인터뷰에서 기자는 어김없이 승리 전략을 묻는다. 어디 그뿐인가? 재테크 전략, 공부 전략, 게임 전략 등 개개인의 다양한 활동에도 '전략'이라는 단어가 붙는다.

전략이란 문제를 해결하거나 과제 수행을 위한 체계적인 인지적 조작 활동으로, 어떤 목표에 도달하기 위한 최적의 방법을 의미한다.

사람들은 동일한 문제를 해결하거나 과제를 수행하는 데 있어서 서로 다른 전략을 사용하기도 한다. 문제 해결을 위해 여러 개의 인지기능을 체계적 · 복합적으로 사용하는 것을 인지 전략이라고 한다. 그리고 변동하는 기업환경 아래에서 기업의 존속과 성장을 도모하기 위해 환경의 변화에 대하여 기업활동을 전체적 · 계획적으로 적응시켜 나가는 전략을 경영전략이라고 한다.

전략적 사고란 조직이 미래에 달성하고자 하는 최고의 목표를 달성하기 위해 전략적 요소를 분석하여 최적의 대안을 모색해 내는 과정에서 필요로 하는 사고 능력을 말한다. 이는 사실 기반과 논리적 분석에 의하여 이루어져야 하는데, 관습적 지혜에 도전하고 일상적 사고를 뛰어넘는 아이디어와 통찰을 요구한다.

2 전략의 중요성

기업환경의 변화가 급격해지고 경쟁이 치열해지면서 전략은 곧 생존이 되었다. 전략을 제대로 세우지 못하면 기업은 격랑을 맞아 어려움에 처하게 된다. 그래서 성공경영을 위한 온갖 이론과 스토리가 넘쳐난다.

비즈니스 세계에서 전략의 중요성은 말할 필요도 없다. 그래서 좋은 전략을 짜고 실행하기 위한 기업의 경영 전략 활동과 노력이 다각적으로 펼쳐지고 있다. 웬만한 기업에 전략기획 혹은 경영전략을 담당하는 전담부서가 없는 곳은 찾아보기 힘들다. 기업 규모가 클수록 더욱 그러하다. 사업 차원에서는 각종 다각화 전략, 리스트럭쳐링 전략, 다운사이징 전략, 신사업 전략 등이 소개되는가 하면, BCG 매트릭스, SWOT 분석, 시나리오 플래닝 등 전략수립을 위한 다양한 기법과 툴(tool)이 쏟아져 나오고 있다.

이런 노력에도 불구하고 많은 기업이 전략 부재 상태보다 더 나쁜 상황인 나쁜 전략의 덫에 걸려 실패를 반복하기도 한다.

3 전략은 선택이 아닌 필수

경영 환경의 불확실성이 높아지고, 기업 간 경쟁이 심화하면서 경영전략이 한층 더 강조되는 분위기이다. 여기에는 남들보다 차별적이고 창의적인 좋은 전략(Good Strategy)을 구사하는 기업일수록 시장 선도의 가능성이 열려 있고, 안정적 생존과 지속 성장을 보장받는다는 믿음이 깔려 있다. 이런 이유로 전략은 필요에 따라 선택하는 문제가 아니라, 경영 활동에 없어서는 안 될 필수 요소이다.

1.4 통합 능력

1 통합과 통합 능력

통합이란 개인이 규범, 가치, 신념 등을 공유함으로써 사회집단이나 집합체에 대한 소속감을 경험하게 되는 정도를 말한다. 여러 요소들이 조직되어 전체를 이루는 것으로, 조직의 활동이나 기능을 상호보완한다.

통합 능력은 여러 가지 질이 다른 재료를 구성하고 조립하는 능력이다. 가치가 없는 제각각의 부품도 완성된 디자인으로 조립하면 부가가치가 높은 제품으로 만들어지는 것과 같은 창조적인 능력을 말한다. 또한, 사회적 상호작용을 통해 지식을 결합하는 능력을 의미하며, 외부원천으로부터 중요지식을 흡수하고, 조직 내 다양한 단위에서 개발된 능력들과 혼합시키는 역할도 수행한다.

통합 능력에 해당하는 것에는 완곡한 설득과 타협 기술의 능력, 여론을 올바르게 수렴하는 능력, 열린 귀를 지닌 능력, 다양한 분야의 사람들과 대화하고 사고와 이해의 폭을 넓혀가는 능력, 민심을 읽는 능력, 비판을 겸허히 받아들이는 소양 등이 있다.

2 통합의 중요성

분열 없는 조직은 존재하지 않는다. 모든 조직은 상호 견제 메커니즘(Mechanism)으로 유지되기 때문이다. 현장과 회계부서는 상호 견제하는 구조이고, 영업과 마케팅은 서로 협력도 하지만 견제하는 구조이다. 이렇게 조직의 구성 원리상 발생하는 분열은 통합을 절실히 필요로 한다.

경영 환경이 복잡한 상황에서 조직 내 관행을 잘 따르고 지시사항을 원만히 수행하도록 구성원을 통제하는 경영관리 모델은 한계에 다다를 수밖에 없다. 따라서 통합을 통해 개인 과업 능력 발휘와 조직의 목표달성이 이루어지는 공동이익이 추구될 수 있게 상호보완이 작동해야 한다.

개인에 의해 수행되었던 많은 과업이 이제는 다양한 관점을 지닌 사람들의 지식과 노력 그리고 능력을 결합한 창의적 솔루션으로 이루어진다. 또한, 창의적이고 혁신적인 성과물 창출을 위해서 조직구성원의 다방면적인 스킬과 지식의 투입이 요구되고 있다. 이런 환경에서 통합 능력은 더욱 중요하게 자리매김하고 있다.

1.5 글로벌 마인드

1 글로벌 시대

우리는 국경에 따라 시장을 구분하지 않고 전 세계를 하나의 시장으로 보고 경쟁하는 글로벌 시대에 살고 있다. 글로벌화(Globalization)는 기업이 국가 단위로 각기 다른 전략을 취하는 것에서 벗어나 전 세계시장을 하나의 시장으로 보고 동일한 전략을 수행하는 것을 의미한다. 이는 국제화의 개념과도 비교되는데, 조직은 존재하나 국적은 없어지는 것을 말한다. 국제화(Internationalization)는 종전의 국가 단위로 구성되었던 경제 상황에서 한 국가에 있는 기업이 다른 국가로 진출하는 것을 의미한다.

국경 구분 없이 무한 경쟁을 해야 하는 글로벌 시대에서, 기업에서는 전략적 제휴나 인수 합병 등 외부 자원을 적극 활용하여 성장을 추구한다.

우리나라는 주로 원재료를 수입해서 상품을 만들어 판매하는 가공무역 국가이다. 따라서 내수시장뿐만 아니라 해외로 확장하는 것은 당연하다.

2 글로벌 마인드

글로벌 마인드(Global Mind)는 자신의 입장에서 편향되게 생각하지 않는 독립적이고 객관적인 태도를 말하는데, 이는 모순된 두 가지 성격의 세계를 받아들일 수 있는 입장이다. 글로벌 마인드는 서로 다른 문화에 대한 폭넓은 이해와 융통성을 바탕으로 세계인을 대하고 비즈니스를 처리하는 기본자세이다. 문화적 차이에 대해 적절하고 긍정적인 반응을 보이는 국제 비즈니스의 중요한 기법이 되기도 한다.

기업경영 측면에서의 글로벌 마인드란 우리 고객은 세계 어느 곳에나 존재할 수 있고, 필요하면 세계 어느 곳이든지 공장이나 판매설비를 이전할 수 있음을 의미한다. 또한, 필요하면 언제든지 외국 현지인에게도 경영을 맡길 수 있으며, 본사의 일부 기구나 연구소, 심지어 본사까지도 외국으로 옮길 수 있다는 마음가짐이다.

따라서 다양한 외국 문화를 이해하고 받아들이는 역량이 필요하다. 나와 다름을 틀린 것이 아니라 다양한 문화로 받아들이며, 다른 나라의 문화가 얼마나 다양한지 문화적 감수성을 높이는 훈련을 해야 한다. 이러한 훈련은 체계적인 이론과 지식이 뒷받침되어야 하므로, 기업에서는 기술자들에게 글로벌 마인드가 성장할 수 있도록 전문훈련을 제공해야 한다.

3 글로벌 인재의 역량

세계화의 흐름에 따라 전 세계 기업은 각국에서 우수한 글로벌 인재를 유인하기 위해 치열한 경쟁을 하고 있다. 글로벌 인재란 세계 어느 곳에서나 비교우위를 갖는 기술과 역량을 지닌 인재를 말한다.

글로벌 인재로서 중요한 역량은 자기 주도성, 융통성과 적응력, 의사소통 능력, 새로운 기술변화에 관한 학습 능력, 글로벌 마인드 등을 갖추어야 한다. 특히 의사소통 능력이 중요한데, 기술자의 경우 만국 공용어가 될 수 있는 기술을 기반으로 영어 구사 능력을 갖춘다면 전 세계에 많은 가능성이 열려 있다고 해도 과언이 아니다.

글로벌 사회는 정답이 하나만 존재하는 것이 아니라 다양한 관점에서 문제를 찾고 해결하는 노력을 요구한다. 이런 이유로 스스로 생각하고 주도적으로 업무를 개척해나가는 역량을 갖춘 인재가 필요하다.

1.6 리더십과 팀워크

1 리더와 리더십

리더(Leader)는 혼자 존재할 수 없다. 아무도 따르는 사람(Follower)이 없다면 리더가 될 수 없기 때문이다. 따라서 리더는 항상 따르는 사람들의 존재를 존중해야 한다.

리더에게는 권력(Power)이 있다. 권력은 다른 사람을 자기 뜻대로 움직이게 하는 힘을 말한다. 대체로 권력의 기반은 여섯 가지로 구분하는데, 이 중에서 한 가지 이상이 갖추어져 있을 때 리더로서 권력이 생긴다.

권력의 첫째 기반은 상대가 원하는 것을 줄 수 있는 능력, 즉 보상이다.

둘째는 상대가 싫어하는 것을 강제할 수 있는 능력, 즉 처벌이다. 사람들은 보상을 얻기 위해, 그리고 처벌을 피하려고 리더를 따르게 된다.

셋째는 합법성이다. 합법성을 부여받으면 사람들은 그를 따르게 된다.

넷째는 상대가 리더를 좋아하거나 매력을 느끼거나 존경한다면, 그 리더는 참조성(Reference)에 기반을 둔 권력을 갖는다.

다섯째 권력 기반은 전문성이다. 어떤 영역의 전문성이 있다고 생각되면 사람들은 그 전문가의 말을 따른다.

마지막으로, 정보성도 권력의 기반이 된다. 반드시 어떤 영역의 전문가가 아니더라도 특정 정보를 그 사람만 가지고 있다면, 그 사람은 정보성에 기반을 둔 권력을 갖게 된다. 이 여섯 가지 권력의 기반 중 한 가지만 가지고 있을 수도 있고 몇 가지를 함께 가지고 있을 수도 있다.

시대의 특성에 따라 선호하는 리더의 리더십이 달라지고 있다. 근래에는 부드러운 리더십, 수평적 리더십, 따뜻한 리더십, 힐링(Healing) 리더십 등이 주목받고 있다.

최근에는 미디어의 발달로 중앙집권적 소통형태가 약해지고, 다원적 소통형태로 변화해 가면서 여성적인 소통 방식이 구성원을 배려하는 관계지향 리더십이 중요하게 등장하고 있다.

2 팀워크

팀의 구성원이 공동의 목표를 달성하기 위하여 각 역할에 따라 책임을 다하고 협력적으로 행동하는 것을 팀워크(Teamwork)라고 한다.

팀워크는 기업의 조직 성과에 커다란 영향을 미치므로, 급변하는 시대 변화와 함께 기업에서 중요한 관심 대상으로 다루고 있다.

1.7 진실성과 윤리적 의사결정

1 기업윤리와 윤리경영

기업윤리는 기업의 의사결정이나 행위에 영향을 받는 이해관계자들을 위하여 기업이 어떤 의사결정과 행위를 할 것인가를 판단하는 기준이다. 이는 기업의 정책, 조직, 행동에 적용되는 반드시 지켜야 할 도덕적 규범이나 규칙을 말한다.

윤리경영이란 회사경영 및 기업활동에 있어서 기업윤리를 최우선 가치로 생각하며, 투명하고 공정하며 합리적인 업무 수행을 추구하는 경영 정신을 말한다. 이는 기업 행위의 전 과정에서 중요한 원칙으로 적용하는 경영의 한 방식으로, 오늘날 많이 강조되고 있는 경영 방식이다.

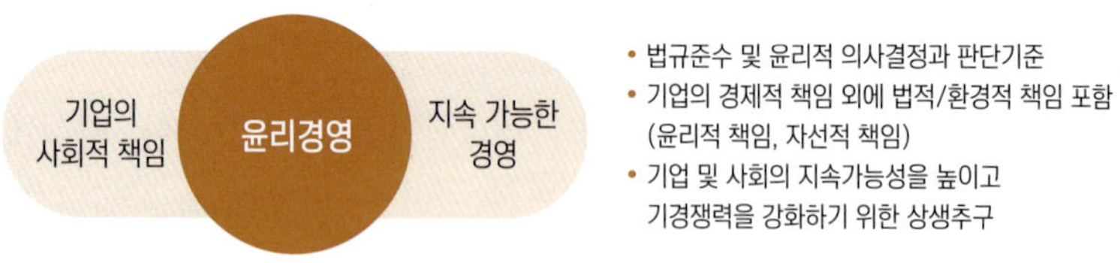

윤리경영

2 윤리적 의사결정 과정

윤리적 의사결정이란 어떤 조직이나 집단이 의사결정을 할 때 윤리적 분석을 통하여 결정하는 것을 말한다. 윤리적 의사결정의 좁은 의미는 CEO부터 종업원에 이르기까지 인간적 행동의 옳고 그름이나 선과 악을 구분해주는 판단 기준과 도덕적 가치 기준과 관련된 기업경영의 윤리적 의사결정을 말한다. 넓은 의미로는 기업이 지속으로 성장하기 위하여 경제적 책임뿐만 아니라 사회적, 환경적 책임을 다함으로써 경쟁우위를 창출하는 경영전략을 말한다.

윤리적 의사결정은 6개의 도덕적 원리 즉, 자율성, 비 악의성, 충실성, 정의, 유익성, 진실성을 적용한다.

윤리적 의사결정은 단계별 과정을 거쳐 이루어진다. 의사결정을 위한 문제확인, 잠재 이슈 확인, 관련 윤리지침 확인, 적용할 법이나 규정 알기, 전문가에게 자문하기, 가능하고 가용한 행동과정 고려하기, 다양한 결정결과 정리하기, 가장 좋은 행동과정 결정하기 순서로 진행된다.

단계	과정	내용
1	문제확인하기	• 상황을 설명할 정보를 가능한 한 많이 수집
2	잠재 이슈 확인하기	• 중요사안 목록화, 기술, 불필요한 것 정리
3	관련 윤리지침 확인하기	
4	법이나 규정에 대해 알기	
5	자문 구하기	
6	가능한, 가용한 행동과정 고려하기	
7	다양한 결정결과 정리하기	• 전문가, 슈퍼바이저, 내담자 등과 브레인스토밍
8	가장 좋은 행동과정 결정하기	

윤리적 의사결정 과정

생각해보기 팀원들끼리 문제를 해결하여 팀워크를 살리는 방법

B 과장과 H 대리는 프로젝트를 함께 진행하고 있다. B 과장은 기획력도 뛰어나고 고객들로부터 칭찬도 많이 듣고 있다. 그런데 B 과장은 후배 팀원을 배려하지 않고, 고객과 관련된 중요한 정보는 혼자서 독점하는 성향이 강하다. 함께하는 H 대리는 업무를 다른 동료와 공동으로 처리하는 것을 즐기고, 정보공유도 철저하게 지키는 편이다. 특히, 다른 팀원에게 상당한 노하우를 제공하고 있다.
위와 같이 두 사람의 성향이 다르다 보니 업무수행 시 미묘한 충돌이 발생하고 있다.

1. 이와 같이 팀워크에 문제가 있을 때, 팀워크 향상을 위해서 어떤 노력이 필요할까?

2. 만약 내가 팀장이라면, 이와 같은 상황을 어떻게 조정할 것인지 생각해 보자.

2 _ 4차산업혁명 시대의 인재상

인생은 미래를 향해 달리는 장거리 달리기와 같은 것이라고 할 수 있다. 긴 거리를 계속 달릴 때 땅만 보며 달릴 수는 없다. 앞을 보며 달려야 한다. 땅만 보며 달리는 사람과 앞을 보며 달리는 사람은 큰 차이가 있다. 앞을 본다는 것은 곧 나아가야 할 미래를 내다본다는 것이기 때문이다.

그런데 문제는 앞이 불투명해서 미래가 잘 보이지 않는다는 것이다. 미래는 아직 오지 않은 시간이므로 명확한 미래를 내다보는 능력자는 아무도 없다.

따라서 앞이 불투명할 때는 전조등을 비추면서 달려야 한다. 여기서 전조등의 역할을 하는 것이 바로 미래 예측이고, 그 주체가 미래의 인재이다.

사람은 태어나면 부모의 품에서 자라다 점차 사회의 공동체 생활을 거치면서 성인이 된다. 그러면서 미래의 어느 시점에서는 사회에 진출해 우리 사회를 이끌어가는 주역이 되어야 한다. 이 주역 중에서 중심적인 역할을 하는 사람이 인재이다.

그리고 인재는 성인이 된다고 해서 모두가 저절로 되는 것은 아니며, 사회가 필요로 하는 일정한 역량과 재능을 갖추어야 한다.

어떤 역량과 재능을 갖춘 사람이 인재인가를 보여주는 것을 '인재상'이라고 한다. 인재상은 특정한 조직이나 사회에 어울리는 인재의 모습이다.

시대가 변함에 따라 인재에 대한 패러다임이 변하고, 핵심역량을 가진 인재의 모습이 달라져 왔다. 그렇다면 4차산업혁명 시대, 미래 사회의 인재상은 무엇일까?

빠르게 변화하는 시대 변화 속에서 고도화된 기술과 더불어 살아가고, 또 살아남기 위해서 어떤 사람이 되어야 할까? 바로 미래형 인재가 되어야 한다.

2.1 핵심인재

1 핵심인재란

잭 웰치(Jack Welch) 제너럴일렉트릭(GE) 회장은 재직시절 "시간의 70%를 핵심인재를 찾는데 쏟는다."고 말할 만큼 인재경영의 중요성을 강조하였다. 조직의 발전을 좌우하는 많은 요인 중 인재의 중요성을 강조한 말이라고 할 수 있다.

한 기업의 회장은 "우수한 인재 한 명이 적게는 1천 명에서 많게는 1만 명을 먹여 살릴 수 있다."고 말하였다. 이는 우리나라 기업에서도 핵심인재 선발 및 관리에 대한 중요성이 강조되고 있음을 언급한 것으로 볼 수 있다.

핵심인재는 과연 어떤 사람을 말하는 것일까? 기업의 핵심인재는 어떻게 정의되고 있는지에 대한 명확한 답변을 듣기는 쉽지 않다. "기업의 임원들과 성과를 많이 내는 사람을 핵심인재"라고 답하기도 하고, "핵심인재라고 선정은 하지만 정확한 근거와 기준은 아무도 모른다."라는 경우도 있다. "그럴듯한 이력을 가진 사람이 경력직원으로 스카우트되면 우리 회사의 핵심인재로 선정되는 것 같다."라는 응답도 있다.

핵심인재의 사전적 정의는 기업의 생존과 지속적인 성장을 위하여 반드시 필요한 인재를 말한다. 이는 기업의 핵심역량을 형성, 유지, 발전시키는 데 관여하는 주요 인적자원을 뜻한다.

'우리 회사의 핵심인재는 누구인가?'라는 질문에 관한 답을 찾기 위해서 '지금 우리 회사는 어떤 비즈니스를 어떻게 수행해 나가고 있는가?'에서 답을 찾으면 된다. 급변하는 경쟁 환경, 미래의 불확실성이 급증하는 극심한 변화 속에서 '우리가 어떤 비즈니스를 통해 지속성장을 거둘 것인가?'에 관한 고민에 따라 핵심인재가 달라지기 때문이다.

따라서 비즈니스 성공을 위해서 능력을 발휘할 수 있는 사람을 핵심인재로 정의할 수 있다.

2 핵심인재의 선정

이제는 근면 성실을 기반으로 한 다수의 충성스런 보통사람만으로 글로벌 경쟁에서 우위를 다지며 지속성장을 할 수 없는 세상이다. 새로운 사업기회를 만들어 성과를 창출하는 고도의 창의성, 전문성과 열정을 갖춘 핵심인재가 충성스런 보통사람을 이끌어야만 하는 세상이다. 따라서 인재에 있어서 선택과 집중의 경영 논리에 따라 우수한 인재를 전략적으로 선발하고 유지·관리하여 차별화된 성과를 창출해야만 살아남을 수 있다.

조직마다 핵심인재를 선정하는 기준이 다르다. 핵심인재를 포지션 중심으로 후계자를 지정하여 이끌어 가는 방식과 직급이나 직책 대상자 중 인재풀을 구축하여 유지·관리하는 방식이 있다. 예를 들어, 자사의 핵심인재는 경영자와 회사가 정한 핵심직무의 마스터로 국한한다면, 경영자와 정의된 핵심직무의 마스터를 선정하고 관리하면 된다.

3 핵심인재의 관리

핵심인재는 내부에서 어떻게 선발하고, 외부에서는 어떤 사람을 채용해야 할까? 핵심인재가 새로 들어올 경우, 이들의 확보율, 유지율, 이탈률 등이 핵심성과지표(KPI, Key Performance Indicator)로 관리된다. 이러한 지표들은 해당 사업부문의 최고책임자의 개인 KPI와 연동되어 있어서 핵심인재의 정착 및 성과 구현을 회사 차원에서 유도한다.

여러 계열사가 모여 그룹의 형태를 띠고 있는 조직의 경우 그룹기획실에 의해 계열사의 핵심인재가 관리된다. 초특급 핵심인재의 경우 해당 인재의 확보 및 유지가 해당 계열사 사장 혹은 조직 핵심성과지표에 들어가는 경우도 있다.

그룹의 총괄 관리조직으로 발령을 내는 관리방법도 있다. 최근에는 이와 관련해 기업 지배구조 등의 문제로 인해 구조조정본부, 그룹기획실 등의 지배적 관리기능을 나타내는 용어를 공식적으로 쓰지 않는 그룹이 많다.

하지만 여러 계열사를 관리해야 하는 그룹의 경우 이런 관리기능은 필요할 수밖에 없다. 이런 조직들은 그룹 전체를 총괄하기 때문에 그룹의 실세들, 유능하고 충성도가 높아 성장 가능성이 높은 사람들이 배치된다. 이런 조직에 들어간 것 자체가 핵심인재로 선발되었다는 것을 의미한다.

핵심인재 확보 문제는 조직의 리더가 가장 관심을 가져야 할 주제이다. 기업들이 간혹 유능한 핵심인재 확보보다 '인사를 위한 인사', '인사를 위한 핵심인재 관리'를 하고 있는 경우도 많다. 기업의 성공적인 비즈니스 실현을 위해서 다양한 비즈니스 환경과 협업할 수 있는 핵심인재 확보가 이루어져야 한다.

2.2 시대별 인재상의 변화

1 인재상의 변화

인재상은 시대와 환경변화에 따라 변한다. 과거 산업화 시대에 필요했던 인재와 현재 우리 사회가 필요로 하는 인재, 그리고 30년 후 미래 사회가 필요로 하는 인재는 각각 다르다. 이는 시대가 변함에 따라 인재상에 관한 패러다임이 변화하고, 핵심역량을 가진 인재의 요건이 달라졌기 때문이다.

기존 인재에 관한 기준은 인지 능력, 즉 지식의 양과 현상에 대해 인지하는 능력을 기준으로 분류되었다. 인지적 능력이란 언어, 수학, 과학 등 학습 영역에서 어떤 대상이나 사물을 분별하며 판단하는 능력을 뜻한다. 우리나라에서는 1980년대까지도 IQ가 높은 사람을 핵심인재로 인정하였다. 2000년대 들어서 포스트모더니즘 측면을 기반으로 한 비인지적 역량 부분이 강조되기 시작하였다.

지적 능력이 논리성과 합리성에 근거한다면, 비인지적 역량은 잠재되어 있는 인성, 감성 등의 중요한 역량을 의미한다. 타인을 배려하고 사회 기여 등도 중요한 요소로 꼽았으며, 이와 같은 능력을 갖춘 인재가 주목받게 되었다.

인재상은 시대와 환경변화에 따라 변한다. 과거 산업화 시대에 필요했던 인재와 현재 우리 사회가 필요로 하는 인재, 그리고 30년 후 미래 사회가 필요로 하는 인재는 각각 다르다.

2 21세기의 인재상

시대 변화에 따라 인재에 관한 정의도 바뀌어 왔다. 중세시대에는 레오나르도다빈치(Leonardo da Vinci)와 같은 천재가 핵심인재였다. 근대사회에 들어서는 에디슨(Edison, Thomas Alva)과 같은 팔방미인형 인재를 원했다. 그리고 21세기의 대표적인 핵심 인재형은 혁신의 아이콘이 된 스티브 잡스(Steve Jobs)를 들 수 있다. 그는 시대를 선도하는 기업가형 인재이다.

지금은 정보통신기술의 급속한 발전으로 일하는 방식이나 학생들이 학습을 하는 방법론도 과거에 비해 다양한 변화를 보이고 있다.

따라서 미래 사회를 이끌 인재는 기업가 정신을 중심으로 컴퓨팅 사고력을 갖추고, 융합·통합적 사고로 발상의 전환이 가능한 창의적 인재라고 정의할 수 있다.

3 4차산업혁명 시대의 인재상

4차산업혁명 시대의 인재상은 산업화 시대의 인재상과는 다르다. 전통적인 인재의 덕목이었던 성실함에 있어서는 인간보다 기계가 훨씬 나을 것이고, 인재의 대표 역량인 이해력 또한 인공지능이 이미 인간을 추월하였다. 따라서 성실함과 풍부한 이력만으로는 미래의 인재 역할을 할 수 없는 세상이 되었다.

4차산업혁명 담론의 진원지인 다보스 포럼은 21세기를 살아갈 학생들에게 필요한 스킬 16가지를 제시하였다. 이것을 4차산업혁명 시대의 인재상이라고 해석해도 무방하다. 미래 인재에게 필요한 스킬은 기초소양, 역량, 그리고 성격적 특성으로 나누었고, 세부적인 16가지의 스킬을 제시하였다.

4차산업혁명 시대의 핵심인재에게 필요한 스킬 16가지

출처: World Economic Forum. (2015). New Vision for Education: Unlocking the Potential of Technology. p. 3

기초소양은 글을 읽고 쓸 줄 아는 문해력, 사칙연산을 할 수 있는 산술능력, 과학 소양, 컴퓨터에 대한 지식을 의미하는 ICT 소양, 금융 소양, 문화적인 시민 소양 등 6가지를 꼽았다. 역량은 비판적 사고력 및 문제해결 능력, 창의력, 소통 능력, 협업 능력이며, 성격적 특성은 호기심, 진취성, 지구력, 적응력, 리더십, 사회문화적 의식 등 6가지가 제시되었다.

세계경제포럼이 열거한 16가지 스킬을 완벽하게 갖춘다면 4차산업혁명 시대의 인재라고 할 수 있다. 하지만 이러한 완벽한 인재는 현실 세계에서 찾아보기 어려운 이상적인 인재이다. 그러므로 소양, 역량, 성격적 특성을 더 많이 갖춘 사람이 미래 인재가 될 수 있다.

인재 전문가들은 한 분야에만 정통한 인재를 I자형 인재라 하고, 여러 가지 다양한 관심을 가지고 영역을 넘나들 수 있는 인재를 T자형 인재라고 한다. 창의교육 전문가들에 의하면 과거에는 한 우물만 파는 I자형 인재가 필요했지만, 미래에는 T자형 인재가 훨씬 더 중요할 것이라고 한다.

4 미래형 인재가 되려면

요즘 중·고등학교에서는 STEAM(스팀)이라 불리는 융합교육을 강조하고 있다. 과학(Science)·기술(Technology)·공학(Engineering)·예술(Arts)·수학(Mathematics) 등의 소양을 두루 갖춘 인재를 기르기 위해서이다. 미래 사회는 지금보다 더 복잡하고 다양한 사회가 될 것이다. 따라서 다양한 관점으로 입체적으로 사고할 수 있고, 복합적인 문제도 해결할 수 있는 능력을 갖춘 창의적 인재가 필요하다.

서양 속담에 '모든 것을 잘하는 사람은 특별히 잘하는 것이 없다'라는 말이 있다. 이것저것 다 할 줄은 알지만, 어느 것 하나 제대로 하지 못하는 것보다 한 가지라도 능숙하게 잘하는 것이 훨씬 낫다. 이런 측면에서 전문가는 무서운 힘을 발휘하는 사람이며, 융합인재가 될 수 있다.

미래에는 한 우물만 파는 것도 위험할 수 있겠지만, 한 우물도 제대로 파지 않는 것은 더욱 위험하다. 따라서 4차산업혁명 시대에 유망한 한 분야를 정하고, 그 분야의 전문가가 되는 것이 좋다. 4차산업혁명의 핵심기술, 유망 직업, 교육, 과학, 문화 등과 관련된 전문가는 분야를 넘나드는 다양한 관심과 여러 분야를 융합하는 능력을 기르는 것이 중요하다.

5 미래형 핵심인재로 성장하기 위해 갖추어야 할 마인드

미래 핵심인재로서 갖추어야 할 마인드에 관해 하워드 가드너(Howard Gardner) 하버드대학교 교수는 '미래를 위한 5가지 마인드(Five Minds for the Future)'를 제시하였다.

첫째, 훈련(학습) 마인드이다. 자신의 전공이나 과학, 수학, 역사 등의 학문을 습득하고, 최소한 한 가지 이상의 전문적인 기술을 습득해야 한다.

둘째, 통합적 마인드이다. 이는 다양한 정보 속에서 필요한 정보를 선택하고 이를 가공·통합할 수 있는 능력을 의미한다. 즉, 다양한 분야의 흩어진 정보를 통합하고 종합하여 아이디어를 도출하고, 이를 활발하게 소통할 수 있는 능력을 가져야 한다.

셋째, 창조적 마인드이다. 새로운 문제나 의문점, 현상에 대한 관찰결과에 관해 발전적인 해결책을 만들어 낼 수 있는 능력이다.

넷째, 배려하는 마인드이다. 다양한 구성원 개인들이나 집단 간 차이점을 인지하여 조직 내에서의 조화와 배려를 실천하는 능력이 요구된다. 최근 서번트 리더십(Servant Leadership), 즉 섬김의 리더십 능력이 요구되는 시대라는 의미이다.

다섯째, 윤리적 마인드이다. 조직의 구성원으로서, 시민으로서, 국민으로서의 책임감을 가지고 생활 속에서 도덕성을 실천하는 능력이다.

2.3 4차산업혁명 시대의 디지털 인재상

1 ICT 기반 인재

21세기에 들어서면서 정보통신기술 인재상을 지능정보 관점에서 본 핵심인재로 분류하고 있다. 정보통신기술 인재상은 ICT(Information and Communication Technology) 기반 역량을 바탕으로 다양한 분야에 창의적인 사고력과 융합적인 사고력을 활용할 수 있는 인재를 뜻한다.

우리나라는 ICT 강국으로 도약하면서 지능정보 관점에서의 인재상이 정보과학 인재였다. 정보과학 인재상은 첨단 정보기기 활용 능력이 뛰어나며 정보기기 활용을 좋아하고, 자신의 능력을 발휘해 첨단 정보이론을 정립하여 설계, 구현할 수 있는 인재를 뜻한다.

2 지능 기반의 정보통합 인재

인공지능(AI)이 모든 기술의 기반 기술이 될 것으로 예상되는 미래의 핵심 인재상은 지능 기반의 정보통합형 인재상이다. 미래는 빅데이터의 중요성이 강조되어, 빅데이터 분석을 통하여 정보에 대한 통찰력을 가진 인재상이 바로 지능 기반의 정보통합형 인재라고 할 수 있다. 필요한 역량으로는 컴퓨팅적 사고력, 지능정보 기술 구현 및 활용 능력, 해당 분야의 다양한 자원을 활용할 수 있는 능력 등이 필요하다.

3 창의적 인재

시대가 달라져도 창의성은 여전히 유효한 강력한 필수 역량이다. 창의성은 호기심과 상상력이 주요 원천이다. 그렇다고 상상만 하고 있어서는 곤란하며, 실천이 중요하다. 창의적 아이디어를 실천할 수 있는 능력이 있어야 한다. 문제점을 발견하고 이해하여 정확하고 실용적인 제품, 알고리즘, 서비스 프레임워크를 설계할 수 있는 능력과 이를 정밀하게 프로그래밍할 수 있는 능력이 핵심요소이다.

4 융합·통합적 인재

미래형 핵심인재의 역량 중 가장 중요한 것은 융합 역량이다. 일상적인 문제점을 개선하거나 혁신할 수 있는 아이디어를 기반으로 문제를 해결하고, 이를 통합할 수 있는 통합과 융합적 사고 능력이 미래 사회가 요구하는 인재이다.

인지적 영역과 비인지적 영역을 조화롭고 균형 있게 융합할 수 있는 인재가 4차산업혁명 시대에 필요한 인재상이라고 할 수 있다.

생각해보기 4차산업혁명 시대의 인재상

과학과 산업기술의 발전으로 4차산업혁명 시대를 맞이하고 있다. 이에 따라 산업계는 미래 산업을 주도하기 위해 발 빠르게 변화하고 있으며, 이러한 변화에 적응할 인재들의 핵심역량 강화를 위해 노력을 아끼지 않고 있다. 이러한 시대 변화에 능동적으로 대응하기 위해 21세기 인재의 핵심역량은 무엇이고, 4차산업혁명 시대의 인재상은 무엇인지 올바르게 파악하고 미리 대처해야 할 필요가 있다.

1. 시대별 인재상은 어떻게 변화해 왔는지 간략하게 서술하라.

2. 4차산업혁명 시대의 인재가 되기 위해서는 어떠한 스킬이 필요한지 요약하여 정리해 보자.

3. 미래 사회의 핵심인재로 성장하기 위해 갖추어야 할 마인드에는 어떠한 것들이 있는지 생각해보자.

자료실 21세기 기업이 바라는 인재

21세기 기업 경쟁력의 중요한 원천은 핵심역량을 갖춘 인재이다. 어느 기업이든 최우선으로 미래 사회 환경변화에 능동적으로 대처하는 인재를 필요로 한다.

기업은 구체적으로 어떤 인재상을 추구할까?

[국내 주요 기업의 인재상]

회사명	인재상
H제지	• 고객과 호흡하는 ㅇㅇ인(고객 지향성) • 창조성이 풍부한 전문인(창조 지향성) • 세계에 도전하는 국제인(국제화 지향성) • 팀워크를 발휘하는 조직인(조직 지향성)
L그룹	• 기본에 충실한 사람 • 창의력이 뛰어난 사람 • 올바른 가치관을 지닌 사람 • 세계최고를 목표로 끊임없이 도전하는 사람
H자동차	• 외국어는 물론 문화적 다양성을 포용하는 세계화된 마인드를 소유한 진취적이고 도전적인 인재 • 금속, 기계공학은 물론 전기, 전자분야까지 다양한 방면에서 최고의 능력을 지닌 인재
S그룹	• 빠른 두뇌와 창의력, 진취성을 가진 인재 • 목표와 목적의식을 가지고 부단히 노력하는 인재 • 새로운 패러다임을 이해하고 리드해 나갈 수 있는 창의성과 진취성, 기본기를 갖춘 인재
D사	• 태도와 기본자세의 측면에서 신뢰할 수 있고 솔선수범하는 도덕적 조직인 • 직무수행에 적합한 역량을 갖춘 사람으로 프로정신으로 고객을 만족시키는 창조적 전문인 • 사고와 행동이 세계를 지향하며 미래에 도전하는 사람

출처 : 대학교육

SECTION 2

나를 발견하다

1 _ 나를 들여다보다

1.1 나는 누구인가

삶이란, 나를 찾아가는 여정이기도 하다. 나는 지금 어디에 서 있으며, 어디에서 왔고, 어디로 가는지, 그리고 무엇을 좋아하고 싫어하는지, 무엇을 잘하고 못하는지 등에 관한 답을 끊임없이 찾아내면서 부족한 부분은 보완해 나가야 한다.

현대를 살아가는 우리는 '나는 누구인가?', '무엇을 하며 어떻게 살 것인가?'라는 질문에 관하여 가볍게 생각하며 잊고 살기도 한다. 하지만 이러한 질문은 인간의 본질을 밝히는 인생에 있어서 가장 중요하다.

요즘처럼 개인의 삶이 점점 황폐해지고, 사회 가치가 혼탁해지면 자신에 관한 근원적인 물음은 우리 삶에 있어서 꼭 필요하다. 그러나 막상 "나는 이런 사람이야!"라고 소개하려면 마땅히 할 말이 없다.

무한 경쟁의 시대는 평생직장이라는 개념이 사라지고, 무엇이든 직업이 될 수 있는 시대이다. 게다가 현대사회는 AI(Artificial Intelligence, 인공지능), 빅데이터(Big Data), 로봇(Robot) 등의 첨단기술이 인간을 대신하고 있다. 이런 환경에서 남들보다 특별해지기 위해서는 스스로를 누구도 대체할 수 없는 존재로 만들어 자신의 가치를 높여야 한다. 우리는 이미 퍼스널 브랜딩(Personal Branding) 시대에 와 있기 때문이다.

퍼스널 브랜딩에 성공한 사람은 자신이 좋아하는 일을 즐겁게 하는 사람이다. 퍼스널 브랜딩은, 나 자신을 바르게 알고 남들과 다른 특성을 찾아가며 나다움을 발견하는 것, 그리고 남보다 더 잘하는 자신의 재능을 발견해 좋은 방향으로 키워나가는 것에서부터 시작한다.

퍼스널 브랜딩은 왜 필요한 것일까? 퍼스널 브랜딩은 상대방에게 '나는 이런 사람이다.'라는 것을 알리고 긍정적으로 인식시키기 위함이다. 그렇게 되면 상대방이 나를 떠올렸을 때 목표로 하는 이미지를 정립시키게 된다. 이때 차별성, 일관성, 진정성이 중요하며, 자신만이 가지고 있는 이야기, 강점 등을 통해 차별성을 발굴하는 것이 중요하다.

세상에는 성공한 사람이 많이 있다. 그리고 성공한 사람들은 공통적인 습관들이 있다. 성공을 부른 습관을 들이기 위해 가장 먼저 자신에 대한 이해가 선행되어야 한다.

따라서 '나는 누구인가?'를 찾기 위해 나의 행복한 순간부터 내 삶의 목적, 내가 원하는 삶, 나의 장점과 단점, 내가 좋아하는 일, 내가 좋아하는 음식, 의미 있었던 일(경험), 나의 재능을 파악하고 자신에게 조용히 물어볼 필요가 있다.

자신에 관해 알기 위해서 평소 자신이 어떤 사람인지를 스스로에게 질문하고, 답을 찾으려는 노력이 필요하다. 이것은 여러 가지 체험학습, 동아리 활동, 진로 탐색 활동, 봉사활동 등의 다양한 학교생활과 사회활동에 적극적으로 참여하면서 자아를 찾으려는 노력을 통해 가능하다.

'나는 누구인가?'에 관한 질문의 답은 나 자신만이 알 수 있다. 이는 자신의 개성을 의미한다. 따라서, 남들과 다른 특성을 찾아가면서 나다움을 정립해 나가야 한다.

생각해보기 나는 누구인가

셀프 카메라(Self Camera)로 자신의 모습을 가장 잘 설명할 수 있는 한 장의 사진을 찍어서 자신의 존재를 설명해보자.

1. 사진 속 자신의 모습을 자세히 보고, 자신의 모습을 자세하게 표현해 보자.

구분	표현
얼굴	
눈	
코	
입	
귀	
이마	
입술	
몸	
헤어스타일	
기타	

2. 나는 나 자신을 얼마나 알고 있을까? 자신의 외형적 모습이 아닌 내면적 모습을 자세하게 표현해보자.

구분	표현
성격	
특징	
취미	
장점	
단점	
기타	

생각해보기 나는 누구인가

3. 인간은 사회적 동물이다. 내 주변의 여러 사람과의 관계를 설정하여 '그 사람'은 '나'에게 어떤 존재이며, 얼마나 소중한지, 소중한 정도가 높은 순위부터 차례대로 나열해보자.

이름	관계	설명

4. 나는 누구인가? 남들과 다른 자신만의 특성을 살려 설명해보자.

구분	설명
삶의 목적	
원하는 삶	
좋아하는 일	
좋아하는 음식	
살면서 후회되는 일	
살면서 보람있었던 일	
존경하는 인물	
장래 직업	

1.2 나의 관심사

어떤 것에 마음이 끌려 주의를 기울이는 정서나 감정을 관심이라 하며, 관심을 끄는 일을 관심사라고 한다.

우리는 일상생활에서 개인의 관심사도 중요하지만, 공통 관심사에 동참하여 사회 구성원으로서 역할을 다하는 것도 중요하다.

관심사는 시대와 연령, 성별, 지역에 따라서 다르게 나타난다. 연령대별로 큰 관심사가 있다면 무엇이 있을까? 10대는 무엇보다 학업과 교우관계, 20대는 여행, 취업, 결혼, 대인관계, 30~40대는 승진, 자녀, 재테크, 50~60대는 건강을 꼽을 수 있다. 또한, 시대에 따른 관심사를 볼 때, 코로나 19의 대유행 동안 국민적 관심사는 '재난 지원금→거리 두기 단계→백신'으로 변화했다는 빅데이터 분석결과가 나왔다. 이처럼 사회환경 변화에 따라 관심사는 달라진다.

최근 정기적인 모임 활동 경험이 있는 전국 만 19~59세 성인 남녀를 대상으로 '모임' 관련 인식 조사를 실시한 결과, 전반적으로 인간관계에 대한 니즈(Needs)가 옅어지고 모임 활동이 축소되고 있는 가운데, 취향과 관심사를 중심으로 하는 느슨한 형태의 관계 및 모임을 지향하는 사람들이 많아지고 있는 것으로 나타났다. 이를 통해 요즘 사람들은 학연과 지연에 얽매이지 않고, 취미와 관심사를 중심으로 한 느슨한 인간관계를 지향하는 것으로 나타났는데, 우리 사회의 인식이 전반적으로 많이 변하고 있음을 알 수 있다.

개인 또는 공통의 관심사는 여러 방면에서 다르게 나타나고 있지만, 제 위치에서 자신의 관심사에 몰두하다 보면 나아가 진로로 발전할 수 있다. 우리는 보장된 미래를 위하여 보험을 든다든지 저축을 한다. 이와 같이 나의 관심사를 적극적으로 발견하고, 발전시켜 나가는 것은 더 나은 미래를 위해 질 좋은 삶을 만드는 데 필요하다.

생각해보기 나의 관심사는 무엇인가

나의 관심사는 나의 취미활동으로 발전할 수 있다. 더 나아가 장래 나의 직업으로 발전할 수도 있다. 따라서 나의 관심사를 집중적으로 개발하고, 이의 역량을 키워나갈 필요가 있다.

1. 나의 진정한 관심사는 무엇인가?

• 나의 관심사는 무엇인지 생각해보자.
• 내가 어렸을 적부터 주로 관심을 가졌던 분야(물건)는 어떤 것인가?
• 내가 살면서 가장 하고 싶은 일은 무엇인가?

2. 현재 나의 최대 관심사를 5개 이상 선정하여 다음 빈칸을 채워보자.

관심분야	관심 갖게 된 이유	관심사 관련 최근 활동

1.3 내가 가치 있다고 생각하는 일

가치란 인간 행동에 영향을 주는 어떠한 바람직한 것, 또는 인간의 지적·감정적·의지적인 욕구를 만족시킬 수 있는 대상이나 그 대상의 성질을 의미한다. 우리가 살아가는 데 있어서 인간관계도 중요한 가치 중의 하나이다. 가치라는 것이 경험할 수 있는 사물로부터 유래된 것인가, 혹은 개인의 감정이 사물에 가치를 부여하는 것인가 하는 문제는 객관적 가치인가 주관적 가치인가를 논하는 가치론의 중요한 쟁점이다.

가치에 관한 관점을 가치관이라고 하는데, 이는 인간이 자기를 포함한 세계나 그 속의 사상에 대하여 가지는 평가의 근본적 태도를 말한다. 즉, 가치관이란 쉽게 말하여 옳은 것, 바람직한 것, 해야 할 것 또는 하지 말아야 할 것 등에 관한 일반적인 생각을 말한다.

나를 지배하는 가치, 내가 인생에 있어서 가장 우선시하는 가치는 무엇인가? 그 가치관은 과연 올바른 것인가?

무엇인가 가치 있게 생각한다는 것은 그것을 값어치 있게 여긴다는 뜻이다. 우리는 저마다 가치 있다고 생각하는 일이 다르다. 자라온 가정, 환경, 교육, 만남, 재능, 관심사, 타고난 성격과 기질, 성향과 더불어 살아가면서 겪는 수많은 경험 등의 다양한 요소가 가치관 형성에 개입하기 때문이다. 이런 과정에서 자신이 무엇을 중요하게 여기게 되었는지 아는 것은 매우 중요하다.

가치 있는 일을 실행하기 위해 날마다 실현 가능한 작은 목표를 하나씩 세워보자. 적은 시간이라도 하루에 꾸준히 가치 있는 일에 나의 시간을 사용해보자. 예를 들어 하루에 30분씩 운동을 한다던가, 1시간 정도 어학 공부를 시작해 보자. 처음에는 큰 효과가 없는 것 같고 실력이 향상되지 않는 것처럼 느껴지겠지만, 1년 정도 지속하다 보면 나중에는 상당한 효과를 보게 되고 실력이 놀랄 만큼 향상되었음을 알게 될 것이다. 이렇게 하루에 적은 시간이라도 가치 있는 일을 하는 습관을 갖는 것은 매우 중요하다.

가치관은 기본적으로 우리 마음의 법칙을 의미하며, 여기에 우선순위를 정해두면 마음의 평화를 얻을 수 있다. 하지만 정작 자신이 가치 있게 여기는 일이 무엇인지조차 모르고 살아가는 사람이 많다. 설령 있다고 하더라도 분명하지 않고 어느 것이 더 중요하다는 우선순위도 없다.

이렇게 중요하게 여기는 것들에 순서가 없다면 혼란을 겪을 수밖에 없다. 따라서 자신의 가치관을 명확하게 정립하고, 자신이 가치 있게 생각하는 일을 선택하여 우선순위를 정해두는 것이 현명하다.

가치 있다고 여기는 일은 자신의 니즈(Needs)에 맞는 일이다. 아무리 중요한 일을 맡았다 하더라도 정작 본인이 원하지 않는 일이라면 그 일을 가치 있다고 여기지 않는다.

일에 대한 개인의 가치는 지향가치, 향후 경력 경로, 함께 일할 동료의 성향, 보상과 같은 근무조건에 따라 다양하게 나타날 수 있다.

일을 통해 전문가가 되고자 하는 사람과 관리자가 되고자 하는 사람 간에는 똑같은 일에 대해서도 가치를 다르게 느낄 수 있다. 맡은 일이 가치 있다고 여길 때 일과 조직에 대한 몰입도는 더 커지기 마련이다.

자신이 하는 일에 관하여 어쩔 수 없이 이 일을 하게 되었다면 자신이 하는 일이 가치 있는 일이라고 생각하지 않는 입장이다. 지금 자신의 사정으로 운전을 하거나, 식당에서 서비스를 제공하고 있어도 내가 그 일을 하는 동안 열심히 최선을 다하겠다는 각오로 일해야 한다. 그래야만 맡은 일을 하는 동안 저지르는 어떠한 실수나 잘못에 대해서 자신에게 관용을 베풀 수 있다.

따라서 자신이 하는 일의 가치를 믿을 수 없다면 그 일을 계속하는 것은 불가능하다. 이런 이유로 좋아하는 일보다 개인적으로 가치 있고, 의미 있다고 믿는 일을 선택해서 해야 한다. 하지만 가치보다는 즐거움이 우선이라고 말하는 사람들이 더 많은 것은 안타까운 현실이다.

생각해보기 내가 가치 있다고 생각하는 일은

옳은 것, 바람직한 것, 해야 할 것 또는 하지 말아야 할 것 등에 관한 일반적인 생각을 가치관이라고 한다. 그리고 가치관 중에서 가장 중요한 가치관을 우선 가치관이라고 부른다. 나는 가치관이 있는가? 그리고 나의 우선 가치관은 무엇인가?

1. 우선 가치관을 수립하기 위한 다음 물음에 답해보자.

• 내가 정말로 중요하게 여기는 가치는 무엇인가?
• 내가 놓치고 있는 소중한 가치는 없는가?
• 인생에 긍정적인 영향력을 끼치려면 어떤 가치관을 가져야 하는가?
• 바람직한 인생을 위해 어떤 가치를 우선해야 하는가?
• 세상과 맞서기 위해 어떤 가치를 우선해야 하는가?
• 존경받는 사람이 되려면 어떤 가치를 중요시해야 하는가?
• 마음의 평온을 위해 어떤 가치를 지워야 하는가?
• 보다 행복해지려면 어떤 가치를 우선시해야 하는가?

생각해보기 내가 가치 있다고 생각하는 일은

2. 다음 표에 열거한 가치 중 내가 가장 중요시하는 가치를 5가지 골라 그 이유를 적어 보자.

성취	경쟁력	가족	겸손	지식	질서	인지
자발성	승리	명예	모험	창의력	패션	유머
경제력	리더십	독창성	종교	안정	지혜	다양성
우정	사랑	책임감	섬세함	효도	원칙	자유
배움	열정	존경심	아름다움	건강	기쁨	우수성
관대함	즐거움	감성	시간	권력	정의	자연
평화	전통	연민	표현	정직	힘	진실
용모	고결함	우수성	진실	친절	인간관계	가르침

중요시하는 가치	이유

1.4 나를 소개하는 글 작성하기

나를 소개하는 글, 즉 자기소개서는 나를 소개하기 위한 목적으로 나의 성장환경이나 장점들을 나열하여 타인에게 상세한 정보를 제공하고자 작성하는 문서를 말한다. 최근에는 자기소개서가 취업을 위한 문서로 많이 사용되고 있다.

자기소개서 작성에는 법칙이 따로 존재하지 않는다. 평가자의 심금을 울리는 자기소개서는 당사자도, 그 자기소개서를 읽고 평가해야 하는 평가자도 함께 감동할 수밖에 없다. 본인 스스로 생각할 때, 자신이 돌아본 지난날이 알차고 소중하고 행복한 깨달음으로 충만했다면, 그러한 생각과 느낌이 평가자에게도 고스란히 전달될 수밖에 없다는 점을 분명하게 인식할 필요가 있다.

많은 학생은 자기소개서 작성 자체를 부담스러워하고 자신 없어 한다. 그럼에도 자신을 알리기 위해 자기소개서 작성은 피할 수 없는 관문이다.

훌륭한 자기소개서는 화려한 문장과 매끄러운 표현에 달려 있는 것이 아니다. 거칠고 투박한 문장일지라도 자신만의 목소리로 소중한 깨달음을 솔직하게 고백한다면, 최상의 자기소개서가 된다.

자기소개서는 자신에 대한 심층분석을 통해 자신을 나타내는 글이다. 진정으로 의미를 이해하고 작성하기 위해서는 여러 가지 방법을 활용하여 자기분석을 철저하게 진행해야 한다. 자기분석 방법 중 가장 간단한 방법은 내가 하고 싶은 일과 나의 장점 3가지를 생각하며 그 이유를 작성해보는 것이 좋다. 그리고 자신의 강점을 부각하여 주목할 수 있는 내용으로 작성하며, 독특한 표현을 통해 나를 최대한 드러낼 수 있도록 한다.

그리고 자기소개서를 살리는 9가지 법칙을 적용하여 논리적으로 구성하면 된다. 작성 시 유의사항도 참고하여 반영하면 완성도 높은 자기소개서를 작성할 수 있다.

자기 소개서를 살리는 9가지 법칙

- 질문의 요지를 파악하기
- 두괄식 문장으로 글쓰기
- 짧고 명료하게 글쓰기
- 구체적으로 서술하기
- 나열하지 않기
- 일관성 있는 글쓰기
- 식상한 글 피하기
- 비약하지 않기
- 한 번 더 검토하기

[자기소개서 작성 시 유의사항]

구분	유의사항
진정성 있게 작성	• 억지로 부풀린 내용이 없어야 하며, 설득력 있게 작성
직무를 먼저 이해	• 자신이 지원하는 직무에 대한 확실한 이해가 바탕
인사 담당자 입장 고려	• 자기소개서를 보며 흥미나 호감을 느끼도록 하는 경우 면접장에서 직접 확인 • 읽는 이의 입장을 고려하여 읽기 편하게, 요점을 명확하게 강조
주어진 항목에 적합한 답변	• 기업이 알고 싶어 하는 성향, 역량을 제시하고 그에 맞는 적절한 답변을 해야 함
자기소개서는 면접의 근거자료	• 면접관은 자기소개서를 바탕으로 질문 • 부풀리고 거짓된 내용은 발각될 가능성이 다분하므로 진실만을 서술
나만의 이야기	• 타 지원자와의 차별화를 위해 나만의 스토리를 작성하는 스토리텔링이 중요 • 자신이 업무를 수행할 준비가 되어 있음을 보여줘야 함

생각해보기 나를 소개하는 글을 작성해보자

자기소개서는 인사 담당자가 지원자의 성격과 태도, 회사에 대한 지원동기와 직무역량 등의 정보를 얻기 위한 서류이다.

1. 다음에 제시된 항목들에 대하여 자기소개서를 작성해보자.

항목	작성내용
성장과정	
장점과 단점	
직무경험 및 경력	
남보다 내가 잘할 수 있는 일	
지원동기	
입사 후 포부	

2 _ 나를 관찰하다

2.1 나에게 부족한 점

이 세상에 완벽한 사람은 없다. 누구에게나 장점이 있으면 단점도 있게 마련이다. 자신의 장점을 알고 부족한 점이 무엇인지 아는 것은 앞으로 자신이 발전하는 데 도움이 된다.

사소한 것만 개선하면 많은 능력을 발휘할 수 있는 사람들이 있다. 진지함이 부족하여 큰 능력을 발휘하지 못하는 사람이 있는가 하면, 친절함이 부족하여 능력을 발휘하지 못하는 사람도 있다. 어떤 사람은 실천력이 부족하고, 또 어떤 사람은 자제력이 부족하다. 이 모든 결점은 자기 자신을 파악하면 쉽게 고쳐질 수 있는 것들이다.

나에게서 장점을 찾는 것도 어렵지만, 단점을 찾는 것 역시 어려운 일이다. 이는 나에 대한 이해가 부족하기 때문이다. 단점이 단점으로 존재할 만큼 엄청난 흠인지도 모르겠고, 장점과 비교하여 크게 부각되는 단점이 있는가 하면, 그것을 단점이라고 할 수 없을 만큼 가벼운 단점도 있다.

나에게는 단점이지만, 보기에 따라서는 장점이 될 수도 있는 것들이 있다. 예를 들면 너무 신중함 또는 솔직함이라는 태도가 자신에게는 단점이 될 수 있지만, 다른 사람이 보았을 때에는 성급한 모험을 선택하지 않는 장점으로 볼 수도 있다. 이런 이유로 자기소개서에 단점을 쓸 때에는 회사 직무와 큰 연관성이 없는 내용을 쓰는 것이 좋다. 단점은 자신이 미리 인지하여 그 노력해서 극복했다는 내용을 쓰는 것이 좋다.

'나는 어떤 부분이 부족하고, 남들보다 뒤떨어진다고 생각하는가?' 이에 관해 열등감을 가질 필요는 없다. 자신이 어느 부분에 단점이 있고, 부족한지 알고 있다는 것 자체가 중요하다. 단점은 고치고 부족한 부분은 언제든지 채워나갈 수 있기 때문이다.

생각해보기 나에게 부족한 점은 무엇인가

이 세상에 부족한 점(단점)이 없는 사람은 없다. 단점을 극복하고 개선해 나가면 더 좋은 장점으로 변화시킬 수 있을 것이다.

1. 나에게 부족한 점 3가지를 선택하여 그렇게 선택한 이유를 써보자.

부족한 점	이유

2. 나에게 부족한 점을 개선할 수 있을까? 다음 물음에 대하여 답해보자.

• 나의 꿈(진학, 직업, 목표)은 무엇인가?
• 내 꿈에 비해 뒤처진다고 생각하는 나의 부족한 점은 무엇인가?
• 나의 단점을 개선할 수 없다면, 어떻게 장점으로 살릴 수 있을 것인가?

2.2 내가 잘할 수 있는 일

내가 어떤 일을 잘할 수 있다는 것은 '그 일에 재능이 있다.'라는 말이다. 재능은 어떤 일을 하는 데 필요한 재주와 능력을 말한다. 이는 개인이 타고난 것일 수도 있지만, 타고난 능력과 훈련으로 획득된 능력을 아울러 말한다.

'주어진 일을 열심히 하는 사람은 그 일을 즐기며 하는 사람을 능가할 수 없다.'라는 말이 있다. 일할 때 재능과 적성을 찾아 그 일에 흥미를 갖고 즐겁게 하는 사람은 정말 행복한 사람이다. 그리고 자신이 하고 싶은 일이 무엇인지 모르고 평생 사는 사람은 불행한 사람이다. 자신이 잘할 수 있는 일을 하면 그 일에 흥미를 지니고 즐겁게 할 수 있다.

좋아하는 일을 하는 것이 좋을까? 아니면 잘하는 일을 하는 것이 좋을까? 많은 사람이 이런 고민을 한다. 그런데 분명한 것은 좋아하는 일을 잘한다면 이보다 더 훌륭한 것은 없을 것이다.

그러기 위해서 좋아하는 일에 더욱 매진하여 열과 성을 다해 잘할 수 있도록 노력해야 한다. 즉, 한 우물을 파야 성공한다는 말이 되겠다. 그런데 한 우물을 파기 위해서는 내가 무엇을 잘하는지를 먼저 알아야 한다. 이를 위해 자신의 재능을 먼저 파악하는 것이 중요하다. 내가 좋아하는 것과 잘하는 것을 구별할 줄 알아야 올바른 선택을 할 수 있다.

같은 일을 하더라도 그 일을 좋아하느냐, 아니냐에 따라 결과는 달라진다. 물론, 보통은 좋아하는 일을 하는 것이 좋은 효과를 가져온다. 자신이 좋아하고 잘하는 일을 하면 그것은 일의 개념이 아니라 삶의 목표이자 존재 이유가 되기 때문이다. 그러므로 좋아하는 일에 더욱 매진하여 열과 성을 다해 잘할 수 있도록 노력해야 한다.

누구나 좋아하는 것을 선택하게 마련이다. 학교를 선택하는 것, 직장을 고르는 일 등에서 '좋아하기에 선택하였다.'라고 말한다. 그렇지만 좋아하더라도 잘하지 못하면 성공 가능성은 낮아진다. 좋아하는 것과 잘하는 것은 분명히 다르다. 그리고 그것을 결정하는 것이 바로 재능이다.

자신이 가장 잘할 수 있는 일을 하는 사람 중에는 성공한 사람이 많다. 그러나 실패한 사람은 자신이 잘하는 일이 있음에도 불구하고 남을 따라 한 사람이 많다.

잘하는 것은 남들과 비교해 조금이라도 나은 것으로, 어느 정도의 재능을 이미 가지고 있다는 이야기와 같다. 반대로 좋아하는 것은 재능이 배제된 즐거움에 불과하다. 나 스스로 기쁘고 행복하고 만족하려고 좋아하는 일에 매달리는 것이다. 성공을 전제로 한다면 남보다 단 1%라도 잘하는 것에 매달려야 한다. 성공의 승산이 있어야 한다는 말이다.

사람은 모든 일을 다 잘할 수는 없다. 잘하는 일보다 잘하지 못 하는 일이 더 많을 수도 있다. 그래서 자신이 잘하는 일을 찾기란 그리 쉽지만은 않다. 자신이 잘할 수 있는 일을 일찍 찾는 사람도 있지만, 아주 늦게 찾아 여생을 자신이 잘할 수 있는 일에 매진하며 사는 사람도 있다. 그러므로 타고난 재능이나 후천적으로 습득된 재능을 바탕으로 자기 일을 더욱 발전시키는 나가는 것이 중요하다.

내가 좋아하는 일과 잘하는 일을 찾는 방법이 있다면 무엇일까? 일단 내가 좋아하는 것에 우선권을 두고 좋아하는 일을 잘하기 위해 한 우물을 파는 것이 중요하다. 그리고 이를 위해서는 어떠한 고통도 감수하며 최선을 다하는 것이 중요하다. 어떤 일을 하기 위해 무엇인가 목표를 세우기 전에 내가 잘할 수 있는 일이 무엇인지 곰곰이 생각해 보아야 한다.

내가 어떤 일을 했을 때 가장 즐거웠는지 생각해 보자. 어떤 일을 했을 때 가슴이 뛰었는지, 또 어떤 일을 했을 때 밤새 그 일을 하면서도 힘들지 않았는지 생각해 보자. 그리고 가슴이 시키는 일이 무엇인지 찾았다면, 그것은 내가 잘할 수 있는 일이다.

생각해보기 내가 좋아하는 일과 잘하는 일

좋아하면서 잘하기까지 하는 일을 찾는 것은 그리 쉽지 않다. 그렇다면 어떻게 해야 할까? 우선 좋아하는 일을 선택하고, 그것을 지속하여 잘하게 만들면 된다.

1. 내가 좋아하는(싫어하는) 일과 잘하는(잘하지 못하는) 일을 다음 표의 빈칸에 적어보자.

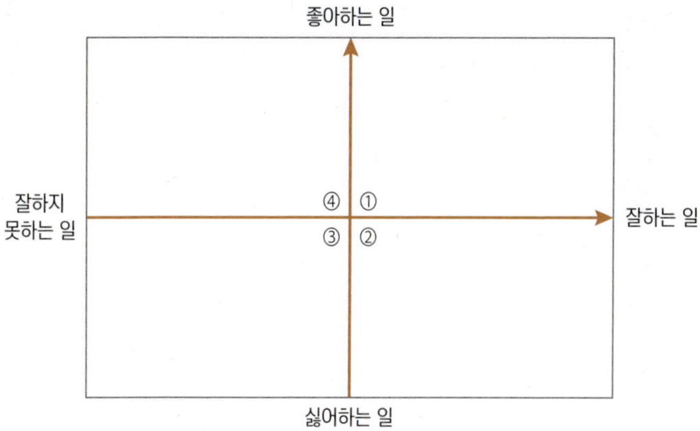

① 좋아하는데, 잘하는 일
② 싫어하는데, 잘하는 일
③ 싫어하는데, 잘하지 못하는 일
④ 좋아하는데, 잘하지 못하는 일

2. 내가 잘할 수 있는 일을 찾아보자.

• 내가 좋아하면서 잘할 수 있는 일은 무엇인가?
• 내가 좋아하지만 잘하지 못하는 일은 무엇인가?
• 내가 좋아하지만 잘하지 못하는 일을 어떻게 개선시켜 나갈 수 있겠는가?

2.3 타인이 바라보는 나

타인이 바라보는 나는 어떤 사람일까? 다른 사람이 나를 어떻게 생각할까? 이러한 걱정 때문에 신경이 쓰일 때가 종종 있다. 자신이 했던 어색한 농담이 생각나고, 중요한 상황에 능숙하게 대처하지 못했던 서툰 행동들이 생각나서 고민했을 때도 있다. 주변 사람들에게 이런 이야기를 하면 '다른 사람의 시선에 너무 신경 쓰지 말라.'라고 조언을 듣기도 한다. 하지만 그 사람들도 자세히 살펴보면 타인의 시선을 신경 쓰며 살아간다. 타인의 평판과 라이프스타일, 좋아하는 유행 등에 신경 쓰지 않고 살아가는 방법은 없을까?

우리는 수많은 사람과의 관계 속에서 의도하든 그렇지 않든 타인의 시선을 의식하게 된다. 이 세상은 나 혼자만 사는 것이 아니고, 모두가 관계를 맺고 살아가기 때문에 원하든 그렇지 않든 나의 삶, 나의 인생, 나의 하루를 누군가와 공유하게 된다. 그리고 그것은 자신뿐만이 아니라 모두에게 같게 적용된다.

스스로 어떤 사람인지 규정짓고 자존감을 지킬 수 있다면, 그것은 가장 건강하고 바람직한 삶이라 할 수 있다. 하지만, 인간은 사회적 존재이기 때문에 타인이 바라보는 시선과 평가에서 자유로울 수 없다.

어떤 사람은 나의 존재를 긍정적으로 생각할 수 있고, 아니면 부정적으로 생각할 수도 있다. 타인의 눈과 평가는 모두 다르기 때문이다. 타인이 바라보는 나와 스스로 생각하는 나 사이의 괴리가 크면 심리적 혼란을 겪게 된다.

자신이 생각하는 나의 모습과 타인이 바라보는 나의 모습이 똑같지 않다. 하지만 여러 사람이 보는 나의 모습이 공통적이라면 그 시선을 어느 정도 신뢰해야 한다. 따라서 타인의 시선이 부정적 측면보다 긍정적 측면이 더 크다면 이를 이용하여 나를 더 발전시킬 수 있으며, 긍정적 측면보다 부정적 측면이 더 크다면 이를 극복하기 위해 노력해야 한다.

생각해보기 타인이 바라보는 나는 어떤 사람일까

우리는 원하든 원하지 않든 타인의 시선을 의식하면서 살아가고 있다. 타인이 바라보는 나는 어떤 모습일까?

1. 내가 생각하는 나의 장점(좋은 점)과 단점(개선할 점)은 무엇인가?

번호	장점(좋은 점)	단점(개선할 점)
1		
2		
3		

2. 타인이 바라보는 나의 장점(좋은 점)과 단점(개선할 점)은 무엇인가?(친구 혹은 지인에게 나의 장점과 단점을 적어 달라고 한다.)

번호	장점(좋은 점)	단점(개선할 점)
1		
2		
3		

3. 타인이 보는 나의 장점과 단점은 내가 생각하는 장점과 단점과는 어떤 차이점이 있는가?

번호	장점의 차이점	단점의 차이점
1		
2		
3		

3 _ 나를 설계하다

3.1 나는 어떤 사람이 되고 싶은가

세상에는 각양각색의 사람들이 있다. 잘난 사람과 못난 사람, 돈이 많은 사람과 없는 사람, 권력을 가진 자와 못 가진 자, 이렇게 다양한 많은 사람 중에서 나는 어떤 사람이 되고 싶은가? 많은 사람이 이런 고민을 한다.

1 내가 하고 싶은 일을 하는 사람

학창시절에는 하고 싶은 것도 많고, 꿈도 많았다. 하지만 성인이 되어 사회생활을 하다 보면 하고 싶은 일보다 꼭 해야만 하는 일에 얽매이는 것이 보통이다. 그래서 내가 하고 싶은 일을 하며 최선을 다하는 것이 가장 행복한 삶을 사는 것이라고 할 수 있다. 내가 하고 싶은 일을 열심히 하다 보면 잘할 수 있는 일이 되어 흥미를 지니고 즐거운 마음으로 할 수 있기 때문이다.

자신의 직업을 고르고, 무엇을 하면서 살아야 할지는 인생에서 매우 중요한 문제이다. 그래서 하고 싶은 일을 하거나 잘하는 일을 하면서 사는 것이 중요한데, 하고 싶은 일을 찾는다는 것은 쉬운 일이 아니다. 나는 어떤 사람이 되고 싶은지, 어떤 생각을 가지고 살아가고 있는지, 나 자신에 대하여 들여다보자. 내 주변에는 어떤 사람들이 있고, 나는 어떤 환경에 처해 있는지 고민해보자.

내가 하고 싶은 일은 나타나는 것이 아니라, 직접 찾고 만들어야 한다. 그러므로 자신이 하고 싶은 일을 찾기 위해서 다양한 분야의 경험을 넓히면서 많은 것을 체험하고, 목표를 구체화해야 한다. 그리고 남의 눈치보다 자기 생각에 집중하면서 목표한 바를 실천해야 한다. 그러기 위해 지금 내가 하는 일 또는 잘할 수 있는 일을 자신에게 맞게 바꾸어 몰입할 때 만족과 함께 정상에 오를 수 있다.

2 나의 직업관

나의 직업관에 관하여 생각해 본 적이 있는가? 자신의 미래를 성장시키기 위한 직업관이란 무엇일까?

직업관이란 직업에 대하여 가지고 있는 일정한 관념을 말하며, 직업의식이라고도 한다. 이는 개인의 진로 결정과 직업 생활에 영향을 미친다.

직업은 종류에 따라 하는 일이 다르고, 같은 직업이라도 개인마다 부여하는 가치가 다르다. 직업을 단지 생계수단으로 생각하느냐, 아니면 하늘이 내려준 천직으로 생각하느냐에 따라 직업에 임하는 자세가 달라진다.

바람직한 직업관이란 천직의식과 소명의식, 직무에 관한 성실성, 전문가 정신과 창조성, 책임의식과 협동성 등을 가진 것을 의미한다. 이러한 직업관을 지닐 때 미래 사회의 변화에 성공적으로 대처할 수 있다.

이상적인 직업관은 자기중심적 직업관, 조직 혹은 사회 중심적 직업관 그리고 업무 중심의 직업관 등의 세 가지 직업관이 적절히 조화되는 것이 바람직하다. 또한, 직업이 개인에게 행복한 삶의 수단이 되기 위해서는 직업을 통해 사회에 봉사하려는 건전한 직업관을 가져야 한다.

인간은 직업을 통해서 자아실현과 사회 공동생활에 참여할 수 있으며, 경제적 이득을 취하면서 삶을 영위한다. 이렇듯 직업은 우리에게 매우 중요한 삶의 요소로 작용한다. 올바른 직업관을 갖기 위해서는 해당 직업의 특성과 정확한 정보를 파악하고 접해보는 것이 좋다. 그리고 자신에게 맞는 직업을 선택하기 위해서 자신의 적성과 능력을 충분히 고려해야 한다.

4차산업혁명 시대의 도래와 코로나 19로 인하여 우리의 직업관도 다양하게 바뀌었다. 하루 종일 사무실에서 일하는 일상은 사라졌고, 조직에서 독립하여 홀로 일하는 독립 근로자가 증가하고 있다. 그 이유는 변화 속에서 새로운 비즈니스가 늘고 있으며, 독립적으로 일하는 삶에 대한 관심이 높아지고 있기 때문이다.

생각해보기 나의 직업 탐색하기

우리가 알고 있는 대부분의 직업은 누군가를 돕는 일이면서, 살아가는 데 필요한 경제활동을 하기 위해 필요한 것이다. 이러한 직업에 대한 나의 생각은 어떠한가?

1. 내가 생각하는 직업에 대하여 다음 빈칸을 채워 보자.

직업으로서 하고 싶은 일 (희망 직종)	사회에 기여하거나 타인에게 도움이 되는지의 여부

2. 위의 4개 직업 중 3개를 제외하고 하나만 선택한다면 어떤 직업을 선택할 것인가?

3. 그렇게 선택한 이유는 무엇인가?

4. 직업을 왜 가져야 하는지 나의 생각을 적어 보자.

3.2 나의 비전(미래상) 수립하기

비전(Vision)이란 조직이 장기적으로 지향하는 목표, 가치관, 이념 등을 통칭한다. 다른 말로 표현하면 미래상, 미래의 전망, 선견지명 등으로 나타낼 수 있다. 성공하려면 목표가 아닌 비전을 만들어야 한다. 목표는 앞을 바라보는 것이지만, 비전은 그 시점으로 가서 뒤돌아보게 한다.

나의 존재 이유인 미션(Mission)이 정해지면 다음은 인생 프로젝트를 통해서 최종적으로 무엇을 달성할 것인가를 결정해야 한다. 즉, 인생의 최종 목표인 비전을 수립해야 한다.

비전은 달성하고자 하는 장기적인 목표로, 가시화된 미래의 그림이다. 이는 마음속에 선명하게 그려진 이루고자 하는 미래상을 의미하기도 한다. 비전의 이미지가 선명할수록 그 미래상이 현실화될 가능성이 커진다. 이러한 비전은 한 개인에게는 헌신과 열정을 불러일으키게 하고, 한 공동체에게는 리더에 대한 신뢰감을 돈독히 하며 단합하고 희생하게 한다.

누구나 자신의 삶과 비전에 대하여 고민하고 계획한다. 일반적인 우리의 삶 속에서 자신의 비전을 만든다는 것이 그리 쉬운 일은 아니다. 하지만, 삶의 목표를 뚜렷하게 설정하고 이 목표를 향해 도전하는 사람은 나름대로 성공적인 삶을 살 수 있다.

비전은 내가 어디로 가느냐에 관한 것이고, 전략은 내가 가야 하는 길을 계획하는 것이다. 그래서 비전을 우선시해야 하는 이유는 목적지가 없으면 길도 없기 때문이다.

비전은 기업 실무에서 미션과 큰 구분 없이 사용되기도 하지만 학술적으로는 미션과 구분되는 개념이다. 미션이 조직의 존재 이유로서 기업이 생존하는 한 절대 변하지 않는 목적이라면, 비전은 오랜 기간 동안 유지되지만 정기적으로 변하는 요소로서, 조직의 미래 바람직한 모습을 표현한 것이다.

생각해보기 나의 비전 작성하기

비전을 가지고 사는 사람과 그렇지 않은 사람은 큰 차이가 있다. 정확한 목표를 설정하고 그 목표를 이루기 위해 노력하는 삶이 가치 있는 삶이다.

1. 나는 어떤 꿈과 목표를 가지고 있는가?

2. 나는 나의 꿈을 이루기 위해 지금까지 어떤 노력을 해 왔는가?

3. 지금까지 해 온 노력 외에 앞으로 더 해야 할 노력은 무엇인가?

4. 나의 비전을 수립해보자.

3.3 나의 사명서 작성하기

1 자기 사명서

빅터 프랭클(Viktor Frankl)은 "사명이란 발명이 아닌 발견하는 것이다."라고 하였다. 우리는 사명, 가치, 잠재력을 지니고 있다. 그것을 발견한 사람과 그렇지 않은 사람의 삶은 시간이 흐를수록 차이가 생길 수밖에 없다.

사람은 누구나 자신의 삶에서 자기만의 과업 또는 사명을 가진다. 이것은 다른 사람에 의해 대체되거나 반복될 수 없다. 즉, 모든 사람이 갖는 과업이 독특한 것처럼 사명을 이행할 수 있도록 주어진 기회 또한 독특하고 차별적이다.

자기 사명서(비전 선언문)는 내가 어떻게 살아가야 할 것인지를 말해주는 윤리이자 원칙으로서, 자신이 추구하는 가장 가치 있는 것이 무엇인지에 관한 정의이다. 이는 인생의 중대한 결정을 내릴 때 기준이 되는 개인 헌법이라고 할 수 있다. 여기에는 어떤 것에 가치를 두는지, 가장 중요한 우선순위는 무엇인지, 어떤 사람이 되고 싶은지, 어떤 것을 성취하고 싶은지 등이 포함되어야 한다.

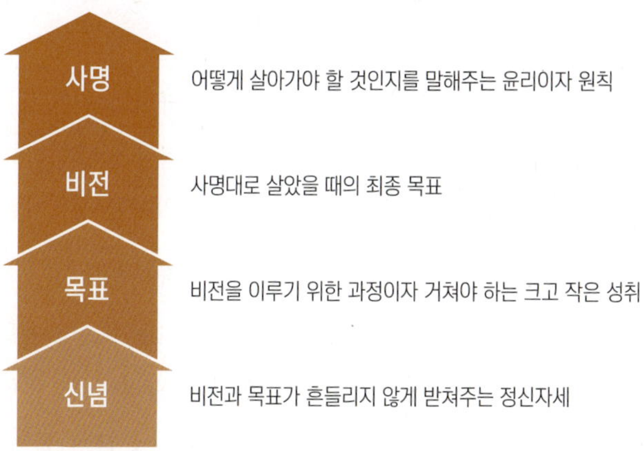

사명, 비전, 목표, 신념의 관계

자기 사명서는 자신의 인생 철학이나 신조이며, 확고한 비전과 가치관의 표현이다. 또한, 삶을 살아가는 데 바뀌지 않는 근본과 같은 개인 헌법이자 삶의 설계도이며 조감도이다.

단순히 비전을 세우는 것만으로는 삶이 위대해질 수 없다. 위대한 인생을 살다간 사람들의 가슴에는 공통으로 자기 사명서가 있었다.

따라서 자기 사명서는 나의 비전을 추구할 때 중요하게 작용하는 아이디어, 가치, 원리를 말한다. 내가 결정을 내리거나 영향력을 행사할 때, 비전의 성취를 평가할 때 사용하는 안내 지침이다.

2 자기 사명서 작성하기

나는 누구인가? 나의 가치는 무엇인가? 이러한 가치를 담는 그릇이 자기 사명서이다. 내 삶의 목적을 적은 자기 사명서를 작성해보자.

자기 사명서 작성을 위해서 자신을 발견하는 시간이 필요하다. 자기 사명서는 삶의 방향을 결정하는 데 중요하며, 그 유용성이 매우 크기 때문에 이를 작성하는 데 충분한 시간을 투자하는 것이 좋다. 자신의 핵심가치를 찾은 사람은 자기 사명서를 위한 질문에 답하기가 더 수월하다. 그러기에 평소에 나 자신을 찾기 위한 노력이 필요하다.

자기 사명서 작성의 원칙은 자신의 존재, 행동의 가치와 원칙에 초점을 맞추어 써야 한다. 또한, 형태나 내용은 각자의 독특성을 반영하는 것이 좋다. 이를 통해 내 인생의 궁극적 목적, 나의 존재 의미를 정립해야 한다.

사명서에는 자신에 관한 모든 영역을 포괄해야 한다. 나에게 가장 중요한 가치 기준, 우선 항목, 장기적인 목표를 적어 넣는다. 또한, 내 가족과 사회, 내가 선택한 직업을 통하여 다른 사람에게 이바지하고, 헌신할 수 있는 의지, 이 세상의 어떤 사람도 흉내 낼 수 없는 자신만의 창의력과 재능을 반영한다.

생각해보기 나의 사명서 작성하기

사명은 만들어 내기보다 찾아내는 것이다. 자기 사명서는 삶의 방향을 결정하는 데 중요하며 그 유용성이 매우 크기 때문에 이를 작성하는 데 많은 시간을 투자하는 것이 좋다.

1. 나의 사명서를 작성해보자.

2. 나는 나의 사명을 수행하기 위해 어떻게 해야 하는지 구체적으로 작성해보자.

3. 나의 사명을 수행하는 데 우선순위가 높은 것부터 5가지를 제시하고, 그 이유를 말해보자.

우선순위	항목	이유
1		
2		
3		
4		
5		

자료실 창의·융합적 사고는 문제를 보는 관점에서부터 시작

창의 · 융합적 사고의 시작은 문제를 바라보는 관점에서부터 출발한다.

최윤규 카툰경영연구소장은 지난 12일 광주에서 열린 전남매일 제3기 CEO 경제아카데미 3강에서 'CEO의 품격, 융합력'을 주제로 강연하였다.

최 소장은 "창의 · 융합적 사고는 경험과 지식 등 내가 가진 빅데이터의 양과 질을 올리면 사고의 범위가 넓어진다."라며, "세상을 보는 선입견을 깨고, 생각의 범위를 넓히는 CEO가 미래 시대를 주도할 경영자가 될 수 있다."라고 밝혔다.

그는 "세상의 변화를 읽어내는 생각의 힘이 커지는 시대이다."라고 진단하였다. 게임 개발자가 게임 속에 재미로 몰래 숨겨놓은 메시지인 이스터에그와 딱정벌레 전시에 등장한 폭스바겐 딱정벌레 차 '뉴비틀'을 전시한 것을 예시로 들며 변화를 읽어내는 관점에 대해 설명하였다.

최 소장은 "핵심은 관점이다. 어떤 눈으로 보느냐가 핵심이다."라며 "같은 주제를 어떤 눈으로 바라보는지가 결과를 좌우할 것이다."라고 강조하였다.

그는 "코로나 19 이전에는 대형 컨벤션홀에서 1,000여 명 이상의 대규모 청중 앞에서 강의를 하였지만 코로나 19 이후에는 원격으로 강의를 하고 있다."라며, "달라진 환경에 적응하기 위해 차별화와 미래 예측이 필요하다."라고 말하였다.

이어 "4차산업혁명 시대를 대비한 다양한 기술과 제품이 쏟아지고 있다."라며 "관련 기술과 제품을 먼저 써본 사람은 없다. 누가 먼저 이에 대한 빅데이터를 축적해 변화를 전망하는 것이 필요하다."라고 덧붙였다.

최 소장은 빛고을 광주의 새로운 관광상품으로 그림자 도시 광주를 제안하였다.

그는 "빛이 있다면 그림자도 있다."라며, "식상한 벽화 대신 광주 도심 곳곳에 그림자를 그려 넣고, 이를 활용한 마케팅으로 관광객을 끌어모을 수 있다. 여기에 대기업 로고, 지역 맛집 등 마케팅을 한다면 시너지 효과를 낼 것이다."라고 강조하였다.

최 소장은 "창의 · 융합적 사고는 상상력과 연결된다."라며, "틀에 갇힌 사고에서 벗어나 사고의 변화를 읽어내야 한다. 생활 주변의 불편함을 찾아 개선하는 작은 것에서부터 시작하면 된다."라고 조언하였다.

이어 "창의 · 융합적 사고를 갖는 사람들은 남이 시켜서가 아닌 내가 하고 싶어서 그 일을 하는 것이다."라며, "다양한 관점에서 사고해 이를 실천할 수 있는 환경을 만들어 직원들을 창의 · 융합적 인재로 육성하는 방법을 고민해야 한다."라고 강조하였다.

출처: 전남매일, 2021.04.13

참고문헌

강신주, 고미숙, 김상근, 슬라보예 지젝, 이태수(2014), 「나는 누구인가」, 21세기북스.

김사현(2004), 20, 30대가 준비해야 할 인생설계, 미래지식.

김재학(2014), “전략을 실패로 이끄는 5가지 함정”, VENTURE SQUARE, 2014년 9월 15일, https://www.venturesquare.net/549447.

김현숙(2013), 「좋아하는 것 99%보다 잘하는 것 1%에 승부를 걸어라」, 프로방스.

김현주(2019), “학연 · 지연? "됐거든"…관심 · 취향 중심으로 느슨하게 뭉치는 현대인들.” 세계일보, 2019년 4월 30일.

김혜경, 최영인(2020), 「끌리는 퍼스널 브랜딩의 비밀」, 성안당.

김훈(2011), “좋은 관계의 핵심 의사소통.” 크리스찬리뷰, 2011년 1월 28일, http://www.christianreview.com.au/sub_read.html?uid=1167&section=sc37&section2=.

나은영(2013), 「행복 소통의 심리」, 커뮤니케이션이해총서.

나은영(2015), “권력의 심 리적 기반과 리더십 유형.” 국가미래연구원, 2015년 1월 4일, https://ifs.or.kr/bbs/board.php?bo_table=News&wr_id=2333.

레쥬메월드(2011), 「자기소개서 작성 바이블」, 리빙북스.

문요한(2020), 「오티움」, 위즈덤하우스.

박경수(2016), 「전략 수립의 신」, 더난출판사.

박기호(2019), 「벤처와 창업가 정신」, 호서대학교 출판부.

박기호(2020), 「벤처와 리더십」, 호서대학교 출판부.

박성후(2010), 「포커스 씽킹」, 경향미디어.

박희진, 신건철, 최선경, 오우진, 정동완(2019), 「디지털 노마드 세대를 위하 미래 교육 미래학교」, 미디어숲.

서희정(2014), "융합적 사고력 검사 도구 개발 연구." 석사학위논문, 경인교육대학교 교육전문대학원.

심윤숙(2022), "훌륭한 리더(leader)와 평범한 상관(上官)." 뉴스더원, 2022년 1월 11일. http://www.newstheone.com/news/articleView.html?idxno=90006.

임주혁(2004), 「위대한 인생들의 비전 선언문」, 두란노서원.

장재관(2017), "회사는 어떻게 핵심인재를 관리하는가." brunch, 2017년 9월 24일. https://brunch.co.kr/@sudana/15.

정철상(2021), "내 인생의 우선 가치관 수립하기." 에듀진, 2021년 8월 12일. http://www.edujin.co.kr/news/articleView.html?idxno=36653.

조기숙(2013), "누가 글로벌 인재인가?" POWER of TRUTH, 2013년 3월 14일. https://www.poweroftruth.net/column/mainView.php?table=gs_cho&uid=14.

최손환, 윤영순, 박희옥, 이정영, 권덕문(2018), 「창의와 융합인재」, 내하출판사.

최연구(2020), "미래에 필요한 인재는?" 교육부, 2020년 4월 1일. https://m.post.naver.com/viewer/postView.nhn?volumeNo=27860587&memberNo=15194331.

한국교육심리학회(2000), 「교육심리학 용어사전」, 학지사.

한국기업교육학회(2010), 「HRD 용어사전」, 중앙경제.

한국문학평론가협회(2006), 「문학비평용어사전」, 국학자료원.

행정학용어 표준화연구회(2010), 「이해하기 쉽게 쓴 행정학 용어사전」, 새정보미디어.

허진(2004), "가치 있는 일을 부여하라." LG경제연구원.

Covey, Stephen. (2017), 「성공하는 사람들의 7가지 습관」, 김경섭 옮김, 김영사.

Hyatt, Michael. (2021), 「모두를 움직이는 힘」, 한미선 옮김, 로크미디어.

Massey, Tom. (2007), 「팀워크를 위한 10가지 성공전략」, 조은경 옮김, 가람북.

Root-Bernstein, Robert., and Michele M. Root-Bernstein. (2007), 「생각의 탄

생」, 박종성 옮김, 에코의서재.

Schwab, Klaus. (2016), 「클라우스 슈밥의 제4차 산업혁명」, 송경진 옮김, 메가스터디북스.

“사람인” https://www.saramin.co.kr/ HR 시리즈.

Evans, Charles L. (1977), *Elementary Magnet/Vanguard Plan Evaluation*. ERIC.

Feldhusen, John F., and Deborah L. Moore. (1979), “A Simplified Creative Problem Solving Model.” *Journal for the Education of the Gifted* 3 (1): 61–72.

Gardner, Howard. (2007), *Five Minds for the Future*. Harvard Business School Press.

CHAPTER 3

창의적 아이디어 발상

경쟁력 있는 아이디어 발상은 창의성을 전제로 한다. 고정관념적 사고에서 벗어나 새로운 관점에서 혁신적이고, 독창적이며 유용한 것을 만들어 내는 것이 창의성이다. 이러한 창의성이 세상을 바꾸고 삶을 바꾼다.

미래 인재로서 갖추어야 할 창의적 역량 개발을 위해 창의성이 무엇인지 근본적인 개념을 이해하고, 확장된 창의적 사고과정을 배우는 것은 매우 중요하다.

다양한 사고방식을 접하면서 개인의 기본 역량을 확인하고, 특별한 사람들의 전유물이 창의력이라는 사고에서 탈피하는 것이 창의적 아이디어 발상의 주된 목적이다.

SECTION 1

창의성이란 무엇인가?

1 _ 창의성의 정의

대학생 민석이는 평소 사용하는 제품 중에서 한 가지를 선정하여 제품의 문제점과 개선점을 찾아 제출하는 과제를 받았다. 언뜻 생각하기에 쉬운 과제라고 생각했는데 어떤 제품으로 선정할지 까다로웠고, 제품의 문제점을 찾기도 어려웠다. 문제점을 개선하기 위한 아이디어가 술술 떠오르지 않자, 그 원인은 자신이 창의성 부족 때문이라는 생각도 들었다. 어떻게 해야 다양한 관점에서 접근한 창의적 아이디어를 낼 수 있을까?

우리는 아이디어(idea)가 중요한 시대에 살고 있다. 지금도 하나의 아이디어가 기술의 혁신을 이끌어 세상을 바꾸고 있음을 경험한다. 휴대 전화가 등장하게 된 배경도 아이디어 전환의 대표적인 결과물이라 할 수 있다.

기존의 낡은 것을 전혀 새로운 것으로 바꾸게 하는 원동력은 무엇일까? 우선 떠오르는 단어가 '창의성(creativity)' 이다. 창의성은 기존 생각에 새로운 생각을 얹는 인간의 의식적 무의식적 사고 활동이기 때문이다.

창의성이 무엇이냐고 묻는다면 쉽고 간단명료하게 정의하기 어렵다. 단순히 '새로운 것을 생각해 내는 것'이라고 정의하기에는 관련된 부연 설명이 필요하기 때문이다. 문제를 인식해야 하고, 다각도의 관점에서 문제해결 방법을 모색하는 능력 등 총체적 설명을 요구한다. 그래서 새로움, 독창성, 상상력, 영감, 혁신, 관찰, 유용성 등을 창의성과 관련짓는다.

1.1 창의성이 무엇인가에 관한 질문

창의성이 무엇인가에 관한 정의를 내리기 전에 질문을 해보자. 질문은 창의성의 관점을 구체화하고, 해석을 명확하게 하여 지향할 방향의 초점을 맞추게 한다. 이를 통해 목적과 주체와 과정에서 얻는 결과를 모두 포함한 의미 있는 도출 접근이 가능할 수 있다.

- 누가 창의성을 발현하는가?

  누구나 창의성을 발휘할 수 있는 능력을 지니고 있다.

- 새롭다는 것은 어떤 의미인가?

  새로운 것은 과거 경험과 지식의 직간접적인 영향을 받는다.

- 가치 있고, 적절하다는 것은 무슨 의미인가?

  실제 유용하게 쓸모 있어 가치를 부여할 수 있어야 한다.

- 창의성의 결과물이 인지 과정인가 아니면 산출물인가?

  인지 과정과 산출물 모두를 의미한다.

위 질문과 대답을 통해 창의성은 특정 대상으로 한정하지 않고, 다양한 영향으로 창의성 발현이 가능하며, 도출된 결과물에 가치부여 한다는 것을 알 수 있다.

1.2 창의성의 정의

창의성(creativity)의 어원에 관한 두 가지 설(說)이 있다. 첫 번째는 그리스어

‘krainein’ 즉, ‘to fulfil’의 ‘성취하다, 실현하다’로서, 자신의 잠재 능력을 실현한다는 의미이다. 두 번째는 라틴어 ‘creare’로, ‘to make’의 의미 ‘만들다’ 이다. 이는 개인의 잠재 능력으로 도출된 산물(output)을 의미한다.

어원의 의미를 바탕으로 창의성은 기존에 있는 것을 독창적으로 만들어 내는 ‘새로움(novelty)’과 어떤 문제를 새로운 방법으로 접근해 해결안을 도출시켜 만든 결과의 ‘유용함(usefulness)’으로 정의할 수 있다. 독창적인 새로움은 기존 것의 개선된 차별화를 의미하고, 유용함은 실질적인 활용이 가능함이다. 이밖에도 창의성에 관해 다음과 같이 다양하게 정의하고 있다.

- Sarnoff A. Mednick

  전혀 관계없는 것을 유용한 방식으로 새롭게 결합하는 것

- Todd Lubart

  문제 상황에 적절한 무엇인가를 새롭게 만들어 내는 능력

- Seligman

  독창적이고 가치 있게 실행할 수 있는 사고과정

1.3 창의성을 발휘한 결과물

일상생활에서 불편함이나 비효율적인 문제점을 발견하면 해결을 위한 문제접근이 이루어진다. 이때 단점을 부각하여 개선의 필요성을 반영하면 기존과 차별화한 새로운 결과물이 도출된다. 이러한 사례는 주변에서 쉽게 찾을 수 있다.

다음 제시되는 아이디어는 대학생들이 도출한 결과물이다. 평소 생활하면서 사용 중인 제품을 창의적으로 접근하여 문제를 해결한 것으로서, 실현 가능하며 개선 선정 배경이 분명하게 드러난 아이디어라 할 수 있다.

책꽂이는 책을 꽂는 주된 기능과 공간 활용이 고정적이라는 한계가 있다.

플라스틱 소재로 만들었을 경우 책의 분량이 많을 때 무게를 지탱하지 못하고, 끌면 바닥에서 소음도 발생한다. 이러한 단점을 개선하여 새롭게 변환된 다용도 책꽂이가 만들어졌다. 고정된 길이를 조절하고, 밑면에 패드를 부착하여 소음을 방지하였으며, 양 옆면에 거치대를 설치하여 무게 중심을 잡아준다.

1 일반 책꽂이 → 다용도 책꽂이

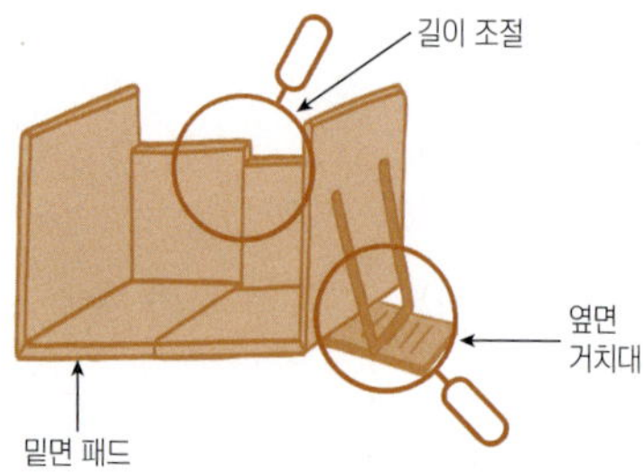

편리성과 휴대성이 간편한 물티슈는 크기와 종류가 다양하다. 하지만 한 번에 뽑아서 써야 하고 뚜껑을 닫아 마름에 유의해야 하며, 소재는 플라스틱 합성섬유가 대부분이다. 이런 문제를 개선하여 소재는 천연펄프로 교체하고 물티슈끼리 겹쳐지는 부분을 분리하여 한 장씩 꺼내 쓸 수 있으며, 모서리 측면에 버튼을 눌러 뚜껑이 빠르게 개방하도록 설계하였다. 용기는 반영구적으로 사용한다.

2 합성섬유 물티슈 →친환경 물티슈

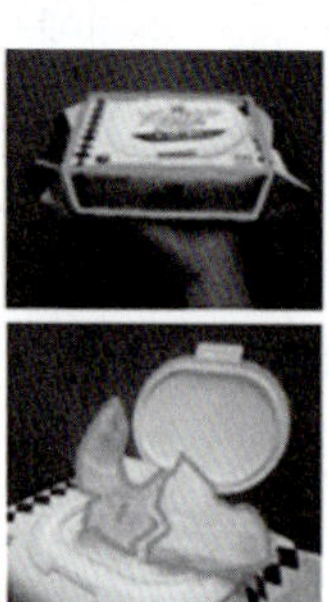

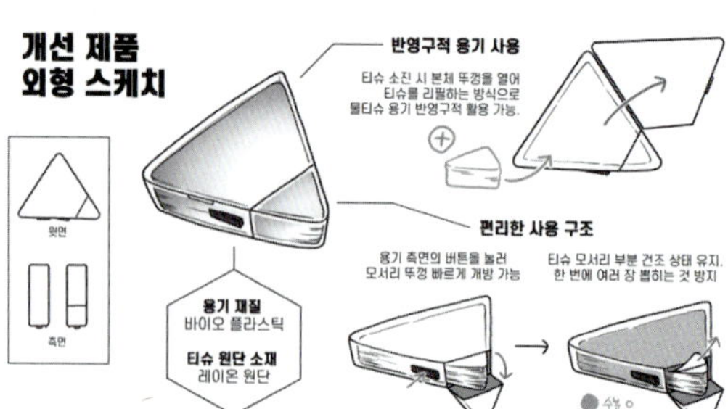

일반 고정형 옷걸이는 옷을 쉽게 보관하고 높은 공간을 효율적으로 사용하지만, 다양한 옷 형태 반영이 어렵고, 옷의 모양이 변형될 수 있다는 단점이 있다. 이런 단순한 걸이의 기능에서 벗어나 효율적인 용도로 활용할 수 있게 개선한 아이디어가 걸이 교체형 옷걸이다. 기둥에 부착된 옷걸이를 분리하여 다른 옷걸이를 끼워 사용할 수 있고, 기둥 두 개를 연결하면 헹거(hanger)로 사용이 가능하다.

3 고정 옷걸이 → 걸이 교체형 옷걸이

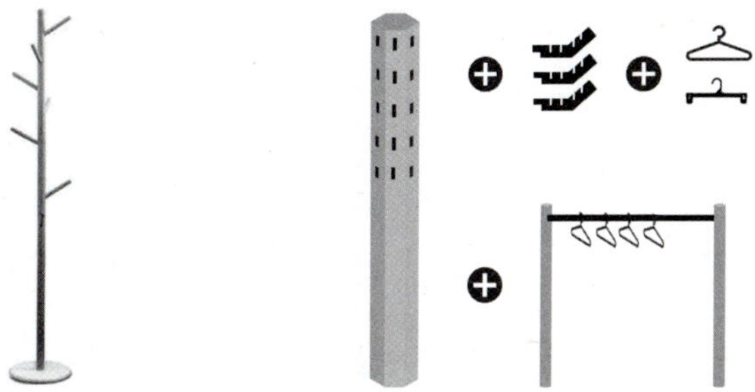

2 _ 창의성의 구성요소

나는 창의적이라고 생각하는가? 그렇다면 어떤 경우에 그것을 알 수 있었을까? 나는 창의적이지 않다고 생각한다면 그 이유는 무엇일까?

어떠한 상황에서 새로운 관점이 필요할 때 한 번쯤 생각하는 질문이다. 이럴 때 창의적인 사람은 평범하지 않은 특별함이 있을 것이라고 편견 아닌 편견을 갖게 되는 것을 부정할 수 없다. 그 이유는 무엇일까?

창의적인 사람은 공통된 특성을 보인다. 특성의 사전적 의미는 대상을 특정 짓는 고유한 성질을 의미하며, 창의적 특성은 문제해결을 위한 새로운 생각을 해내는 능력의 기본이 되는 토대를 특성이라 한다. 창의성에 관해 연구한 많은 학자는 특성을 인지적· 정의적 특성으로 구분하고, 그에 해당하는 구성요소를 제시하였다.

누구나 다양한 사고력을 갖추고 때와 장소에 적절하게 적용할 수 있는 능력을 갖추고자 한다. 특히 뛰어난 지적 능력이나 개인이 지닌 특성으로, 참신하고 가치 있는 아이디어 창출의 주체가 되는데 마다하지 않는다. 이것을 가능하게 하는 것이 창의성을 이루는 구성요소들이다.

창의성이 개인의 경험에만 한정하지 않고, 학습과 훈련으로 향상할 수 있는 것은 이 구성요소들의 상호작용 때문이다. 인지적 특성인 외적(지적 능력, 사고) 요소와 정의적 특성에 속하는 개인의 내적(성향, 동기, 태도) 요소로 구분하여 살펴보면 다음과 같다.

2.1 인지적 특성과 구성요소

인지(cognition)는 사실을 분명하게 아는 것을 의미한다. 이는 지적 능력과 지식을 포함한 해석이다. 지적 능력은 사고(thinking)의 확산으로 다양하게 많은 해결 대안을 만들어 내는 사고력이다. 또한, 생성한 아이디어를 도출하는 과정을 돕는 사고력이기도 하다.

지식(knowledge)은 개인의 경험이나 교육을 통해 얻어지는 인식을 의미한다. 창의성은 기존의 전혀 관계가 없는 것들을 결합하여 새롭고 유용하게 생각해 내는 과정이다. 이때 주어진 정보를 조직화하고 효과적인 도출을 위한 연합을 위해 폭넓은 지식을 반영하여 창출할 수 있다. 따라서 인지적 특성은 창의적 산출이나 독창성을 발휘하는 중요한 토대가 된다.

다음은 창의성에 관해 연구한 길포드(J. P. Guilford)가 제시한 네 가지 구성요소들이다.

1 유창성(Fluency)

'나는 생각이 유창한 사람인가?'

주변에서 막힘없이 말 잘하는 사람에게 유창하다고 표현한다. 유창하다는 것은 주변과 연결지어 생각의 폭을 넓혀 표현한다는 의미이다. 그래서 생각까지 유창하다면 더할 나위 없이 부러움의 대상이다.

유창성은 최대한 많은 아이디어를 생성해 내는 능력이다. 주어진 주제에 관해 다양한 생각을 끌어내므로, 지식 활성화와 자유로운 사고 활동을 돕는다.

다 쓴 두루마리 휴지심을 활용하여 여러 활용이 가능한 것은 유창성을 발휘한 아이디어이다.

주제: 다 쓴 휴지심을 활용하는 방법은?

- 휴지심을 붙여 연필꽂이로 사용
- 길이를 자르고 서랍에 넣어 악세사리 통으로 활용
- 휴지심에 전선을 끼워 보관
- 아이들 장난감으로 다양하게 활용
- 휴지심을 잘라 연결하여 커피 받침대로 사용
- 옷걸이에 끼워 넣어 옷 주름방지
- 미술작품에 활용

휴지심 장난감
출처: INTERPAPK

2 독창성(Originality)

'독창적인 아이디어를 떠올려 본 적이 있는가?'

요즘은 독창성이라는 단어가 최고의 칭찬으로 불리는 시대가 되었다. 다른 사람과 차별화한 생각은 경쟁력 있는 아이디어 발상의 토대가 되기 때문이다.

독창성이란 남들과 다른 독특한 아이디어 발상 능력으로서, 고정관념이나 기존 것에서 탈피하려는 사고에서 비롯한다. 아이디어의 양적인 측면보다 질적인 측면을 추구하고, 현상을 그대로 받아들이기보다 더 나은 대안을 모색하는 경향을 보인다.

독창성의 사례로 색이 변하는 물컵과 거꾸로 접는 우산이 있다. 기존 플라스틱 컵은 물을 담았을 때 양이 어느 정도 인지 겉에서 보기 어렵다. 이런 고정관념을 탈피하여 물이 담기면 색깔이 변해서 담긴 양을 알 수 있게 만들었다.

거꾸로 접는 우산은 한 방향으로만 접는 것을 뒤집어 접을 수 있어 빗물이 옆 사람에게 튀는 것을 막아 피해를 주지 않는다.

색이 변하는 물컵

거꾸로 접는 우산

출처: COUPANG

3 융통성(Flexibility)

'평소 융통성 있게 사고(思考) 하는가?'

우리는 어떤 문제에 부딪혀 선택해야 할 경우, 한 방법만 고집하는 것보다 다양한 측면을 고려해 막힘없이 행동하는 사람을 선호한다. 이런 사람의 유연한 사고는 문제해결에 긍정적 결과를 기대할 수 있다.

융통성은 상황에 적절한 처리 능력을 의미하며, 관점의 다양성으로 창의성 발휘를 확장적으로 하게 한다. 유창성의 연장으로서, 여러 관점에서 사물을 볼 수 있는 능력이 융통성이다.

융통성의 사례로 광부들의 천막을 개조한 청바지와 전구 화병이 있다. 천막은 본래 비바람이나 볕을 막기 위하여 말뚝을 박고 기둥을 세워 천을 씌워 막처럼 지어 쓰는 활용이 목적이다. 이런 천막이 질기고 튼튼한 옷으로 재활용하여 전 세계적으로 인기 있는 청바지가 되었다.

전구 화병은 불을 켜는 전구의 본래 활용에서 화초를 키우는 화병으로 용도가 바뀌어 인테리어 소품으로도 활용한다.

광부들의 천막을 개조한 청바지

전구 화병

출처: INTERPAPK

4 정교성(Elaboration)

'섬세하고 치밀함이 돋보이는 아이디어는 무엇인가?'

작업의 완성도를 높이려면 세세하고 정확해야 한다. 처음의 다듬어지지 않는 것을 섬세하게 하여 완성해가는 과정에서 정교성은 중요하다.

정교성은 아이디어를 구체적으로 치밀하고 정교하게 다듬는 능력을 의미한다. 아이디어는 사고를 깊이 있게 분석하고 확장해서 실용적으로 꼼꼼하게 구성할 때, 가치 있고 완전하다. 그래서 정교성은 마치 아이디어에 뼈와 살을 붙이는 것과 같다.

정교성의 사례로 눈금을 새긴 우유병과 바구니 카트가 있다. 우유병 표면에 눈금을 새겨 양이 어느 정도인지 겉에서 확인이 분명하다는 것과 손으로 들고 다니는 바구니의 불편함을 이동이 편리하게 한 것은 정교한 개선이다.

눈금을 새긴 우유병

바구니 카트

2.2 정의적 특성과 요소

정의(affective)적 특성은 정서(emotion)와 감정(feeling)의 의미를 포함한 개인의 내적 성향이나 동기 및 태도를 의미한다. 그래서 인성적 특성이라고도 한다.

창의적 도출을 위한 개인의 정의적 특성은 인지적 특성 못지않게 중요한 역할을 한다. 자발적인 내적 영향은 창의성 발휘 효과를 극대화하기 때문이다.

열정적 성향이나 태도는 문제해결의 즐거움을 유발하고, 산출물에 관한 지속적인 도전의 동기가 되어 긍정적 영향으로 작용한다. 또한, 창의성에 있어 개인 차이의 원인이 되기도 한다. 학자마다 다양한 정의적 요소를 제시하는데, 많이 언급하는 정의적 구성요소는 다음과 같다.

1 민감성(Sensitivity)

'사용이 불편해서 바꾸고 싶은 제품은 어떤 것인가?'

민감하다는 것은 반응이 빠르다는 의미이다. 이는 예사롭지 않게 예의주시하기 때문에 문제를 발견하는 측면이 뛰어나다.

민감성이란 문제를 날카롭고 재빠르게 새로운 영역으로의 확장을 가능케 하는 태도를 의미한다. 일상생활에서 상황이나 사물을 자세히 관찰하고, 작은 변화에도 반응하기 때문에 항상 호기심을 지니고 적극적인 관심을 보인다.

민감성의 사례로 포스트잇과 펌프형 투명용기가 있다. 포스트잇은 책에 꽂아 둔 북마크가 자꾸 떨어져서 붙어 있는 북마크의 필요로 착안하였다. 펌프형 투명용기는 뚜껑을 열지 않고 눌러 사용하면서 사용량 확인이 가능하다. 모두 자세한 관찰과 사고의 확장으로 개선한 아이디어이다.

포스트 잇

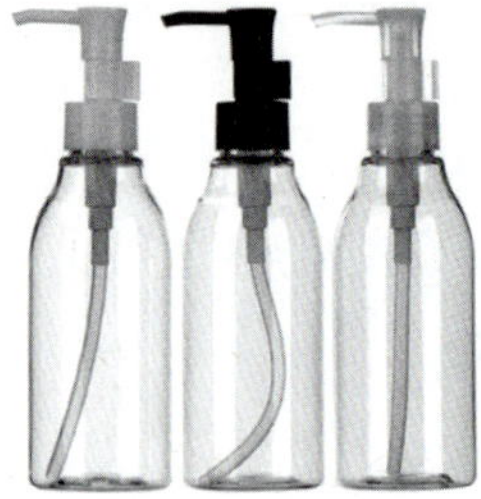

펌프형 투명용기

2 호기심(Curiosity)

'호기심이 발동한 경험이 있는가?'

한 번쯤 들었을 달걀을 품고 있는 어린 에디슨의 호기심이 다소 무모하고 어리석은 행동이라 생각했지만, 인류는 이런 호기심으로 불가능한 것을 가능하게 또는 새로운 시작의 첫발을 내딛게 하였다.

호기심이란 미지의 것에 관심을 가지고 탐구하는 동기에서 비롯하며, 새롭고 신기한 것을 알고 싶은 마음을 의미한다. 주변 현상에 의문을 지니고, 끊임없이 질문하고 답을 찾는 과정에서 새로운 아이디어를 내게 하는 것이 호기심이다. 단지 호기심에서 시작된 질문으로 끝나지 않고, 구체적인 실행으로 도출한 결과물을 생성해야 창의적인 아이디어의 원동력이 된다.

호기심을 자극하는 질문

- 자율주행 자동차: 사람이 꼭 운전해야 할까?
- 로봇 청소기: 사람이 하지 않는 청소기는 없을까?
- 새벽 배송: 새벽에 물건을 받을 수 없을까?

3 모험심(Adventurous mind)

'도전하고 싶은 일은 무엇인가?'

도전에 뒤따르는 것이 실패할 두려움이다. 두려움은 어떠한 위협이나 위험을 느껴 마음이 불안한 것으로서, 새로운 상황을 극복하는 데 장애 요소이다.

모험심은 두려움에 직면했을 때, 실패할 가능성을 무릅쓰고 어려움을 극복하려는 성향을 의미한다. 익숙하고 안정된 상황에서 벗어나 불확실하고 위험한 문제에 부딪히면 포기하지 않고 도전하여 창의적 사고를 높인다.

모험을 불러일으키는 사고력

- 새로운 시장 개척
- 값싼 원료 개발
- 비용 절감 생산방식

4 개방성(Openness)

'나는 개방적인 사람이라고 생각하는가?'

사고의 편견이나 고정관념 없이 열린 마음으로 세상을 바라보는 태도는 창의성에 매우 큰 영향을 미친다. 기존 것에 갇힌 사고로는 여러 관점으로 창의적인 가치를 만들어 내지 못하기 때문이다. 그래서 변화에 둔감하지 않고, 저항하는 개방적인 태도를 갖추는 것이 중요하다.

개방성은 새로운 경험이나 생각을 적극적으로 수용하려는 성향을 의미한다. 이러한 태도는 자신의 한계나 제한에서 벗어나 타인의 입장이나 경험을 받아들이는 역할도 한다. 또한, 개방성은 다양한 각도로 사물을 관찰하기 때문에 호기심을 높게 하고, 사고의 확장성과 융통성 향상을 이끈다.

개방성의 사례로 벽돌이 있다. 벽돌은 주로 담을 쌓는 것으로 활용하지만, 화초를 넣어 화분으로도 쓰이고, 변기의 물을 절약하는 용도로도 쓰인다. 이처럼 한 가지에 국한하지 않고, 다양한 접근으로 응용하려면 수용적인 개방성의 태도를 지녀야 한다.

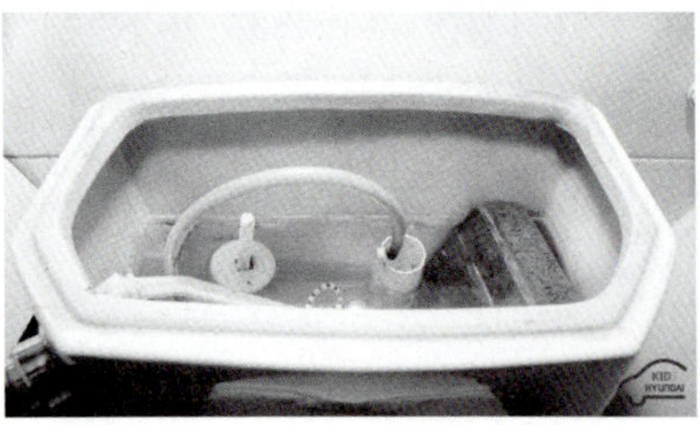

벽돌 화분
출처: www.faidatehobby.it

변기 물 절약
출처: 키즈 현대

3 _ 창의적 조직 환경

창의성은 어떠한 환경에서 발휘하는가가 매우 중요하다. 특히 조직 환경에서는 조직의 성과와 직접 연결되므로 더 그러하다. 개방적인 조직 환경은 구성원이 창의적 아이디어 발상을 높여 조직의 변화를 긍정적 방향으로 이끌어 경쟁력을 확보하게 한다.

창의적 조직 환경은 개인이 갖춘 창의적 특성을 잘 발휘하도록 토대를 마련하여 행동을 촉진 시켜야 한다. 그리고 구성원이 새로운 아이디어를 창출할 수 있게 지원도 아끼지 않아야 한다.

3.1 창의성을 촉진하는 조직 환경 요인

'어떤 조직 환경이 창의성을 높일까?'

경영환경은 빠르게 변화하고 있다. 이는 조직 변화에 신속하게 대응하고, 경쟁력을 지속으로 만들어가기 위한 대안을 요구하는데, 그것이 창의적인 조직 문화이다. 조직의 창의는 구성원의 업무 몰입과 성과창출에 직접 연결되기 때문이다. 이런 이유로 개인의 창의성만큼 조직의 창의성을 중요하게 여긴다.

창의적인 사람들이 모여 있는 조직이라고 해서 반드시 성과가 높다고 단언할 수 없다. 이는 한 개인의 창의성만으로 조직의 창의적인 성과를 내기 어렵다는 의미와 같다. 따라서 구성원 모두 창의적 역량을 발휘할 수 있게 행동을 촉진하고, 이를 위한 조직 정서와 물리적 환경을 마련해야 한다.

창의성을 높이는 조직 환경은 상호 존중과 조직의 목표 실현을 위한 개인의 긍정적 영향력이 업무에 반영되고, 구성원의 아이디어를 수용하는 조직 문화형성에 있다.

스웨덴 경영학자 에크볼(Ekvall)은 조직의 창의성 성과를 높이는 구체적인 10가지 방안을 조직 문화 요소로 제시하였다. 조직의 역동성, 업무 재량권, 아이디어 지원, 업무 소유의식, 도전 수용성, 위험 수용성, 토론 자율성, 아이디어 시간, 재미와 유머, 갈등이 그것이다. 이를 통해 창의적인 조직 문화는 조직의 혁신을 일으켜 경쟁력을 높이는 지름길임을 알 수 있다.

- 조직 역동성 : 조직 분위기가 활력 있고, 새로운 변화에 긍정적인 태도
- 업무 재량권 : 구성원 스스로 업무수행 방식을 선택하고, 독립적으로 의사결정
- 아이디어 지원 : 구성원 아이디어에 관한 인정과 정당한 평가 및 보상이 이루어지고, 적극적으로 지지

- 업무 소유의식 : 구성원이 조직 목표 실현을 위해 내 회사처럼 업무에 몰입
- 도전 수용성 : 구성원이 새로운 생각이나 시도에 두려워하지 않는 감정적 안정감
- 위험 수용성 : 조직과 구성원이 애매하고 모호한 불확실성을 수용
- 토론 자율성 : 경험과 지식을 교환하며 자유롭게 토론
- 아이디어 시간 : 구성원이 새로운 아이디어를 개발하고 발전시킬 수 있게 충분한 시간 제공
- 재미와 유머 : 조직의 근무환경이 편안하고 즐거움
- 갈등 : 조직 내에서 구성원의 개인적인 관계나 감성적인 긴장

이밖에도 조직 구성원 간 팀워크를 이루어 상호 신뢰를 형성하고, 새로운 아이디어에 열린 태도, 지지와 소통, 필요한 자원을 충분히 제공해야 한다.

3.2 창의성을 저해하는 조직 환경 요인

'어떤 조직 환경이 창의성을 저해할까?'

조직 내 창의성을 저해하는 환경 요인은 어느 한 가지로 분명하게 제시하기 어렵다. 조직의 내외적 요인인 경영진이나 구성원, 조직 문화 모두가 연결되어 상호 영향을 미치기 때문이다. 내적 요인은 구성원의 내적 동기 부족이 주된 원인이고, 외적 요인은 과도한 업무와 조직 문화로 인한 갈등 등을 꼽을 수 있다.

조직 내에 많은 아이디어가 창의적 성과로 이어지지 않는다면 그 조직은 창의적인 조직이 될 수 없다. 따라서 창의성 저해의 내외적 요인을 찾아 문제를 해결하고, 조직과 구성원이 적극적인 실행력으로 바람직한 조직 문화를 만들어야 한다. 이를 위해 업무의 과중, 파괴적인 비판, 참신한 아이디

어 배타, 존중 결여, 안정 지향적 풍토, 갈등 조장 등을 지양해야 한다.

- 업무의 과중 : 과중한 업무량과 비현실적인 기대치로 인한 부담감
- 파괴적인 비판 : 아이디어에 관한 비합리적이고, 비이성적인 부정적 비판
- 참신한 아이디어 배타 : 기존 것을 고수하며 새로운 아이디어를 신뢰하지 않는 경향
- 존중 결여 : 다양성 인정, 협력의 자세, 타인에 대한 존중 자세 결여
- 안정 지향적 풍토 : 조직의 규범, 원리, 절차를 지나치게 강조하며 변화 거부
- 갈등 조장 : 조직 구성원 간 분쟁과 분열을 일으키는 갈등 조장

생각해보기 창의성에 관해 생각해 보기

1. 창의성에 관해 Sarnoff A. Mednick는 '전혀 관계없는 것들을 유용한 방식으로 새롭게 결합하는 것'이라고 정의하였다. 내가 생각하는 창의성이란 무엇인지 정의해 보시오.

2. 창의성의 인지적 특성과 정의적 특성 중 어떤 특성이 창의성에 더 큰 영향을 미친다고 생각하는지 이야기해 보시오.

3. 창의성의 인지적 특성과 정의적 특성 구성요소의 사례를 각각 제시해 보시오.

4. 실생활에서 참신하고 기발한 아이디어 제품이라고 생각하는 것을 소개해 보시오.

5. 창의성을 촉진하는 조직 환경 요인 중 가장 중요하다고 생각하는 요인과 그 이유를 제시해 보시오.

자료실 창의성에 관한 명언

창의성에 관해 많은 인물이 명언을 남겼다. 때로는 구구절절 자세한 설명보다 한마디의 말이 더 큰 감동과 공감을 전해준다. 자신의 실제 경험에서 발휘한 창의력은 공신력과 후대의 긍정적 평가를 얻어 메시지의 의미가 분명하게 전해진다.

- 알베르트 아인슈타인(Albert Einstein): 물리학자
  "Creativity is contagious pass it on"
  창의력은 감염되는 것이다.

- 도나텔라 베르사체(Donatella Versace): 패션디자이너
  "Creativity comes from a conflict of ideas"
  창의성은 아이디어의 충돌에서 나온다.

- 볼테르(Voltaire): 철학자
  "Originality is nothing but judicious imitation"
  독창성은 현명한 모방에 지나지 않는다.

- 찰스 밍거스(Charles Mingus Jr): 재즈 연주가
  "Creativity is more than just being different. Anybody can plan weird that's easy. What's hard is no be as simple as Bach. Making the simple awesomely simple, that's creativity"
  창의성은 단순히 다른 것 이상이다. 누구나 기적을 만들 수 있고 그것은 쉽습니다. 어려운 것은 바흐처럼 단순하게 최대한 심플하게 하는 것. 그것이 바로 창의성이다.

- 스티브 잡스(Steven Paul Jobs): CEO
  "Creativity is just connecting things. When you ask creative people how they did something, they feel a little quilty because they didn't really do it, they just saw something. It seemed obvious to them after a while."
  창의력은 서로 다른 것들을 연결하는 것이다. 창의적인 사람들에게 어떻게 그 일을 했는지 물어보면 그들은 약간 죄책감을 느낀다. 이유는 정말로 무엇인가를 만들어 낸 것이 아니라 무엇인가를 발견해 낸 것일 뿐이기 때문이다.

출처: TwistedSirter.com

SECTION 2

창의적 사고과정

1 _ 창의적 사고란 무엇인가?

1.1 창의적 사고

1 창의적 사고의 정의

천연두는 바이러스 감염병으로 인류의 재앙을 불러일으켰다. 이 문제해결의 열쇠는 약한 천연두 바이러스 균을 동물에 주사하여 항체가 생기면 그 항체를 사람에게 투여해 문제를 해결하였다.

이 과정은 창의력을 발휘한 문제해결이다. 창의력은 이미 존재하는 지식이나 경험, 기술 등을 전혀 다른 시각에서 의미를 찾아 기존과 다르게 처리하는 능력을 의미하기 때문이다.

이러한 창의력의 본질은 창의적 사고이다. 창의적 사고는 창의력 발휘를 위한 사고 능력을 의미한다. 또한, 다양하고 많은 아이디어와 독특한 것, 유용한 아이디어를 생산해 내는 정신적인 과정, 기발하거나 독창적인 것, 가치가 있는 것, 기존 정보를 특정한 조건에 맞도록 새롭게 조합하는 것이 창의적 사고 의미에 포함된다.

결국, 창의적으로 사고하는 것은 관점을 변화하여 고정관념을 탈피하고, 과감하게 시도하는 창의성의 발현이다.

2 창의적 사고 특성

창의적 사고는 세 가지 특징이 있다. 첫째, 정보와 정보의 조합을 이룬다. 정보는 주변에서 획득한 지식이나 경험을 모두 포함하는 것으로서, 서로 조합하여 문제해결의 답을 찾는 과정에서 통합해야 한다.

둘째, 개인이나 사회에 새로운 가치를 창출한다. 이는 개인이 갖춘 창의적 사고 계발을 통해 사회적으로 새로운 가치를 부여하는 영향력을 의미한다.

셋째, 창조적인 가능성이다. 창조적이라는 것은 새로운 것을 만들어 내는 태도나 특성이다. 창의적 사고는 문제를 발견하고 이를 해결하기 위해 다양한 관점에서 접근하며, 그 과정에서 인내나 도전적인 태도가 필요하다. 이를 통해 창의적 사고는 사고력과 성격, 태도적인 측면이 모두 포함된다는 것을 알 수 있다.

1.2 창의적 사고과정

창의적인 사고는 끊임없는 창의력 교육을 통해 개발할 수 있고, 여러 방법을 활용해 사고의 확장성을 기대할 수 있다. 미국의 심리학자 길퍼드(J. P. Guilford)는 창의적 사고를 확산적 사고(divergent thinking)와 수렴적 사고(convergent thinking)로 구분하여 제시하였다. 이와 유사한 개념으로 혼용되는 수평적 사고와 수직적 사고도 있다.

1 확산적 사고

확산적 사고는 새로운 아이디어를 발견하는 사고과정이다. 주어진 문제에 관해 가능한 많은 아이디어를 산출하려고 여러 방면으로 접근하기 때문에 최적의 아이디어를 선택할 수 있다. 또한, 상황 변화에 따른 다른 해답을 찾으려 할 때 여러 새로운 대안을 생각하게 하는 것이 확산적 사고 과정이다.

확산적 사고기법으로는 많은 아이디어 도출을 위한 브레인스토밍(brain-storming)과 브레인 라이팅(brain writing)이 대표적이다. 브레인스토밍은 하나의 주제에 관해 공동으로 다양한 아이디어를 내는 집단토의기법이다. 그리고 브레인 라이팅은 참여자 전원이 소외되지 않고, 처음부터 끝까지 토의나 토론에 참여케 하는 것을 목적으로 하는 기법이다.

다량의 아이디어를 생산하기 위한 사고기법으로는 스캠퍼(SCAMPER), 마인드 맵(Mind Map), 만다라트(Mandal-Art)또는 같은 의미의 연꽃 기법이 있다.

스캠퍼 기법은 제품개선이나 신제품개발에서 많이 활용되며, 7가지(대치, 결합 · 혼합, 적용, 수정, 확대, 축소, 다른 용도 사용, 제거, 재배치)로 구성되었다. 마인드 맵은 '생각의 지도'라는 뜻으로, 좌 · 우뇌의 기능을 유기적으로 연결하는 두뇌개발기법이다. 생각을 핵심단어, 색, 부호로 지도를 그려나간다. 만다라트는 목표를 설정할 때 유용한 생각 정리의 툴(TOOL)을 의미하며, 아이디어 발상에 도움을 준다.

2 수렴적 사고

수렴적 사고는 최적의 문제해결책을 창출하기 위해 기존의 사고를 발전시키는 사고과정이다. 확정적이거나 하나의 해답을 찾으려고 아이디어를 분석하여 선택한다. 즉, 확산적 사고기법으로 산출된 많은 아이디어 중에서 소수의 최적 안을 선정한다. 수렴적 사고는 추론적, 논리적 사고를 중요하게 여긴다. 그래서 논리적 사고 또는 수직적 사고와 유사한 개념으로 혼용되고 있다.

수렴적 사고기법으로는 P-P-C(Positive-Possibilities-Concerns) 기법과 역 브레인스토밍(Reverse brainstorming)기법이 대표적이다. P-P-C는 확신이 가지 않는 아이디어에 관해 긍정적인 면, 가능성이 있는 면, 의심스러운 면으로 나누어 이야기하는 대화 기법이다. 역 브레인스토밍은 문제해결의 대안이 가지고 있는 부정적인 측면이나 약점에 관해 아이디어를 내는 기법이다.

3 수평적 사고

심리학자 에드워드 드 보노(Edward de Bono)는 수평적 사고(horizontal thinking)와 수직적 사고(vertical thinking)유형을 처음 창안하였다. 수평적 사고는 확산적 사고와 유사한 개념으로, 수렴적 사고 또는 수직적 사고와는 대립하는 사고과정이다.

수평적 사고는 사고 유형이 일정하지 않아 비논리적이지만, 문제해결의 답을 얻는 적절한 방법을 사용한다. 기존 인식 패턴에서 벗어나 새로운 개념을 창출하여 변화를 모색하기 때문에 확산적 사고와 유사하다.

에드워드 드 보노(Edward de Bono)는 수평적 사고를 효과적으로 수행하기 위한 다음 네 가지 기본 요소를 제시하였다.

- 기존 제약에서 벗어나 자유롭게 사고하라.
- 문제 제기는 비판적으로 해라.
- 사고의 틀을 갖추려며 항상 상상력을 발휘해라.
- 논리적으로 사고하고 판단하라.

평소 수평적 사고 요소를 실행하려면 꾸준한 훈련이 뒤따라야 한다. 역발상적인 사고로 관습에서 벗어나고, 제한된 사고의 틀에서 탈피하여 의문을 제기하며, 같은 점과 다른 점을 구분할 수 있는 안목으로 독창성과 상상력을 키워나가야 한다.

4 수직적 사고

수직적 사고는 논리적으로 정리된 순서에 따라 정답을 찾는 사고과정이며, 수렴적 사고나 논리적 사고와 혼용된다.

수직적 사고는 직선적인 패턴으로 이어지기 때문에 사고과정에서 경로를 벗어나거나 다음 단계로 건너뛸 수 없다. 문제해결을 위해 정해진 방향대로 확실한 방식만을 사용한다. 이는 기존의 상식과 규범에 따라 사고하는 것을 의미한다.

개념이나 판단, 추리 등의 사고 형식을 순서에 따라 진행하는 특성으로 인해 과학이나 수학 과목에 매우 유용한 사고방식이다. 문제에 관한 자료를 수집하고, 이를 가설 설정으로 해결안을 제기하며, 추리와 증명으로 이론 체계를 구축하는 데 활용한다.

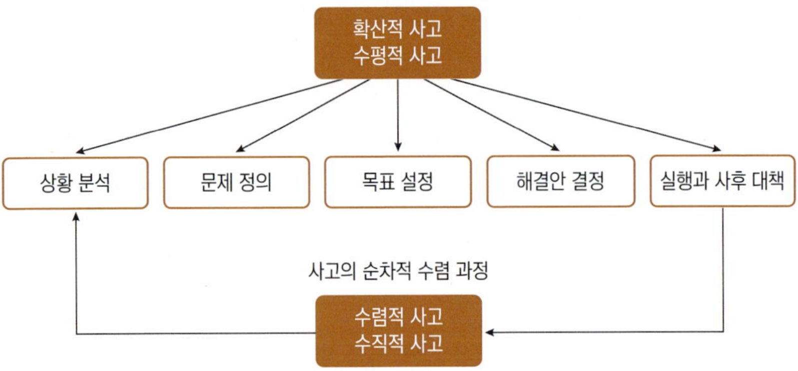

창의력과 문제해결의 통섭적 프로세스 모형

2 _ 창의적 사고기법

아이디어(idea)의 사전적 의미는 어떤 일에 관한 착상이나 구상으로, 이 세상에 없던 물건을 만드는 방법을 생각해 내거나 풀리지 않는 문제해결 방안의 생각이다. 단순히 떠오르는 생각이나 상상으로 정리되기도 한다.

번뜩이는 기발한 생각은 쉽게 떠오르지 않는다. 생각만으로 머물지 않고, 실행을 가능하게 하는 유용한 생각이어야 진정한 아이디어라 할 수 있기 때문이다. 그래서 아이디어 발상은 다양한 창의적 사고기법 활용이 필요하다.

2.1 브레인스토밍(brainstorming)

확산적 사고기법의 하나인 브레인스토밍(brainstorming)은 알렉스 오스본(Alex Faickney Osborn)이 처음 창안한 기법이다. 특정한 한 주제에 관해 두뇌(Brain)에서 폭풍(storming)을 일으키듯 아이디어를 많이 내놓는다는 뜻으로, 다양한 아이디어를 구성원 모두 공유하는 집단토의기법이다.

브레인스토밍의 목적은 최대한 다양한 많은 아이디어를 창출하는 데 있다. 구성원의 적극적인 참여를 유도한다는 장점이 있고, 이를 위해 4가지의 규칙을 잘 지켜야 한다.

브레인스토밍의 4가지 원칙

- 비판 금지(deferment of judgment) : 아이디어는 비판이나 평가하지 않는다.
- 다다익선(quantity yield quality) : 아이디어의 질보다 많은 양을 추구한다.
- 자유분방(free wheeling) : 엉뚱하거나 비현실적인 아이디어라도 모두 수용한다.
- 결합과 개선(combination and improvement) : 도출된 아이디어는 다른 아이디어와 결합하거나 개선하여 새로운 아이디어를 창출한다.

다량의 아이디어를 생성할 수 있게 브레인스토밍의 진행절차대로 원만하게 이루어져야 한다. 다만, 브레인스토밍은 다양한 목적에 사용하므로 목적에 따라 융통성 있게 절차를 전개하는 것도 좋다.

1. 5~10명 이내 소집단으로 구성한다.
2. 사회자와 기록자를 정한다.
3. 모두가 볼 수 있는 화이트 보드나 전지를 준비한다.
4. 주제와 기본 원칙을 제시한다.
5. 구성원들의 아이디어를 모두 적는다.
6. 아이디어를 분류하고, 최종 아이디어를 결정한다.

주제: 메모리 스틱을 폼나게 가지고 다닐 수 있는 방법

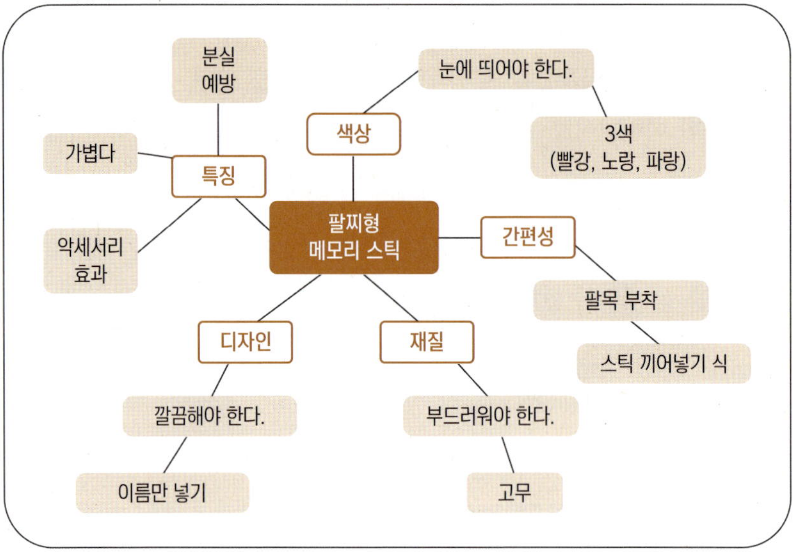

2.2 스캠퍼(SCAMPER)

스캠퍼(SCAMPER) 사고기법은 브레인스토밍 기법의 하나이다. 알렉스 오스본(Alex Faickney Osborn)의 체크리스트를 에어벌(bob Eberle)이 7가지 키워드(대체하기, 결합하기, 적용하기, 수정/확대/축소하기, 다른 용도로 사용하기, 제거하기, 재배치하기)로 재구성하여 발전시켰다.

아이디어를 자극하는 질문 목록이며, 기존 제품 혹은 서비스를 제시하

여 구체적인 아이디어가 나올 수 있게 한다. 키워드에 맞는 아이디어 생성 후, 실행 가능한 최적의 대안을 선택하기 때문에 브레인스토밍보다 구체적인 안을 도출한다.

1 대체하기(Substitute)

- 기존 것을 다른 것으로 대체하여 새롭게 바라보는 질문
- 대체할 것을 찾는 질문–A 대신 B를 사용하면 어떨까?
- 물건, 장소, 재료, 절차, 표기방법, 성분 등을 다른 것으로 대체하는 질문
- 예시: 쇠젓가락 재질을 나무로 바꾸면 어떨까?
  물티슈 재료를 합성섬유에서 천연펄프로 바꾸면 어떨까?
  돌침대를 물침대로 바꾸면 어떨까?

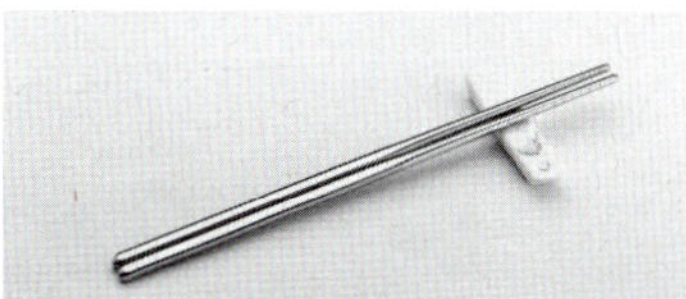
쇠젓가락

나무젓가락

2 결합하기(Combine)

- 두 가지 이상의 것을 결합하여 새로운 것을 도출하는 질문
- 결합할 것을 찾는 질문–A와 B를 결합하면 어떨까?
- 두 가지가 결합한 만큼 시너지가 있어야 하고, 부작용이 적어야 한다.
- 예시: 휴대용 전화기에 카메라를 합치면 어떨까? (핸드폰)
  다리미에 물뿌리개를 합치면 어떨까? (스팀다리미)
  팩스와 스캐너, 프린터기를 결합하면 어떨까? (복합기)

휴대 전화기 카메라 휴대폰 사진기

3 적용하기(Adapt)

- 어떤 목적을 다른 목적과 조건에 맞게 응용하는 질문
- 적용할 것을 찾는 질문–A를 B 외에 C에 사용하면 어떨까?
- 자연으로부터 응용하거나(생체 모방디자인), 주변에서 다르게 적용할 것을 찾는다.
- 예시: 낙하산 (민들레 홀씨에서 착안한 아이디어)
  뚫어뻥 (문어 빨판의 원리를 응용한 아이디어)
  철조망 (장미 덩굴에서 착안한 아이디어)

민들레

낙하산

4 수정/확대/축소하기(Modify/ Magnify/ Minify)

- 어떤 특성이나 모양을 변형하여 수정하거나, 확대 또는 축소하여 새로운 생각을 끌어내는 질문
- 수정/확대/축소할 것을 찾는 질문–A를 변형하면 어떨까?
  A를 확대하면 어떨까?
  A를 축소하면 어떨까?

• 예시: 안개꽃을 말리고 스프레이를 뿌리면 어떨까? (색안개꽃)
소형 TV를 확대하면 어떨까? (대형TV)
하드웨어를 축소하여 변형하면 어떨까? (USB)

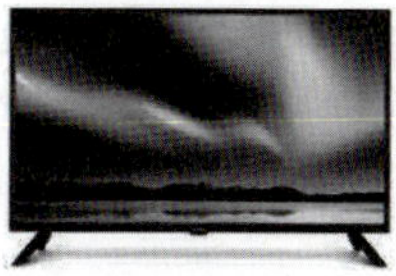
32인치 TV

50인치 TV

5 다른 용도로 사용하기(Put to other uses)

• 어떤 것을 전혀 다른 용도로 생각하는 질문
• 또 다른 용도로 활용하는 새로운 기회 모색이 가능하다.
• 다른 용도로 사용할 것을 찾는 질문–A를 B 용도 외에 C 용도로 사용하면 어떨까?
• 예시: 베이킹 파이더를 청소용 세제로 사용하면 어떨까?
국자를 인테리어로 소품으로 사용하면 어떨까?
폐천막을 가방으로 만들면 어떨까?

국자

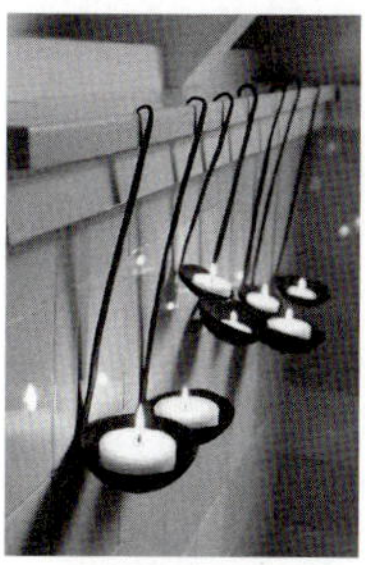
국자 캔들

6 제거하기(Eliminate)

- 어떤 것의 일부나 제거 가능한 기능을 찾아보는 질문
- 제거할 것을 찾는 질문–A를 구성하는 일부를 제거하면 어떨까?
- 불편하거나 문제가 되는 부분을 제거하면 새로운 아이디어를 찾을 수 있다.
- 예시: 전화기의 선을 없애면 어떨까? (무선 전화기)
  가스레인지에서 불을 없애면 어떨까? (인덕션)
  수박에서 씨를 없애면 어떨까? (씨 없는 수박)

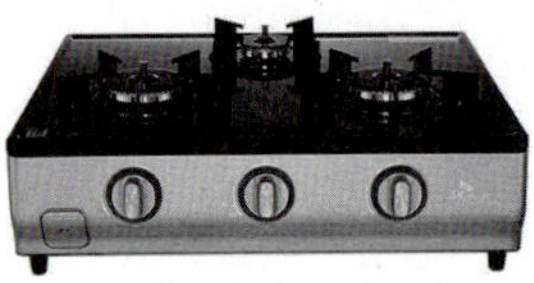

가스레인지

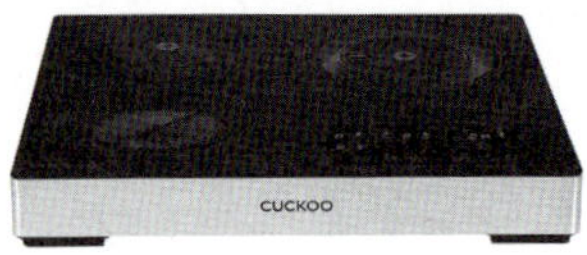

인덕션

7 재배치하기(Rearrange)

- 어떤 것의 순서, 위치, 기능, 모양 등을 바꾸거나 재배치하여 새로운 것을 생각하는 질문
- 재배치할 것을 찾는 질문–AB를 BA로 바꾸면 어떨까?
- 예시: 김밥의 김과 밥의 위치가 바뀌면? (누드 김밥)
  화장품 병뚜껑의 위치를 바꾸면? (뒤집어 세우는 화장품)
  빨간 라면 국물을 다른 색깔로 바꾸면? (하얀 국물 라면)

주변에서 흔히 사용하는 종이컵은 일회용 제품이다. 종이컵은 내부 코팅제로 폴리에틸렌(PE)을 사용하여 뜨거운 물을 넣어도 물에 녹지 않는 특징이 있다.

다음은 주제 '어떻게 하면 새로운 종이컵을 만들 수 있을까?'에 대해 SCAMPER 기법을 활용하여 아이디어를 제시한 학생의 의견이다.

주제: 어떻게 하면 새로운 종이컵을 만들 수 있을까?

예시) 학생이 제시한 내용

체크리스트	질문	아이디어
Substitute	무엇을 대신 사용할 수 있을까?	일회용 종이컵은 실질적으로 재활용이 어려워 환경 파괴의 큰 요인이 되고 있기 때문에 종이컵의 재질인 종이 대신에 유기농 곡물로 만든 먹을 수 있는 쿠키 컵으로 대체한다. = 종이컵 → 쿠키 컵
Combine	무엇을 결합할 수 있을까?	뜨거운 음료를 담거나 테이크 아웃 커피 전문점에서 2개 이상의 종이컵을 들고 가야할 때 컵 홀더보다 간편하게 종이컵 바닥에서 두 개의 종이 끈을 분리하여 두 종이 끈을 결합해 손잡이를 만들어 핸드백처럼 들고다닐 수 있게 한다. = 종이컵 + 종이 끈 

체크리스트	질문	아이디어
Adapt	조건이나 목적에 맞게 조절할 수 있을까? (적용, 응용)	종이컵에 티팩을 타 먹는 경우가 꽤 있는데 티팩이 종이컵 속으로 들어가는 경우가 종종 있기 때문에 티팩을 타먹는 경우를 위해서 종이컵에 작은 홈이 파여있어 티팩을 고정하여 잘 빠지지 않게 한다. = 종이컵에 티팩 고정 홈 
Modify, Magnify	색, 모양, 형태 등을 어떻게 바꿀 수 있을까? (수정, 확대, 축소)	종이컵으로 음료를 마시다 보면 뚜껑이 없어 흘리거나 오래 마시는 경우에는 먼지나 이물질 등이 들어갈 수 있기 때문에 입 부분만 뚫려있는 종이 뚜껑이 종이컵에 붙어있게 하고 심심한 무지 디자인 말고 간단한 무늬도 넣으면 좋을 것 같다고 생각했다. 또한, 이 뚜껑이 달려있는 종이컵은 커피 전문점에서 주는 플라스틱 뚜껑을 사용하지 않아 그보다 처리하기 쉽다. = 뚜껑이 달려있는 종이컵 
Put to other uses	다른 용도로 사용할 수 있을까?	다 쓴 종이컵을 물로 잘 씻어서 작은 식물들을 키우는 화분으로 쓰거나 액세사리 같은 잃어버리기 쉬운 작은 물건들을 담는 용기로 쓰는 것도 좋다고 생각한다. 또한 요리를 계량을 할 때 계량기가 없다면 종이컵으로 사용할 수도 있다.

체크리스트	질문	아이디어
Eliminate	무엇을 삭제, 제거 할 수 있을까?	우리가 일상 생활에서 쓰는 종이컵들은 사실상 재활용이 어렵다. 그 이유는 종이컵 안쪽의 코팅 때문이다. 코팅이 없다면 금방 종이컵이 눅눅해질 것이기 때문이다. 음료 등은 꽤 오랜 시간 마시기 때문에 코팅이 필요하다고 생각하지만 정수기 앞에 있는 종이컵과 같이 바로 사용하고 버리는 경우에는 굳이 코팅이 되어있는 종이가 필요하다고 생각하지 않기 때문에 그런 때에는 친환경 트렌드에 맞춘 코팅 없는 종이컵의 사용이 더 나은 방법이라고 생각한다. = 코팅이 없는 종이컵
Rearrange, Reverse	어떻게 순서를 바꿀 수 있을까? (재배열하기)	종이컵을 어떻게 재배열 할 수 있을까 생각하던 도중 예전부터 요구르트를 먹을 때 뒤로 까먹는 사람들이 많았는데 그것을 회사도 알고 있어서 몇 년 전에 뒤로 까먹을 수 있게 만든 요구르트가 새로 나온 적이 있었던 사례가 생각이 났다. 이처럼 종이컵도 물은 위쪽에서 받아서 따르지만 입을 대고 먹을 때는 아래로 뚜껑을 까서 재밌게 먹을 수 있지 않을까라는 생각을 해보았다. = 아래로 까먹는 종이컵 

2.3 PMI(Plus, Minus, Improvement)

PMI(Plus Minus Improvement) 사고기법은 심리학자 에드워드 드 보노(Edward de Bono)가 창안하였다. 대상이 가지고 있는 여러 측면을 고려하여 장점(Plus), 단점(Minus), 개선점(Improvement)으로 나누어 검토하고 평가한다. 신제품을 개발하거나 문제해결을 위한 과정에서 가장 좋은 대안을 선택하는 데 적합하다.

PMI 사고기법의 특징은 최대한 많이 생각해 보게 하는 것으로 수평적인 사고 훈련이다. 이를 위해 아이디어를 도출할 때, 사고의 편견이나 편향을 극복하고, 문제에 접근하여 철저히 분리해야 한다.

- 장점(Plus) : 제시된 아이디어의 긍정적인 점
- 단점(Minus) : 제시된 아이디의 부정적인 점
- 개선점(Improvement) : 제시된 아이디의 개선점으로 새로운 아이디어 도출

P(장점)	M(단점)	I(개선점)
충치 예방	관리가 까다로움	친환경 소재로 제작
개인 취향에 따라 사용가능	잘못된 사용시 염증 유발	칫솔모 부분 교체
오래 사용 가능	자주 교체	금전적 절약 가능
저렴한 가격으로 대량 판매	환경오염 유발	쓰레기양 절감

기존 칫솔에 관한 PMI 사고기법

2.4 만다라트(Mandal–Art)

만다라트(Mandal–Art) 사고기법은 일본의 디자이너 '이마이즈미 히로아키'가 구상하였다. Manda(본질의 깨달음)+la(달성)+art(기술)의 합성어로, 본질을 깨닫는 기술이나 목적 달성기술을 의미한다.

만다라트의 구성은 정사각형의 형태에 가로와 세로 9칸씩 총 81칸으로 한다. 주제를 선정하고 진행 방향에 따라 주제 해결을 위한 아이디어를 확산해 나간다.

만다라트의 장점은 총 81칸의 사각형에 채운 내용이 한 페이지에 작성되

어 전체 내용 확인이 가능하다. 또한, 칸의 제한이 중요한 의견 도출을 정리하게 하고, 아이디어의 집중과 구체적인 구조화 완성이 가능하다. 하지만, 칸을 채워야 한다는 부담이나 의견 선택 과정이 어려움으로 작용한다.

예시) 학생이 제시한 내용

노인 대상 강의	피싱 예방 교육	민간 사업자 예방교육	대포폰 차단	불법 SIM 카드 단속	부정 사업자 단속	모르는 번호 차단	해외 IP 차단 서비스	문자 첨부 링크 클릭 금지
학생 대상 예방 교육	교육	범죄 수단 교육	전기통신 수단 차단	통신 대책	범죄에 이용된 번호 차단	백신 활용	사전 방지	보이스피싱 컨트롤타워 구축
범죄 가담 인식 교육	대처 요령 책자 배포	대처법 교육	명의도용 번호 차단	번호 조작 차단 서비스	국제전화 차단 서비스	신용카드 발급 신청 절차 분리	원격 제어 탐지	허위피해 사건 단속
벌금 증가	관련 법 조항 추가	피해액 환급절차 개선	교육	통신 대책	사전 방지	범죄자 음성 비교	의심 금융거래 모니터링	관련 범죄수사 장비 지원
형량 증가	제재 강화	특별법 적용	제재 강화	보이스피싱 방지	단속 강화	신종 수법 대응 팀 구축	단속 강화	보이스피싱 신고 프로그램 보급
조직 가담 시 전원 처벌	피해금액 비례 가중처벌	최소 처벌 강화	금융	체계 구축	홍보	의심 사건 위주 수사	수사 인원 보강	발신자표시 제한 위주 탐지
신원 확인 제도 보강	보안 토큰 사용	OTP 사용	대응 체계 강화	관계 기관 협업 강화	국제 수사 공조 체계 구축	TV 공익 광고	현수막	전광판 공익 광고
현금 이용	금융	ATM 지연인출 제도	가입 시 본인인증 시스템 개편	체계 구축	보이스피싱 정책협의회 구성	길거리 참여 캠페인	홍보	웹툰
이체한도 제한	지연이체 서비스	입금계좌 지정 서비스	환급금 특별법 개정	공인인증서 개선	해외 조직 검거 체계 구축 및 개선	버스 광고	인터넷 공익 광고	관련 UCC 공모전

만다라트로 제시한 보이스피싱 방지를 위한 방법

만다라트 작성 방법은 다음과 같은 순서로 진행한다.

1. 9×9표로 총 81칸을 그린다.
2. 문제해결 목표를 가장 중심에 적는다.
3. 목표를 이루기 위한 8개의 세부 목표를 핵심 주변에 적는다.

4. 적은 세부 목표 8개를 바깥 3×3표의 중심에 적는다.
5. 바깥 세부 목표 달성을 위한 8가지 방법을 주변에 적는다.

2.5 강제결합법(Forced Relationships)

강제결합법(Forced Relationships)은 화이팅(Whiting)이 고안한 것으로, 전혀 상관없는 두 개 이상의 아이디어나 사물을 강제로 연관하여 새로운 아이디어를 찾도록 유도하는 방법이다.

강제로 결합하는 능력은 색다르게 생각하고 독특한 관계를 만들어 내도록 사고를 개발하는 연합사고 활동이다.

강제결합법은 브레인스토밍과 마찬가지로 아이디어에 관해 다소 현실성이 떨어져도 비난을 금지해야 한다. 고정된 사고의 틀에서 벗어나 새로운 관점으로 문제에 접근하는 기회 제공과 개방적 사고력을 향상케 한다는 점에서 활용가치가 큰 사고력 훈련방법이다.

개와 새를 섞은 toy

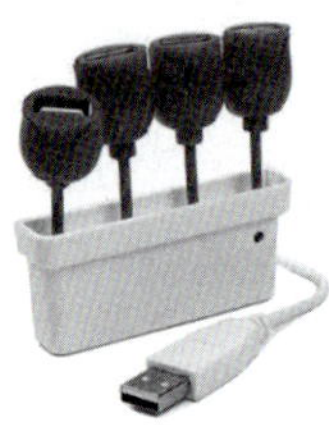

usb 단자를 결합한 튤립 화분 장식

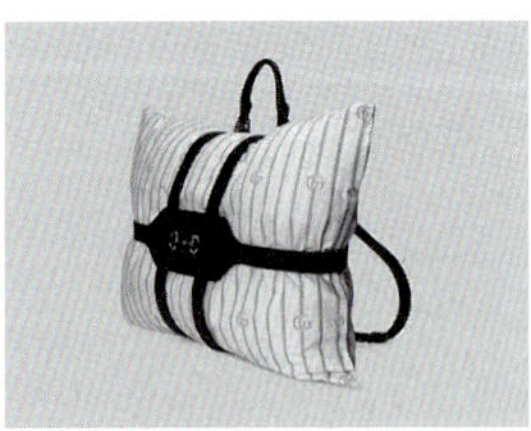

베개 배낭

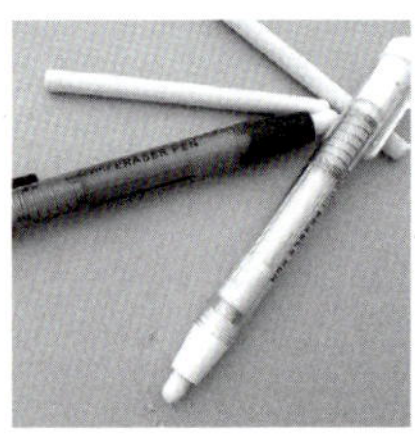

지우개 볼펜

2.6 결점 열거법(Defect enumeration)

결점 열거법(Defect enumeration)은 사용하는 대상의 불편한 점이나 단점 및 결점을 열거하여 새로운 아이디어를 발상하는 방법이다. 이를 통해 개선점을 찾고, 대안을 마련하면 기존 것보다 새로운 아이디어로 전환할 수 있다.

결점 열거법의 핵심은 있는 사실 그대로에 바탕을 두고 해결점을 찾는 데 있다. 최대한 많은 결점을 열거하고, 실행 가능하며 경쟁력 있는 아이디어를 선택해야 한다. 이런 측면에서 브레인스토밍의 변형이기도 하다.

결점 열거법의 예시

■ **우산의 결점 열거**

- 앞이 안 보인다.
- 자주 잃어버린다.
- 천이 찢어진다.
- 바람이 불면 뒤집힌다.
- 짐이 된다.
- 긴 우산은 접어지지 않는다.
- 물방울이 떨어진다.
- 두 사람이 함께 쓰면 옷이 젖는다.

우산

생각해보기 창의적 사고력 up!

1. 창의적 사고란 무엇인지 정의해 보시오.

2. 확산적 사고와 수렴적 사고의 공통점과 차이점을 설명해 보시오.

3. '질문 잘하는 방법'에 관해 브레인스토밍(brainstorming)으로 제시해 보시오.

4. '어떻게 하면 새로운 종이컵을 만들 수 있을까?'라는 주제로 SCAMPER 기법을 활용하여 제시해 보시오.

5. 한 가지 제품을 선정하여 결점 열거법으로 나열해 보시오.

자료실 창의적 사고에 영향을 미치는 뇌의 기능!

우리의 뇌는 좌뇌와 우뇌로 나누어져 담당 기능이 다르다. 어떤 뇌를 우세하게 사용하느냐에 따라 능력과 성향이 다르게 나타난다. 전반적으로 좌뇌는 계획적이고 분석적이며, 우뇌는 즉흥적이고 창의적인 성향을 보인다. 창의적 사고력을 향상하려면 양쪽 뇌의 기능을 알고, 고르게 발달시키는 것이 좋다.

좌뇌와 우뇌의 차이

좌뇌의 기능	우뇌의 기능
• 신체의 우측 통제 • 언어적, 수리적 • 논리적, 수직적 • 남성적, 공격적, 능동적 • 귀납적, 분석적, 상징적, 수렴적 사고 • 이성적, 사실적, 현실적인 것 선호 • 체계적인 방법으로 문제해결 • 문자, 도표, 숫자 정보에 치중 • 매번 하나의 데이터만 처리	• 신체의 좌측 통계 • 시간적, 공간적 • 지각적, 감각적 • 여성적, 수동적, 신비적, 예술적 • 창의적, 직관적, 확산적 사고 • 감성적, 창조적, 새로운 것 선호 • 지각적 판단에 의한 문제해결 • 리듬, 이미지, 영상에 치중 • 다각적이고 실용적인 데 편중

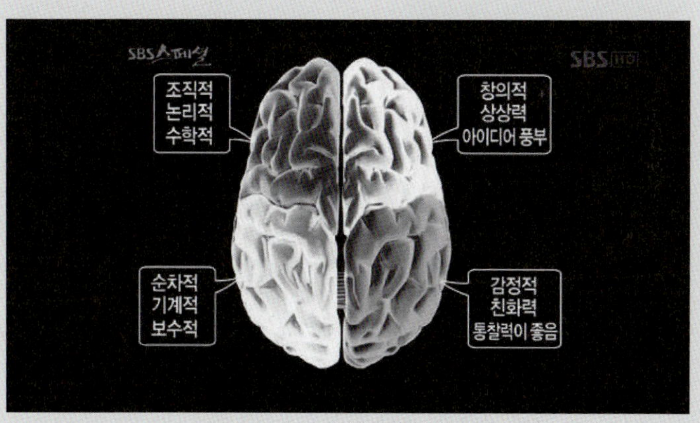

출처: http://prezia.egloos.com/10166117

참고문헌

고흔명(2020), "애니메이션 창작자의 창의성 개발을 위한 성격적 영향 요인에 관한 연구." 박사학위논문, 동명대학교.

김기영(2008), 「창의력 문제해결의 힘」, 위즈덤하우스.

김만술, 박철수, 윤재호, 조진행(2017), 「기업가정신과 창업」, 명경사.

김혜란(2015), "혈액형, 성격특성, 인지양식, 인지적 특성 및 부모 양육태도가 유아의 창의성에 미치는 영향." 박사학위논문, 국제뇌교육종합대학원대학교.

박기호(2019), 「벤처와 창업가 정신」, 호서대학교 출판부.

유순근(2017), 「창업을 디자인하라」, 무역경영사.

정문성(2008), 「토의·토론 수업방법 46」, 교육과학사.

정석(2021), "기업 구성원의 급진적 창의성과 점진적 창의성 구성요인 조합의 특성 규명." 박사학위논문, 중앙대학교 대학원.

조연순, 정지은(2012), "국내 창의성 교육 연구 동향분석." 영재교육연구 22 (2): 333-352.

하주현(2006), "예술교육과 창의성." 문화예술교육연구, 1 (1): 95-116.

황인원(2018), 「기적을 만드는 생각플랫폼」, 넌참예뻐.

Chipchase, Jan, and Simon Steinhardt. (2019), 「관찰의 힘」, 야나 마키에이라 옮김, 위너스북.

Horvath, Jared Cooney. (2020), 「사람은 어떻게 생각하고 배우고 기억하는가」, 김나연 옮김, 토네이도.

Hurson, Tim. (2020), 「탁월한 생각은 어떻게 만들어지는가」, 강유리 옮김, 현대지성.

Michalko, Michael. (2019), 「아이디어가 폭발하는 생각법」, 박종안 옮김, 트로이목마.

加藤 昌治(2003), 「생각의 도구」, 박세훈 옮김, 21세기북스.

CHAPTER 4

아이디어 평가와 창업프로세스

SECTION 1　아이디어 평가의 틀

SECTION 2　창업프로세스

우리는 일상생활에서 갑자기 생각나는 아이디어에 관하여 평가 기준에 의해 여러 사람의 관점에서 평가받는 것이 중요하다. 완제품이 출시되기까지 큰 비용이 소요된 제품의 실패는 기업에 엄청난 손실을 입히기 때문이다. 그래서 아이디어가 제품화되어 시장에 출시되었을 때, 고객이 제품에 관해 어떻게 반응하는지 고민하는 것은 뒤떨어진 행위이다.

아이디어 평가의 틀은 기업활동과 관련된 영역 즉, 고객과 시장, 경쟁자와 공급자, 정부정책과 글로벌 환경을 의미한다. 각각의 영역은 상호작용을 통해 제품의 경쟁력과 기업의 지속성장을 가능케 하므로, 관계의 의미를 파악하고 자세히 살펴보는 것이 중요하다.

아이디어 평가를 기반으로 창업을 위한 출발은 창업이 무엇인지 아는 것에서 시작한다. 이런 이유로 창업의 진정한 의미를 알고, 그 목적에 따른 형태를 갖추어 절차에 따라 창업하는 것은 매우 중요하다.

창업은 누구나 할 수 있다. 하지만 창업을 준비하는 과정은 쉽지 않다. 준비과정을 꼼꼼하게 살피고, 치밀하게 계획할 때 창업의 목적 달성을 위한 길로 힘차게 들어설 수 있다.

SECTION 1

아이디어 평가의 틀

1 _ 아이디어 평가의 틀이란 무엇인가?

1.1 아이디어 평가의 틀

발굴된 아이디어는 여러 사람의 관점에서 평가받는 과정이 꼭 필요하다. 대부분 기업이나 사람들의 아이디어에 관한 실수 중 하나가 내 것이 최고라는 생각에 빠진다는 점이다.

아이디어가 제품화되어 시장에 출시되었을 때, 고객들이 그 제품에 관해 어떻게 반응하는지를 관찰하는 것은 이미 늦었다고 할 수 있다. 완제품이 출시되기 전까지 비용이 많이 소요되어 제품이 실패할 경우 기업은 막대한 손해를 볼 수 있기 때문이다.

아이디어 평가의 틀은 아이디어의 제품화와 관계되는 주변 영역들과의 관계를 의미한다. 각각의 영역은 서로 연결되어 상호작용하면서 영향을 주고받는 관계를 형성한다.

- 제1영역 : 고객과 시장 Customer & Market
- 제2영역 : 경쟁자 Competitor
- 제3영역 : 공급자 Supplier
- 제4영역 : 정부정책 Government Policy
- 제5영역 : 글로벌 환경 Global Environment

아이디어 평가의 틀 영역

1.2 제1영역 : 고객과 시장

1 고객의 종류

고객이란 물건을 사거나 서비스를 받는 사람을 의미한다. 기업에서는 제품을 구매한 사람이 고객이다. 제품을 구매하는 고객이 반드시 자사의 제품을 구매해 준다면 기업은 단골과 같은 고객을 확보하는 것과 같고, 이는 고정적인 매출에 영향을 주는 중요한 요인이다.

고객도 여러 종류가 있다. 제품에 관한 정보를 바탕으로 관심을 보이는 정도와 제품 구매가 이루어졌을 때 지속이 어느 정도 이어지고 있는가에 따라 구분된다.

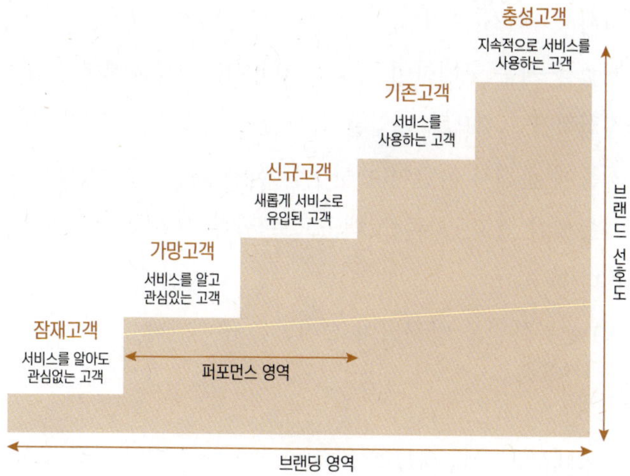

고객의 종류

- **핵심(목표) 고객(core customer)**
  - 반드시 우리 제품을 구매할 소비자를 의미한다.

- **잠재고객(potential customer)**
  - 서비스 혹은 제품에 관한 정보를 알고 있지만, 관심이 없는 고객군을 말한다.
  - 제품이나 서비스에 관한 정보를 제공하여 필요성을 자극하는 방법으로 가망 고객화할 수 있다.
  - 예) 생일에는 장미꽃을 선물한다.

- **가망(예상) 고객**
  - 서비스 혹은 제품에 관한 정보를 알고 있고, 관심이 있는 고객 군을 말한다.
  - 가망고객은 예상 고객이라고도 하며, 크게 힘들이지 않고 신규고객화할 수 있는 고객군이다.
  - 예) 생일날 축하를 위해서 장미꽃을 구매할 고객

- 신규고객
  - 제품을 처음 구매하여 사용하거나 서비스상품에 가입하여 기업의 직접적인 고객으로 유입된 고객 군을 말한다.
  - 제품에 관해서 불만이나 불편한 점이 없는 경우 지속으로 사용할 가능성이 있고, 기존 고객군으로 합류할 가능성이 많은 고객 군이다.
  - 예) 행복화원을 방문하여 장미꽃을 구매한다.

- 기존고객
  - 계속해서 자사의 제품 혹은 서비스를 사용 중인 고객 군을 말한다.
  - 기존 고객군은 자사 제품을 주로 사용하지만, 때로는 타사 제품도 사용하는 고객 군이다.
  - 예) 행복화원에서 구매했던 장미꽃을 아버지 생신 때는 희망화원으로 장미꽃을 구매한다.

- 충성고객
  - 기존고객으로서 자사의 제품 혹은 서비스만을 집중적으로 사용하는 고객 군을 말한다.
  - 충성 고객군은 다른 회사제품을 사용하지 않고, 자사 제품만 사용하는 고객군이다.
  - 예) 장미꽃이 필요할 때는 언제나 행복화원에서 구매한다.

2 고객 관찰하기

기업의 최종 고객 유치는 충성고객의 확보이다. 변함없이 자사 제품을 구매한다면 신뢰성을 바탕으로 안정된 매출 기대효과를 거둘 수 있기 때문이다. 이를 위해 기업은 끊임없이 고객의 니즈(needs)을 파악해야 한다. 고객의 니즈는 소비 성향이나 구매 데이터 분석을 통해 이루어지고, 이것이 가능하도록 하는 것이 관찰이다. 고객관찰은 단순히 주의해서 잘 살펴본다는 사전적 의미를 벗어나 분명한 목적과 다양한 관찰기법을 활용한다.

고객이 제품 하나를 구매해도 그것에는 숨겨진 욕구가 반영된다. 숨겨진 욕구는 '이미 존재하는 니즈'와 '숨겨진 니즈' 두 가지 유형으로 구분되는데, 이것은 지각에 의존하는 조사만으로 파악하기 어렵다.

이미 존재하는 니즈는 현재 고객의 마음속에 있는 욕구로서 쉽게 표현된다. 신제품 운동화가 필요하다고 인식하면 이것을 구매하는 행동을 유발한다. 하지만 숨겨진 니즈는 고객이 인식하지 못하고, 표현할 능력이 없는 니즈를 말한다. 새로운 브랜드의 운동화가 시장을 선점하여 노출되기 전까지 고객은 그 브랜드의 신제품 운동화 구매 욕구를 알아채지 못한다.

고객의 숨겨진 니즈를 어떻게 알 수 있을까? 접근 방법은 다양한 고객관찰기법을 통해 가능하다. 목적에 따라 가장 효과적인 관찰기법을 활용하면 핵심고객 파악을 어렵지 않게 할 수 있다.

- **거리관찰법(town watching)**
  - 관찰 목적 : 특정 소비 집단의 트렌드, 동선, 방문 지점에 대한 이해
  - 관찰방법 : 거리에서 행인들을 관찰하거나 인터뷰하는 방식

- **영상관찰법(video ethnography)**
  - 관찰 목적 : 제품의 활용 모습이나 구매 행동을 관찰과 요구사항
  - 관찰방법 : 고정형 비디오를 이용한 촬영

- **구매 시점관찰법(POP, point of purchase)**
  - 관찰 목적 : 매장 환경 및 고객의 구매 행동관찰 후, 요구 사항 발견
  - 관찰방법 : 판매점에서 구매자를 관찰하거나 판매원과 인터뷰

- 행위관찰법(shadow tracking)
  - 관찰 목적 : 이동이 많은 소비자를 대상으로 이동 중 제품의 활용 및 사용행태 조사
  - 관찰방법 : 이동 상황에서 고객의 행동연구
- 가정방문관찰법(home visiting)
  - 관찰 목적 : 가정 내 실제 상황과 관련된 제품 활용 행태, 주부들의 활동 관찰 후 요구사항 모색
  - 관찰방법 : 가정방문을 통한 고객 행동관찰
- 사진 일기법(photo diary)
  - 관찰 목적 : 고객의 일상생활을 영상으로 관찰하고 생활양식과 심리적 변화 등을 조사
  - 관찰방법 : 피조사자가 일상생활을 비디오로 녹화 후 제시
- 미디어 조사법(audiometer TV)
  - 관찰 목적 : 미디어 시청, 라디오 청취, 프로그램, 시청시간 파악 등을 조사
  - 관찰방법 : 미디어 청취 및 시청 선호도 조사

출처: 박기호(2019), 「벤처와 창업가정신」.

■ 예) 고객관찰 : 초밥을 자주 먹는 가망고객을 관찰

[강남 거주 중년 주부 A]

관찰 및 조사내용	관찰 결과	특이사항
얼마나 자주 외식을 하는가?	주말마다	외식을 즐기는 고객
외식 장소는 주로 어디인가?	백화점이나 가맹점	고급 음식 선호
외식 장소에서 자주 먹는 것은 무엇인가?	초밥 정식	정식 세트 선호
주거 지역은 어디인가?	강남	강남의 고급아파트 거주
가족관계는 어떤가?	배우자(사업가), 자녀3(모두 결혼)	경제적, 시간적 여유가 많음

3 시장세분화(market segmentation)의 종류

시장세분화란 전체 소비자를 대상으로 특정 기준을 가지고 동질성이 있거나 유사한 그룹을 하나의 시장 세분 단위로 분할 하는 과정이다. 세분화한 시장은 동질성 혹은 유사성을 가지고 있어 마케팅 활동의 효율성과 효과성을 극대화할 수 있다. 또한, 세분 시장 간에는 이질성 즉, 서로 다른 특성이 높을수록 좋고, 세분 시장 내에서는 동질성이 높을수록 좋다.

시장세분화의 종류

■ 지리적 세분화

- 시장을 세분하는 기준을 나라별, 특정 지역별, 도시별로 세분화하는 방법이다.
- 지리적 특성을 고려하여 시장을 세분화하는 방법이다.
- 예) 강남지역, 강북지역, 양천지역 등 구 단위로 구분하여 지역별 특성을 고려한다.

■ 인구 통계적 세분화

- 시장을 세분하는 기준을 성별, 연령 별, 직업별, 가족의 수, 월별 소득, 교육수준, 종교, 민족, 국적 등을 기준으로 시장을 세분화하는 방법이다.
- 예) 의류 시장을 남성용과 여성용으로 구분하거나, 세분 고객별 매장의 분위기를 다르게 꾸미는 등의 마케팅 전략을 구사한다.

■ 심리 묘사적 세분화

- 구매자들의 생활양식, 개성적 특징 등을 고려하여 시장을 세분화하는 방법이다.
- 심리 묘사적 세분화를 위한 AIO(activities, interests, opinion)분석의 틀을 사용한다.
  - 활동(activities): 취미활동, 사회적 활동, 스포츠, 오락, 클럽활동 등의 기준으로 세분화
  - 관심(interests): 선호하는 유행, 음식, 여가활동, 가정이나 직업적 관심 등을 기준으로 세분화
  - 의견(opinions): 고객의 사회적 성향(보수적 혹은 진취적 등), 정치적, 교육적, 경제적 등의 분야에서 개인의 의견 차이를 기준으로 세분화
- 예) 정치가, 교수, 저널리스트 등의 관심사와 사회정치적 성향 등을 고려하여 세분화함.

■ **행동적 세분화**

- 구매자들의 지식, 구매 태도, 제품의 사용상황, 제품에 관
- 한 반응 등을 근거로 하여 동질 집단으로 나누는 방법이다.
- 사용하는 상황, 추구하는 가치, 충성도 등의 변수들을 이
- 용하여 측정함.
- 예) 개인용 컴퓨터(PC) 구매자가 주로 게임을 많이 하는 고객인가, 사무용으로 주로 하는 가에 따라 컴퓨터의 사양을 세분화할 수 있다.

■ **복합적 세분화**

- 복지리적, 인구 통계적, 심리적, 행동적 세분화의 방법을 혼합하여 가장 최적의 시장 세그먼트(segment)를 찾아내는 방법이다.
- 인구 통계적 변수만으로 혹은 지리적인 변수, 심리적인 변수만으로 세분화할 경우 발생할 수 있는 오류의 최소화를 위한 방법이다.
- 예) 월수입이 5백만 원 이상(인구통계)인 고객 중에서 정치에 관심이 많고(심리 묘사적), 강남지역(지리적)에 사는 고객군으로 나눌 경우를 말한다.

4 효과적인 시장세분화 조건

시장세분화를 명확하게 하면 효율적인 마케팅 활동을 할 수 있다. 이를 위해 갖추어야 할 시장세분화 조건으로 다섯 가지를 고려해야 한다. 구체적이고 유용한 정보의 입수 가능성, 선택한 세분 시장의 접근성, 시장 규모의 충분성, 서로 다른 특성의 차별성, 적용 실행의 가능성이다. 이러한 조건을 갖추었을 때 효과적인 시장세분화를 기대할 수 있다.

시장세분화의 조건

■ 측정 가능성

- 구매고객들이 속한 세분 시장의 규모, 고객의 구매력 등과 같은 세분 시장의 특성이 정량적으로 측정 가능해야 한다.
- 세분 시장에 대한 시장선점과 마케팅 전략수립을 위한 의사결정 준거의 틀인 지표 측정이 가능하다.

■ 접근 가능성

- 세분화한 시장에 기업이 접근할 수 없다면 시장세분화는 의미가 없다. 즉, 유통채널이나 매체를 통해 고객들에게 접근할 수 있어야 한다.
- 지리적 세분화 결과로 고객이 그 지역에 거주하지 않거나, 직장이 없거나, 특정 매체를 통한 기업의 메시지가 전달될 수 없다면 무의미하다.

■ 실행 가능성

- 세분 시장을 목표시장으로 결정했다고 하더라도 반드시 이익을 상승시킨다고 보장할 수 없다.

- 세분 시장을 대상으로 마케팅 전략을 수립하고, 프로그램을 적용하여 실행해야 한다.
- 기업이 세분 시장을 대상으로 하는 적극적 활동이 있어야 성과를 거둘 수 있다.

■ 충분한 규모

- 세분화한 시장의 규모는 기업 이익을 얻을 수 있는 정도로 충분히 커야 한다.
- 시장이 규모의 경제를 이루어야 기업은 그 시장을 대상으로 제품이나 서비스를 공급하여, 마케팅 활동의 효율성을 기대할 수 있다.
- 동질성이 높은 소비자집단이면서 매력적인 규모의 시장이어야 한다.

■ 차별화 가능성

- 세분 시장은 개념적으로 구분이 확실하며, 마케팅믹스(4P)와 마케팅 프로그램이 다르게 적용되어야 한다.
- 차별화는 서로 다른 세분 시장에서 서로 다른 특성이 있어야 가능하다.
- 청년고객층과 시니어 고객층 간의 서로 차별성이 없다면 두 시장을 다르게 구분하는 것은 의미가 없는 것과 같다.

1.3 제2영역 : 경쟁자(Competitor)

1 경쟁자란 누구인가?

경쟁자는 같은 목적을 달성하고자 할 때 존재한다. 기업의 경우 제품이 똑같거나 비슷하거나 다르지만 대체할 수 있는 것이 존재하면 경쟁자가 생긴다. 이때 기업은 자사 제품의 경쟁력을 높이 평가하고 경쟁할 경쟁자는 없다고 생각할 수 있다. 하지만, 제품을 구매하는 고객은 이와 같은 해석과 다르게 나타난다. 얼마든지 자사 제품이 아닌 타사 제품에서 만족과 평가를 달리할 수 있기 때문이다. 따라서 경쟁의 대상이 누구이고, 어떠한 점에서 차별성이 나타나며 이를 통해 확고한 위치 선점은 어떤 방법으로 해야 할지 전략을 세워야 한다.

2 경쟁자의 종류

경쟁자는 생산 판매하는 제품의 차이를 비교해서 구분할 수 있다. 똑같은 제품, 유사한 제품, 대체할 수 있는 제품의 가격이나 특성, 유통망 등을 통해 자사 제품의 현 위치와 경쟁력을 확인한다.

모든 비즈니스 활동에는 직간접 또는 대체 경쟁자가 있다. 성공적인 기업은 경쟁자 모두를 고려한 사업계획을 반영하여 실행한다.

대체재는 보완재와 비교하여 그 의미를 명확하게 이해할 필요가 있다. 그 차이에 따라 상황에 맞게 적용해야 하기 때문이다. 대체재는 서로 다른 재화에서 같은 효용을 얻는 재화를 의미한다. 즉, 서로 다른데 같은 쓸모 있는 역할을 한다. 이와 달리 보완재는 두 가지 이상의 재화를 사용해서 하나의 효용을 얻을 수 있는 재화이다. 예를 들면 김장김치에 생굴을 함께 먹으면 더 맛있는 김장김치가 된다는 의미와 같다.

- **직접 경쟁자** : 자사와 동일한 제품이나 서비스를 생산 판매하여 제공하는 기업
  - 예) 코카콜라 VS 펩시콜라 (같은 콜라 종류)
- **간접 경쟁자** : 자사와 유사한 제품이나 서비스를 생산 판매하는 기업
  - 예) 코카콜라 VS 이온 음료(마시는 음료)
- **대체재** : 고객이 선택할 수 있는 다른 대안 선택
  - 예) 밥 VS 라면 (배고플 때 밥 대체)

- 예) 경쟁 프로파일 매트릭스(예시: 냉동 피자)

제품 속성	자사 제품	제 1 직접 경쟁자	제 2 직접 경쟁자	홈메이드피자 (간접 경쟁자)	외식 피자 (대체재)
맛	쫄깃하고 매운맛 가미	단맛과 치즈가미	레몬향 추가	가족 취향	다양한 맛
가격	3,000원	3,500원	2,800원	재료비 5,000원	8,000원
유통망	마트	마트	마트	가정	전문매장
건강	스트레스 해소 및 다이어트	영양가 높음	식물성 기름 사용	-	선택 가능

1.4 제3영역 : 공급자(supplier)

하나의 제품을 생산하기 위해서는 수많은 관련 공급자의 공급이 필요하다. 공급자는 유기적 관계를 형성하면서 공급하므로, 그 영향이 공급자 간 또는 소비자에게 영향을 미친다.

- 예) 자세교정 러닝머신

원재료/부품 종류	협력사(공급사)
전동모터	전동모터 제조사
고무 롤러	고무롤러 제조사
기어	기어 제조사
안드로이드 운영체제	구글
충격 흡수 장치	충격흡수 장치 제조사
손잡이	자사
디스플레이	디스플레이 제조사
안전사고 예방키	예방키 제조사
브레이크 패드	브레이크 패드 제조사

공급자가 많을 경우, 구매 기회가 많아지므로 구매자의 파워는 커진다. 이와 달리 공급자가 적을 경우, 구매 수요가 많아지므로 공급자의 파워가 커져 구매에 위협요인으로 작용한다.

공급에 영향을 주는 요인으로 생산 기술, 생산 요소의 가격, 공급자의 수, 공급자의 미래에 관한 예상이 있다. 생산 기술의 경쟁력, 생산 요소 가격이 저렴한지 고부가 가치적인지, 공급자 수가 많고 적은지, 공급자의 미래 여부에 따라 공급에 영향을 준다.

■ **예) 공급의 변동요인**

- 자전거의 생산 요소 중 자전거의 부품 가격상승 → 생산비용증가 → 생산량 감소 → 공급감소
- 가까운 미래에 자전거에 대한 수요가 증가 예상 → 조만간 가격상승 예상 → 재고 보존 → 공급감소
- 자전거 생산 기술발전 → 저렴한 부품개발 → 생산비용감소 → 생산량 증가 → 공급증가
- 공급자의 수 혹은 판매자의 수 증가 → 자전거의 공급 증가

1.5 제4영역 : 정부 정책(government policy)

기업활동은 정부정책(government policy)과 밀접한 관련이 있다. 정부의 정책 적용이 기업에 직접적 영향을 미치면 제품 생산에 영향을 받게 되고, 이는 소비자에게 그 영향이 돌아가는 순환적인 관계를 형성하기 때문이다.

기업활동에 관한 정부의 규제와 완화는 기업의 성장과 도태를 좌우할 수 있어 항상 정부 정책에 예의주시해야 한다. 따라서 정부정책과 관련해 다음과 같은 사항을 고려해야 한다.

- 기업 비즈니스에 정부는 어떤 영향을 미칠 수 있는가?
- 정부의 법적 규제가 비즈니스에 미치는 영향은?
- 국민건강과 직결되는 의료분야 혹은 교육 분야 등의 특정 분야의 규제 강화 이유는?
- 정부의 승인이나 허가가 필요한 비즈니스인가?
- 승인이나 허가에 따른 소요 시간이나 비용은?

정부 정책에 해당하는 정부규제는 국가를 운영하는데 공익상 사회에 반하거나 질서를 어지럽히지 않게 한도를 정하여 질서를 유지하기 위한 방책이다. 정부규제는 경제적 규제, 독과점 규제, 사회적 규제가 있다. 현대사회는 경제적 규제는 완화하고, 사회적 규제는 강화하는 방향으로 나가는 추세이다. 유튜브 개인방송 규제나 인터넷 전문은행의 규제가 여기에 해당한다.

1.6 제5영역 : 글로벌 환경(global environment)

전 세계는 서로 연결된 네트워크 환경을 이루었다. 이는 기업활동의 시장이 넓어진 것이며, 다양한 글로벌 기업이 존재하여 경쟁하는 것을 의미한다. 기업이 글로벌 환경을 이해하는 것은 중요하다. 세계 시장 환경을 이해를 바탕으로, 이를 적극적으로 활용하여 기업의 수익 창출을 기대할 수 있기 때문이다.

글로벌 환경은 기업이 새로운 소비자의 욕구를 파악하여 다양한 제품 생산으로 이어지는 소비자 확대를 가능하게 한다. 따라서 기업은 기회를 얻고, 성장할 수 있는 발판 마련을 위해 글로벌 환경의 여러 측면을 고려할 필요가 있다.

따라서 철저한 해외 시장 분석과 준비는 성공적인 사업진출 여부를 결정짓는다.

다음은 기업이 해외 진출할 경우, 글로벌 환경 적응을 위해 참고해야 할 사항이다.

- 해외 시장 진출에 소요 시간은 얼마나 필요할까?
- 해외 시장 진출을 할 경우, 언제가 좋을 것인가?
- 해외 시장에서의 경쟁자는 누가 될 것인가?
- 해외 시장 진출에 장애물이 있다면 어떤 것이 가장 큰 걸림돌이 될 것인가?
- 해외 시장 진출을 위해 무엇을 준비해야 할 것인가?

생각해보기 아이디어 평가의 틀 들여다보기

1. '아이디어 평가의 틀'이 중요한 이유는 무엇인가?

2. 내가 사용하는 제품을 고객의 종류로 구분하여 제시해 보시오.

3. 한 가지의 제품을 선정하여 '경쟁 프로파일 매트릭스'로 작성해 보시오.

제품 속성	자사 제품	제 1 직접 경쟁자	제 2 직접 경쟁자	홈메이드 피자(간접 경쟁자)	외식 피자 (대체재)

4. 정부의 '유튜브 개인방송' 규제에 관해 자신의 의견을 적어보시오.

자료실 고객의 심리가 궁금해!

고객은 제품을 사거나 서비스를 받는 사람이다. 고객이 제품을 구매하기까지 여러 심리가 작용하는데, 기업은 이러한 고객 심리를 파악하여 마케팅 전략을 계획하고 실행한다. 고객의 기본 심리에는 어떤 것이 있을까?

- 존중기대 심리
  "나는 중요한 사람입니다. 나를 기억해 주셔야 합니다."
  소중한 고객으로서 존중받고 싶은 심리

- 환영기대 심리
  "환영합니다, 고객님!"
  밝은 미소와 함께 환영받고 싶은 심리

- 독점 심리
  "모든 서비스에서 독점하고 싶어."
  모든 서비스에서 나만 독점하고 싶은 심리

- 모방 심리
  "나도 저 고객처럼 되고 싶어."
  부럽게 여겨지는 다른 고객을 닮고 싶은 심리

- 보상 심리
  "나는 손해 보고 싶지 않아."
  비용을 지급한 만큼 서비스를 받고, 손해도 보고 싶지 않은 심리

- 자기 본위 심리
  "나는 내 기준으로 판단해서 제품을 구매하는 거야."
  자신의 가치 기준을 바탕으로 자기 위주로 상황을 판단하는 심리

SECTION 2

창업프로세스

1 _ 창업이란 무엇인가?

우리나라는 해를 거듭할수록 창업기업이 증가하는 추세이다. 2016년부터 2020년까지 최근 4년간 개인 창업과 법인 창업을 합한 창업기업이 24.8% 증가했다. 이러한 결과는 글로벌 환경에서 국내 스타트업 생태계의 위상이 점차 상승하고, 성공한 창업가에 대한 사회적 인식이 크게 개선되어 창업을 바라보는 긍정적 시각의 영향 때문이다. 또한, 창업 활성화를 위한 정부의 노력도 한몫한다.

창업 생태계는 역동적인 변화 양상을 보인다. 4차산업혁명과 관련해 인공지능, 빅데이터, 가상 융합현실(AR/VR), 사물인터넷(Iot)이 부각하고, 공유경제 활성화와 비대면 전환이 가속화됨에 따라 서비스플랫폼 분야도 창업 생태계에서 차지하는 비중이 급격히 증가하고 있다.

창업은 '영리를 목적으로 개인이나 법인회사를 새로 만드는 일' 또는 '창업자가 사업 아이디어를 가지고 자원을 결합하여 사업 활동을 시작하는 일'을 의미한다. 여기에는 창업가의 기술이나 경험, 전문성이 바탕을 이루어져야 한다.

2 _ 창업의 형태와 절차

창업은 여러 형태로 할 수 있다. 다양한 형태가 있는 만큼 창업가는 창업의 목적에 따라 적절한 창업 형태를 선택해야 한다.

창업의 형태

- 개인사업자
- 법인
- 유한회사
- 협동조합

2.1 개인사업자

개인사업자란, 별도의 '설립 등기' 없이 사업자를 등록하는 것만으로 사업을 진행할 수 있다. 식당이나 가게 등 소규모 사업에 적합하다. 개인이 소자본으로 사업을 시작할 때, 주로 개인사업자의 형태로 창업한다. 법인사업자와 달리 등록 절차가 간편하고 비용이 거의 들지 않으며, 개인이 사업체를 책임지는 형태이기 때문에 회사 자금 사용 용도에 제약이 없다는 장점이 있다.

개인사업자를 등록하기 위한 필수 준비물은 '신분증'과 '임대차계약서'이다. 신분증은 사업주를 증명하기 위한 것이고, 사업하기 위해서는 사업장이 필요하므로 사업장이 있다는 것을 증명하기 위해서 임대차계약서가 필요하다. 사업 초기에 사업장을 임대하는 것이 부담되는 경우에는 본인이 현재 거주하고 있는 집 계약서를 가지고 임대차계약을 대신해도 상관없다.

개인사업자로 등록을 하기 위해 가야 할 관공서는 사업장 주소지 '관할 세무서'이다. 필수 준비물을 준비한 후, 세무서 직원에게 제출하면 제출 당일에 사업자등록 발급이 가능하다. 만약, 사업장 관할 세무서에 가는 것이 어렵다면, 다른 세무서에 가도 상관없다. 다른 세무서에서 등록할 경우, 사업자등록증 당일 발급은 어렵고 최대 3일 정도 소요된다.

2.2 법인

법인이란 자연인이 아닌 법에 의한 권리, 의무의 주체로서 자격을 부여받은 사람을 뜻한다. 즉, 자연인은 인간을 의미하고, 법인은 법적으로 부여받은 인격체를 의미한다. 법인은 자연인인 인간에 의해 사업을 수행할 수 있도록 법적으로 인격체를 부여받았다고 볼 수 있다.

법인은 개인사업자보다 기업에 대한 신뢰도와 신용도가 높아 대출이나 외부에서 투자를 유치할 때 유리하다. 또한, 법인세 세율이 개인사업자보다 낮고 세법 관리가 좋은 장점이 있다. 특수 업종의 경우, 세금감면 혜택이 있어 소프트웨어 개발, 공급, 유통의 경우에는 세금감면 혜택이 크다.

기술창업으로 벤처기업 인증을 받으려면 반드시 법인의 형태로 만들어야 한다.

법인은 개인사업자와 달리 자유롭게 자금을 운용할 수 없다. 법인을 운영하는 대표라고 하더라도 돈을 법적 절차 없이는 마음대로 사용할 수 없다. 또한, 모든 의사결정이 주주총회와 이사회를 통해 진행되므로 의사결정이 신속하지 못할 수 있다. 법인의 자금 운용과 의사결정은 법적인 절차에 의해 진행도기 때문이다.

법인 설립 최소구성원은 주주 1인이라도 가능하다. 상법 개정(2001년 7월 24일) 이전에는 발기인(promoter, 發起人, 주식회사를 설립하기 위하여 회사의 정관에 발기인으로 서명한 사람)인 주주가 최소 3인, 발기인의 수를 7인으로 제한한 바

있다. 하지만 현행 상법 제288조(발기인)에서는 '주식회사를 설립함에 발기인이 정관을 작성해야 한다.' 고 하면서 최소주주의 수 규정을 폐지했다.

현재는 주주 1인이 전액 출자하는 방식으로 주식회사 설립이 가능하다. 법인 설립 시 필요한 최소 이사의 수는 자본금의 규모에 따라 결정된다. 자본금이 10억 원 미만인 경우, 최소 이사의 수는 1인 이상이면 가능하지만, 대표이사가 아닌 단순 사내이사로서 원칙적으로 대표이사의 직함을 사용할 수는 없다. 따라서 대표이사 직함을 사용하기 위해서는 최소 이사의 수가 2인 이상이어야 하며, 이 중 대표이사를 선출하여 직함을 사용할 수 있다. 이와 달리, 자본금이 10억 원 이상인 경우, 최소 등재 이사의 수는 3인으로 규정되어 있어 최소 3인 이상의 이사로 구성되어야 한다.

법인 설립 시 준비해야 할 것은 상호 및 사업목적 결정 후, 본점 소재지와 회사 자본금을 준비해야 한다. 회사 자본금 요건에 맞게 회사 임원을 구성한 후, 필요서류와 법인 인감도장을 준비하면 법인 설립 준비가 끝난다.

법인 설립 준비서류는 다음과 같다.

- 발기인 대표 통장 명의로 받은 주금납입증명서(자본금납부 사실을 증명하기 위하여 작성하는 서식)
- 발기인 전원의 일반 도장
- 취임하는 임원의 인감도장
- 취임하는 임원의 인감증명서 2통
- 취임하는 임원의 주민등록등본 1통

2.3 유한회사

유한회사(private company, 有限會社)는 상법에 규정된 회사의 하나로서, 주식회사, 합명회사, 합자회사와 함께 물적회사(物的會社)와 인적회사(人的會社)의 요소를 가미한 중간 형태이다. 사원 전원의 책임이 간접이며 유한인

점, 분화된 기관을 가지는 점 등 많은 점에서 주식회사와 유사하지만, 복잡하고 엄격한 규정이 완화되고 지분의 양도가 자유롭지 못한 점이 주식회사와 다르다.

2.4 협동조합

협동조합(協同組合, cooperative)은 소비자나 생산자 등이 출자해 1인 1표로 자율적으로 운영하는 조직이다. 출자액수와 관계없이 1인 1개의 의결권 및 선거권을 가진다는 특징이 있다.

3 _ 창업 설계를 위한 SWOT 분석

SWOT 분석은 마케팅 분야에서 많이 사용되는 기본적인 분석 기법이다. 또한, 방법론적으로 간결하고 응용범위가 넓은 일반화된 분석 기법이기 때문에 여러 분야에서 널리 사용되고 있다.

기업의 내부환경과 외부환경을 분석하여 강점(strength), 약점(weakness), 기회(opportunity), 위협(threat) 요인을 규정하고, 이를 토대로 경영 전략을 수립하는 것을 기반으로 한다. 창업을 위한 준비과정에서 빼놓지 않고 분석해야 할 것이 사업에 관한 SWOT 분석이다.

SWOT 분석의 가장 큰 장점은 기업의 내 외부환경 변화를 동시에 파악할 수 있다는 점이다. 기업의 내부 환경을 분석하여 강점과 약점을 찾아내고, 외부환경 분석을 통해서는 기회와 위협을 찾아낸다는 것은 창업의 조건을 꼼꼼하게 따지고 계획을 치밀하게 하는 정보를 제공한다.

- 강점(strength) : 내부 환경(자사 경영 자원)의 강점
- 약점(weakness) : 내부 환경(자사 경영 자원)의 약점
- 기회(opportunity) : 외부 환경(경쟁, 고객, 거시적 환경)에서 비롯된 기회

- 위협(threat) : 외부 환경(경쟁, 고객, 거시적 환경)에서 비롯된 위협

SWOT 분석은 외부로부터 온 기회는 최대한 살리고 위협은 회피하는 방향으로 강점은 최대한 활용하여 약점을 보완한다는 논리에 근거를 두고 있다. 이를 토대로 SWOT 분석에 의한 경영 전략은 다음과 같이 정리할 수 있다.

- SO전략(강점-기회 전략) : 강점을 살려 기회 포착
- ST전략(강점-위협 전략) : 강점을 살려 위협 회피
- WO전략(약점-기회 전략) : 약점 보완으로 기회 포착
- WT전략(약점-위협 전략) : 약점 보완으로 위협 회피

'쿠바 샌드위치' 아이템으로 푸드트럭을 창업하고자 하는 대학생의 SWOT 분석을 살펴보자.

- Strength
  - 젊고 에너지가 있다.
  - 운전을 잘한다.
  - SNS에 익숙하다.
- Weakness
  - 요리에 문외한이다.
  - 자본력이 약하다.
  - 장사 경험이 없다.
- Opportunity
  - 내 음식을 사 먹을 많은 친구, 선후배 네트워크를 보유하고 있다.
  - '쿠바 샌드위치'를 파는 푸드트럭은 본 적이 없다.
- Threat
  - 경쟁자들의 대체 메뉴들이 너무 많다.

- 쿠바 샌드위치는 한국인에게 생소하다.
- 건강한 음식을 찾는 경향이 높아지고 있는데, 이와 맞지 않다.

이 대학생의 SWOT 분석을 분석해 보면, 다음과 같은 전략 도출이 가능하다.

- SO전략(강점-기회 전략) : 사업에 열정이 있으므로 주변 지인을 타깃으로 마케팅하여 입소문을 내고, SNS를 활용하여 모르는 사람에게 홍보한다.
- ST전략(강점-위협 전략) : SNS를 활용하여 쿠바 샌드위치를 적극적으로 홍보함과 동시에 메뉴를 응용하여 건강한 메뉴를 개발한다.
- WO전략(약점-기회 전략) : 요리 잘하는 친구와 장사에 경험이 있는 친구를 파트너로 영입하고, 그 친구들의 네트워크를 활용하여 고객의 저변확대를 기대한다.
- WT전략(약점-위협 전략) : 요리 잘하는 친구를 통해 새로운 메뉴를 개발하여 보완하고, 시각과 후각을 자극하여 고객을 확보한다.

생각해보기 나도 창업에 도전할 수 있어!

1. 우리나라가 정책적으로 창업을 권장하는 이유는 무엇이라고 생각하는가?

2. 창업에 도전한다면, 나는 어떤 창업을 하고 싶은지 이야기해 보시오.

3. 대학생들의 창업 활성화를 위한 필요조건은 무엇일지 적어보시오.

4. 창업 아이템을 한 가지를 선정하고, 이를 SWOT 분석으로 제시해 보시오.

자료실 영화에서 만난 창업 이야기

2014년에 개봉한 실화를 바탕으로 한 미국 영화 '아메리칸 쉐프(원제 : Chef)'는 좋은 직장을 잃고 모든 것을 내려놓은 후, 소박하게 창업하는 과정을 다룬 영화이다.

미국의 레스토랑에서 수석 주방장으로 근무하던 주인공은 자신의 요리에 자부심을 지닌 유명 요리사이다. 그는 '주방에 절대 간섭하지 않는다'는 것을 근무 조건으로 내걸 만큼 자존심이 강한 요리사이기도 하다.

어느 날, 레스토랑 주인에게 자기의 자존심인 메뉴의 결정권을 빼앗긴 후, 유명한 음식 평론가에게 혹평을 받게 되자, 이성을 상실하고 트위터에 욕설을 올리게 된다. 이것이 화제가 되면서 주인공과 음식 평론가는 트위터를 통해 논쟁을 벌이게 되고, 이 가운데 주인공이 마음에 상처를 받아 레스토랑을 그만두게 된다.

주인공은 일에 몰두하느라 아들에게는 무관심했던 아빠였다. 직장을 그만두고 아들과 시간을 보내던 도중 인형극을 보게 되는데, 여기서 그는 레스토랑에서 사장의 말대로 움직였던 자신이 인형과 같은 신세였음을 깨닫게 된다. 여기서 그는 창업을 결심하게 된다.

주인공은 자존심을 버리고, 이혼한 아내의 전남편을 찾아가 자신의 새로운 사업에 투자 요청을 하였고, 아주 낡은 트럭을 한 대 받게 된다. 아들과 함께 낡은 트럭을 청소하고, 푸드(food)트럭으로 꾸미는 과정에서 전 직장 동료 한 명이 주인공의 사업에 합류며 창업 준비는 순조롭게 진행된다.

주인공의 아들은 푸드트럭에서 주인공의 보조 역할을 하면서도 틈틈이 트위터에 푸드트럭을 홍보하였고, 이 트위터 홍보 덕분에 많은 사람이 푸드트럭의 존재를 알게 되어 가는 곳마다 손님들이 많이 몰리게 된다.

결국, 주인공의 푸드트럭은 큰 성공을 거두게 되고, 창업 이후 사업하는 과정에서 이혼한 전 부인과의 관계도 회복된다. 그리고 주인공을 레스토랑에서 그만두게 한 결정적인 역할자 음식 평론가는 주인공에게 찾아와 투자와 동업할 것을 제안한다. 주인공은 최초 창업했던 푸드트럭에서 성공하고, 투자자(음식 평론가)를 유치하여 큰 규모의 레스토랑을 시작하게 되면서 영화는 끝이 난다.

참고문헌

박기호(2019), 「벤처와 창업가정신」.

CHAPTER 5

마케팅의 이해

마케팅은 개인이나 조직이 창출한 가치를 다른 사람이나 조직과 교환함으로써, 서로 필요하고 원하는 것을 얻는 사회적·관리적 프로세스이다.

창의적인 아이디어로 경쟁력을 갖춘 제품이 창출되더라도 고객이 원하는 가치를 충족시켜 줄 만한 교환을 일으키지 않으면 제품이나 서비스는 무용지물이 될 수 있다.

기업은 마케팅을 통해 소비자 욕구를 파악하고, 충족시키기 위해 4P(제품, 가격, 유통, 촉진) 전략 활동을 계획하고 실행한다. 즉, 마케팅은 기업의 이윤추구 목적을 달성하기 위한 일련의 가치 있는 교환 활동의 구체화 과정이다.

기업은 시장에 관한 이해를 바탕으로, 시장 내 경쟁우위를 도모하는 마케팅 전략을 수립하여 가치창출의 기회를 획득하고 지속으로 성장하는 발판을 마련한다

SECTION 1

마케팅

1 _ 마케팅의 정의

기업을 둘러싼 미시(경영)적 사업 환경과 정치, 경제, 사회·문화, 기술 등의 거시(일반)적 환경은 기업경영 활동에 직·간접적으로 영향을 준다.

소비자의 욕구 다변성은 정보기술의 발달에 기인해 급격히 단축된 제품수명주기와 방대한 정보의 양을 신속하게 접하고 활용하게 하였다. 이에 기업은 거시적·미시적 환경변화에 신속하고 정확하게 대응해야 한다.

기업운영의 궁극적 목표는 경쟁우위 획득을 통한 지속적 수익 창출과 최대 이윤이다.

조직은 고객이 원하는 것을 찾아내고 제공함으로써 번창한다. 즉, 시장에서의 성공은 올바른 시장 정보를 바탕으로 전략을 준비하고, 적절한 마케팅 기법으로 운영하는 숙련된 마케팅 관리자에 의해 이루어진다. 이것은 마케팅이 단순히 판매 및 고객 서비스와 관련된 조직 기능이 아니라, 마케팅 지향 조직에서 모든 조직에 스며들어야 하는 비즈니스 철학이며 마케팅의 본질이다.

마케팅에 관한 이론적 관점의 변화는 미국마케팅협회(American Marketing Association : AMA)의 시대별 정의를 통해 확인할 수 있다. 초기 마케팅 이론가들은 기업이 마케팅을 통해 표적 시장선정(Targeting), 세분화(Segmenting), 포지셔닝(Positioning), 판매 및 수익 창출을 효과적으로 달성하기 위한 전략적 방안을 만들어야 한다는 경영상의 목적 달성에 중점을 두었다. 이런 이유로 마케팅 이론을 파악하여 인간과 지적 가치를 포함한 사회적 영역에 관한 관심을 배제하였다.

AMA은 마케팅 정의에 관해 해를 거듭하며 다양하게 제시하고 있다. 1935년에는 '마케팅은 생산자로부터 소비자에게 상품과 서비스의 흐름을 지시하는 비즈니스 활동'이라며, 마케팅을 기업에서 소비자로의 일방적인 흐름으로 정의하였다.

1985년은 '개인과 조직의 목표를 만족하는 교환 창출을 위해 제품과 서비스에 관한 컨셉, 가격 책정, 프로모션, 아이디어 배분에 관해 계획하고 실행하는 것이라고 정의하였다. 이는 마케팅 관점이 개인과 조직의 양방향 교환 프로세스에 관한 사항을 반영하였다. 아이디어와 같은 무형 제품과 유형 제품을 포괄한 개념으로도 볼 수 있다. 다만, 비즈니스 영역에 국한되지 않고, 모든 종류의 조직에 적용된 측면의 정의이다.

2004년에는 '마케팅은 고객에게 가치를 창출하여 전달하고, 조직과 이해관계자에게 이익이 되는 방식으로 고객 관계를 관리하기 위한 조직적 기능이며 일련의 과정이다.'로 정의하였다. 마케팅 관점에 가치의 개념을 도입하고, 거래에 관한 사항을 관계에 관한 사항으로 강조하였다.

2007년에는 '마케팅은 가치가 있는 제품을 창출하여 고객, 클라이언트, 파트너 및 사회 전반에 걸쳐 커뮤니케이션하고, 전달하며 제공물을 교환, 제공하기 위한 일련의 과정이며 활동이다.'라고 정의하였다. 이는 개인과 조직은 물론 사회를 위한 가치를 창출하는 마케팅의 역할로 강조하였다.

[미국마케팅협회(AMA)의 마케팅 정의]

1935년	마케팅은 생산자로부터 소비자에게 상품과 서비스의 흐름을 지시하는 비즈니스 활동의 수행
1985년	마케팅은 개인 및 조직의 목표를 만족하는 교환을 창출하기 위해 제품과 서비스에 대한 컨셉, 가격 책정, 프로모션, 아이디어 배분에 대해 계획하고 실행하는 과정
2004년	마케팅은 고객에게 가치를 창출하여 전달하고, 조직과 이해관계자에게 이익이 되는 방식으로 고객 관계를 관리하기 위한 조직적 기능이며 일련의 과정
2008년	마케팅은 가치가 있는 제품을 창출하여 고객, 클라이언트, 파트너 및 사회 전반에 걸쳐 커뮤니케이션하고, 전달하고, 제공물을 교환하고, 제공하기 위한 일련의 과정이며 활동임

마케팅에 관해 광범위하게 정의하면, 마케팅은 개인과 조직이 다른 사람들과 가치를 창출하고 교환함으로써, 그들이 필요하고 원하는 것을 얻는 사회적·관리적 프로세스이다.

다른 측면인 기업운영의 맥락이라는 협의의 관점에서 정의하면, 마케팅은 수익성 있고 가치 있는 교환 관계를 고객과 함께 구축하는 것을 포함하여 고객을 참여시키고, 강력한 고객 관계를 구축한다. 고객 가치를 창출하여 그 대가로 고객으로부터 가치를 포착하는 프로세스인 셈이다.

따라서 마케팅은 소비자 욕구를 파악하고, 이를 충족시키기 위해 4P(제품, 가격, 유통, 판매촉진) 전략 활동을 계획하고 실행하여 기업의 목적인 이윤을 추구하는 일련의 가치 있는 교환을 이끄는 활동이다.

2 _ 마케팅의 기초 개념

2.1 요구 · 필요(Needs)

인간의 요구 · 필요(Human Needs)는 결핍을 느끼는 상태를 의미한다. 이는 음식, 의복, 따뜻함, 안전에 관한 본원적 물리적 요구(Basic Physical Needs)와 소속감과 애정에 관한 사회적 요구(Social Needs), 지식과 자기표현에 관한 개인적 요구(Individual Needs) 등을 포함한다.

2.2 욕구(Wants)

욕구(Wants)는 결핍으로 인해 무언가 필요해진 상태가 개인의 개성, 취향, 문화적 요소를 바탕으로 구체적으로 표현된 것을 의미한다. 예를 들어, 누군가 배고픈 상태에서 음식이 필요할 때 미국인의 경우 스테이크, 햄버거, 핫도그 등을 원한다면, 한국인의 경우 밥, 불고기, 찌개 등에 대한 욕구가 생겨날 수 있다.

이런 욕구의 차이는 문화적 요소를 반영한 것이므로, 개인의 취향과 개성에 따라 미국인이라도 한국식 식사, 한국인이라도 미국식 식사를 원할 수 있다. 욕구(Wants)는 누군가가 속한 사회에 의해 형성되며, 요구 · 필요(Needs)를 충족시켜 줄 구체적인 요소 · 대상(Object)으로 설명된다.

2.3 구매력(Buying Power)

구매력(Buying Power)이 뒷받침되면 욕구(Wants)가 수요(Demands)가 된다. 사람들은 자신이 느끼는 욕구(Wants)와 소유한 자원(Resources)을 고려하여 최고의 가치와 만족을 혜택으로 제공하는 제품과 서비스를 수요(Demand)하기 원한다.

소비자가 욕구(Wants)를 가진 상태에 구매하는 구매력(Buying Power)이 수반되어야 수요(Demand)가 일어날 수 있다. 즉, 사람들이 어떤 제품과 서비스에 대한 욕구를 지녔을 때 구매력을 갖춰야 해당 제품이나 서비스를 구매하는 수요가 창출된다.

기업은 고객의 본원적 요구·필요(Needs), 욕구(Wants), 수요(Demands)에 관한 이해를 위해 노력한다. 기업은 소비자에 관한 조사를 수행하여 방대한 고객 데이터를 분석하고, 고객이 오프라인과 온라인에서 쇼핑하며 기업과 상호 작용하는 것을 관찰하는 등의 노력이 여기에 해당한다.

2.4 시장 제공물(Market Offerings)

소비자의 요구·필요(Needs)와 욕구(Wants)는 시장제공물을 통해 충족된다. 시장제공물은 고객의 요구·필요(Needs)와 욕구(Wants)를 충족하기 위해 시장에서 제공하는 각종 제품, 서비스, 정보, 경험적 상품을 의미한다.

시장제공물은 물리적 제품으로 국한되는 것이 아니며, 판매를 위해 제공되는 서비스 활동과 혜택도 포함된다. 시장제공물을 광범위한 범위로 보면 사람, 장소, 조직, 정보 및 아이디어와 같은 대상도 포함한다.

2.5 고객가치와 만족(Customer Value and Satisfaction)

고객은 다양한 시장제공물을 통해 얻을 수 있는 가치(Value)와 만족(Satisfaction)에 관한 기대치를 형성하고, 형성된 기대치를 바탕으로 구매한다. 구매 후 만족한 고객은 재구매하고, 타인에게 자신이 경험한 긍정적 내용을 전달한다. 하지만 불만족한 고객은 종종 해당 기업의 경쟁업체로 전환하고 제품을 다른 사람에게 부정적으로 평가한다. 따라서 고객 가치와 고객 만족은 고객 관계를 개발하고 관리하기 위한 핵심요소이다.

마케터가 마케팅 계획수립 시 자사 제품에 관한 소비자의 기대치를 너무 낮게 설정하면 자사 제품을 구매하는 소비자는 만족하지만, 소비자의 기대치가 낮으므로 충분한 구매자를 유치하지 못할 수 있다. 이에 반해, 기대치를 너무 높게 설정하면 구매자는 실망할 수 있다. 따라서 마케터는 적절한 수준의 고객 가치와 만족에 관한 기대치를 설정할 수 있도록 주의해야 한다.

2.6 교환과 관계(Exchanges and Relationships)

마케팅은 사람들이 교환 관계를 통해 자신의 필요와 욕구가 충족한다고 결정할 때 발생한다. 교환(Exchanges)은 누군가로부터 원하는 물건을 얻기 위한 대가로 무언가를 제공하는 행위이다. 즉, 대가로 무엇을 제공하여 원하는 대상을 얻는 행위를 의미한다.

마케팅은 목표(Target) 고객과 관련된 상품, 서비스, 아이디어 등에 관한 교환 관계를 창출, 유지, 성장시키기 위해 취하는 일련의 조치이다. 기업은 우수한 고객 가치를 지속으로 제공하여 강력한 관계(Relationships)를 구축하기 원한다.

2.7 시장(Market)

교환과 관계의 개념은 시장의 개념으로 이어진다. 시장(Market)은 제품이나 서비스에 관한 실제 구매자와 잠재적 구매자의 집합이다. 이러한 구매자들은 교환 관계를 통해 충족할 수 있는 특정 필요나 욕구를 공유한다.

마케팅은 수익성 있는 고객 관계를 이끌기 위해 시장을 관리한다. 그러나 이러한 관계를 생성하려면 판매자(Seller)는 구매자(Buyer)를 모색하여 참여시키고, 구매자의 요구를 파악해야 한다. 또한, 좋은 시장제공물을 설계하고, 가격을 책정하며 판매촉진 활동으로 소비자에게 유통해야 한다. 이를 위해 수반되는 시장 조사, 제품 개발, 커뮤니케이션, 유통, 가격 책정 및 서비스와 같은 활동은 핵심 마케팅 활동이다.

일반적으로 마케팅을 판매자가 수행한다고 생각하지만, 구매자도 마케팅을 수행한다. 소비자가 제품을 검색하고 정보를 얻기 위해 회사와 상호작용하는 것도 마케팅이다.

웹사이트, 스마트폰 앱, 소셜미디어까지 오늘날의 디지털 기술은 소비자에게 힘을 실어주고 마케팅을 진정한 양방향 문제로 만들었다. 이런 이유로 마케터는 고객 관계 관리 외에도 고객에 의해 관리되는 관계도 효과적으로 처리해야 한다. 마케터는 고객에게 미치는 영향 외에도 고객이 기업에 미치는 영향에 관해서도 이해해야 한다.

3 _ 소비자 구매 의사결정 과정

소비자는 욕구 인식, 정보탐색, 대안평가, 구매 결정, 구매 후 행동의 단계로 구매 의사결정을 한다.

3.1 욕구 인식

소비자의 내적 자극(배고픔, 목마름, 수면욕 등)에 의한 욕구와 외적 자극(광고 시청, 지인으로부터 제품정보 습득)에 의한 욕구를 통해 소비자에게 놓인 현 상태와 소비자 자신이 지닌 욕구에 관해 인식한다.

3.2 정보탐색

소비자가 내적 자극 혹은 외적 자극으로 자신의 욕구에 관해 인식한 경우 욕구를 인식하고, 현 상태와 이상적 상태 간의 차이를 느끼며 문제해결을 위한 과정을 시작한다. 소비자가 문제해결과정을 시작할 때, 제품에 관해 더 많은 정보를 얻으려고 탐색하는 단계가 정보탐색이다.

소비자가 얻을 수 있는 정보는 개인적 원천(가족, 친구, 지인 등), 상업적 원천(광고, 판매원, 포장, 전시 등), 공개적 원천(대중매체, 소비자평가조직, 인터넷 검색), 경험적 원천(제품의 사용, 검토)이 있다.

어떤 제품인지, 어떤 성향의 구매자인지에 따라 각 정보 원천의 중요성이 상대적으로 인식되고 다르게 활용된다.

3.3 대안평가

소비자가 획득한 정보를 바탕으로 브랜드 선택을 위한 정보 처리 과정을 대안평가라고 한다. 대안에 관한 평가는 개인에 따라 다르고, 구체적 구매상황에 따라, 제품에 따라 다르다.

3.4 구매 결정

평가단계에서 소비자는 각 브랜드 대안의 순위를 매기고 구매 의도를 형성한다. 일반적으로 소비자는 가장 선호하는 브랜드를 구매하는 구매 결정을 한다.

3.5 구매 후 행동

제품을 구매 후, 사용한 소비자는 해당 제품사용에 관해 만족하거나 불만족스러운 경험을 한다. 소비자의 기대치를 충족시키는 경우는 만족, 기대치를 충족시키지 못한 경우는 불만족이라는 평가를 하게 되며, 해당 경험을 바탕으로 구매 후 행동을 한다.

구매 후 만족한 경우, 해당 제품과 서비스를 지속으로 구매하려는 의향을 갖게 되며, 타인에게 긍정적으로 평가하는 구전 행동을 한다. 새로운 정보탐색에 관한 의도를 적게 지니고 경쟁 브랜드의 광고 활동에 관심을 덜 보인다.

구매 후 불만족한 경우는 해당 제품과 서비스에 관해 재구매하지 않으려는 의도를 지니게 되고, 부정적으로 평가하는 구전 행동을 하거나, 보상이나 배상 등의 공적 행동을 하기도 한다.

생각해보기 마케팅과 마주하기

1. 마케팅이란 무엇인지에 관해 설명하시오.

2. 고객가치창출, 고객 만족을 위해 기업이 갖춰야 할 요소가 무엇인지에 관해 이야기해 보시오.

3. 기업의 가치창출이 고객 만족, 사회기여 등과 어떤 형태로 연계될 수 있는지 적어보시오.

4. 마케팅 전략을 계획하고 수립하는 마케터의 가장 큰 고민은 무엇이라고 생각하는지 이야기해 보시오.

자료실 팬덤 커뮤니티, 무신사(MUSINSA)

기업가치 2조 5000억 원을 인정받은 국내 10번째 유니콘 기업인 온라인 패션 쇼핑몰 무신사(강정구·한문일 공동대표)는 창업자인 조만호 전 대표가 2001년 고교 3학년 시절 당시 포털사이트 프리챌에 만든 온라인 커뮤니티 '무진장 신발 사진이 많은 곳'을 기반으로 한다. 당시만 해도 국내외 최신 패션 트렌드, 특히 신발 덕후를 위한 정보를 발 빠르게 살펴볼 수 있는 미디어가 드물었기 때문에 빠르게 회원이 늘어났다. 특히 나이키와 아디다스 등 글로벌 유명 브랜드의 한정판 운동화 사진과 국내 스트리트 패션 사진 등 최신 정보가 풍부해 빠른 속도로 10대와 20대 청소년들에게 확산되었다. 무신사가 '패션 피플(패피)'로 지정한 인물들이 일약 스타덤에 오르기도 했고 무신사에 소개된 제품이 완판되는 등 무신사의 파급력이 커져 2003년 무신사 닷컴을 론칭하며 브랜드 확장에 나섰다. 이때까지도 패션 중 신발에 특화된 커뮤니티에 불과했다. 이에, 무신사만의 독특한 콘텐츠가 필요하다는 생각에 패션 피플을 사진 촬영하고 무신사닷컴에 게재하였는데 이 사진들이 무신사 닷컴의 인기를 높이는 킬러 콘텐츠가 됐다. 이것이 대표 콘텐츠인 '스트릿 스냅'이다. 이후 커뮤니티 회원들을 대상으로 클럽 파티, 스타크래프트 대회, 위닝일레븐 대회 등을 열며 무신사를 하나의 놀이터로 만들었다. 이런 영향으로 무신사는 팬덤이 형성됐다. 이후 무신사 스토어(2009), 무신사 스튜디오(2018)와 무신사 테라스(2019)를 열며 '패피'들의 온오프라인 핫 플레이스로 거듭났다. 2021년도에는 무신사 부티크를 열었고 라이브 커머스도 시작했다. 현재 무신사 스토어 회원 수는 900만 명 이상이다. 2020년도 매출은 전년 대비 51% 증가한 3319억 원. 연간 거래액은 2019년 9000억 원, 2020년 1조2000여억 원이다.

조만호 의장은 국내 패션 브랜드를 소개하는 홍보 채널로 무신사 매거진을 만들었다. 국내 디자이너가 괜찮은 패션 브랜드를 론칭해도 주류 유통 채널에서는 입점이 거절되는 경우가 많았다. 옷 만들 돈도 부족한 브랜드 론칭 초기에 있는 신진 디자이너에게 마케팅 및 유통채널을 확보하기란 역부족이었다. 이들의 문제 해결에 도움을 주고자 신생 디자이너 브랜드들의 홍보, 마케팅을 위해 브랜드 룩북(Look Book)을 제작해주거나 화보 촬영을 대행해주고 이를 무신사 매거진과 SNS 등에 소개했다. 이 콘텐츠가 흥행하면서 이후 무신사 매거진은 웹진을 넘어 종이 매거진으로까지 확대됐고 무신사가 패션 전문 미디어 콘텐츠 기업으로 성장할 수 있었다.

무신사는 '무신사 매거진'을 바탕으로 스트리트 패션 전문 콘텐츠 미디어 기업이자 SNS마케팅 대행사로 자리잡아 가고 있었다. 그러나 단순히 마케팅을 대행해주는 것만으로는 국내 브랜드의 한계를 해결하기 어렵다는 생각에 커머스 기능을 추가해 국내 브랜드를 한데 모아 선보이는 온라인 편집숍인 '무신사 스토어'를 2009년에 론칭했다. 국내 주류 유통 시장이 충족시켜주지 못하는 패피들의 취향을 만족시켜줄 브랜드를 발굴해 알릴 수 있다면 새로운 시장을 만들 수 있을 것이라는 생각에 잘 알려지지 않은 실력 있는 디자이너 브랜드를 찾아 화보 촬영이나 룩북 제작 등 마케팅 활동을 대신해주고 그 대가로 단독으로 무신사 스토어에 입점하는 방식으로 브랜드를 모으기 시작했다. 이때 크게 성장한 브랜드가 '커버낫'과 '디스이즈네버댓' 등이다.

무신사 관계자가 직접 꼽은 성장 비결은 패션업계 트렌드를 선도하는 신생 브랜드 발굴 능력이다. 1020 고객이 관심 두는 한국 브랜드를 유치하고 동반 성장하는 쪽으로 방향을 잡은 전략이 주효했다. 디스이즈네버댓, 커버낫, 마크 곤잘레스, 로맨틱 크라운 등이 무신사로 이름을 알린 대표 브랜드들이다. 최대한 할인받아 물건을 사고 나면 다시 들어올 일 없는 쇼핑몰과 달리 상품 후기 창이 활발한 것도 경쟁사들과 다른 점이다. 위트 있는 상품 후기에 댓글이 이어지면서 일종의 작은 커뮤니티가 생긴다. 무신사에서는 이런 후기 중 돋보이는 사례를 모아 매거진으로 소개하고, 이는 온라인 커뮤니티에서 밈으로 회자된다. 소비자가 알아서 제품과 플랫폼을 홍보하는 셈이다. 젊은 층의 열렬한 지지는 많은 브랜드가 무신사를 협업 파트너로 삼는 발판이 됐다. 최근에는 로우로우와 토앤토가 협업해 만든 리사이클 플립플랍이 무신사에서 단독 발매됐다. 본챔스와 매일유업 매일우유의 협업 에디션, 야놀자와 헬리녹스의 'DND 에디션', 커버낫과 하이트진로가 협업한 두꺼비 굿즈 등도 무신사에서 한정 출시돼 인기를 끌었다.

무신사 PB 상품인 무신사 스탠다드의 2020년도 매출은 전년 대비 76% 증가한 1100억 원. 대표 상품인 슬랙스는 2020년도에만 100만 장 이상 팔렸다. 처음에는 온라인에서만 살 수 있었지만, 5월에 플래그십 오프라인 스토어 '무신사 스탠다드 홍대'를 열었고 최근에는 O4O(Online for Offline) 서비스 '무탠픽업'을 통해 오후 7시까지 주문하면 당일 바로 매장이나 무인로커에서 제품을 수령할 수 있게 됐다. 온라인 쇼핑몰의 최대 약점인 택배 기다리는 시간을 단축한 것. 무신사 관계자는 "2030 남성을 위한 코스메틱 컬렉션을 론칭한 데 이어, 내년에는 친환경, 지속가능한 환경에 관한 관심이 대두되는 시장 흐름을 반영해 그린 라인 론칭을 준비하고 있다"고 덧붙였다. 무신사는 최근 임팩트 투자사 인비저닝 파트너스가 신규 결성한 '클라이밋 솔루션 펀드'에 60억 원을 출자했다. ESG(환경·사회·지배구조) 내재화와 기후변화 대응에 관심 높은 국내 주요 기업이 출자자로 참여한 펀드다. 무신사는 기후변화로 발생한 사회문제를 해결하는 스타트업 육성에 적극적으로 협력하고 온라인 패션사업 분야에서 실천할 수 있는 친환경 프로젝트를 구체화할 계획이다. 무신사 관계자는 "변화하는 고객 니즈에 발맞춰 카테고리 확장과 전문성 강화에 주력할 것"이라며 "글로벌 유명 럭셔리 브랜드 정품을 만날 수 있는 서비스인 부티크를 확대 운영할 예정이다. 골프 카테고리를 전문관으로 고도화하고 시니어와 키즈 대상 신규 서비스 오픈도 준비 중"이라고 답했다.

무신사는 기존 남성 스트리트 패션 중심의 포트폴리오를 확대하고 상대적으로 약했던 여성복 분야 경쟁력을 확보하기 위해 최근 29CM와 스타일쉐어를 3000억원에 인수했다. 스타일쉐어는 약 770만 명의 회원 중 80% 가량이 15~25세 여성이다. 29CM은 25~34세 여성 회원만 330만 명 정도이다. 무신사의 이번 인수로 중복 회원 수를 감안하더라도 800만 명 이상의 여성 회원의 증대를 기대할 수 있다. 무신사는 최근 명품, 골프웨어, 아동복, 시니어 의류 등으로 포트폴리오를 확대하고 있다. 화장품 시장에도 진출했다. 무신사의 광고 카피인 "패션의 모든 것, 다 무신사랑 해."가 그들의 지향점인 것이다. 한 대표는 "무신사는 브랜드 하나하나가 콘텐츠라고 생각한다."며 "다양한 패션 관련 카테고리 확장을 통해 패션에 관한 모든 브랜드를 무신사로 모으면 무신사가 왓챠나 넷플릭스 같은 존재가 될 수 있다고 생각한다."고 말했다.

※ 자료원 : https://dbr.donga.com/article/view/1202/article_no/10189/ac/search (동아비즈니스리뷰, 2021.9월 Issue2(392호)

※ 자료원 : https://weekly.donga.com/3/all/11/2970415/1 (2021.10.12. 주간동아)

SECTION 2

마케팅 전략

1_STP 전략

1.1 시장세분화(Segmentation)

1 시장세분화의 정의

기업은 각각의 다른 욕구를 가진 소비자집단을 작은 세분 시장으로 나누어 각 세분 시장이 갖춘 개별적인 욕구에 맞는 제품과 서비스를 효과적이고 효율적으로 제공하려고 노력한다.

소비자(또는 시장)를 각기 다른 요구, 특성 또는 행동을 갖고 별도의 마케팅 전략이나 조합이 필요한 별개의 구매자 그룹으로 나누는 프로세스를 시장세분화라고 한다. 즉, 시장세분화는 전체 시장을 특정 기준에 따라 세분된 시장으로 나눈 것을 의미한다.

시장은 다양한 고객과 고객의 욕구, 제품 등으로 이루어진다. 마케터는 자사의 어떤 세분 시장이 최고의 기회를 제공해 줄지 결정해야 한다. 기업이 각 소비자(또는 시장)가 갖춘 개별적 욕구에 따라 시장을 나누는 기준은 지리적, 인구 통계학적, 심리적, 행동적 요인 등이 있다.

모든 시장에는 세분된 시장이 있지만, 시장을 세분화하는 것이 항상 유용한 것은 아니다. 각각의 세분 시장은 기업이 수행한 일련의 마케팅 노력에 유사한 방식으로 반응하는 모든 세분 시장의 욕구를 한꺼번에 만족할 수 없기 때문이다. 예를 들어, 자동차 시장은 가격에 상관없이 가장 크고 편안한 자동차를 원하는 소비자로 형성된 하나의 세분된 시장이 있다. 또 다른 세분 시장은 주로 가격과 유지비에 관심이 있는 소비자로 구성된 시장이 있다. 그런데 특정 회사가 두 부문 모두 소비자에게 가장 먼저 선택받는 자동차를 만드는 것은 어렵다. 기업은 주어진 자원과 역량이 한정적이기 때문이다. 따라서 기업은 각각의 개별 시장 부문이 갖춘 뚜렷한 요구사항을 충족하는 데 노력을 집중해야 한다.

2 시장세분화의 변수

■ 지리적 변수

지리적 세분화는 시장을 나라, 지역, 도시 등과 같은 서로 다른 지리적 단위로 나눈다. 기업은 지리적 범위를 구분하고, 한 지역에서 사업을 진행할 것인지, 여러 지리적 구역에서 사업을 진행할 것인지, 모든 지역에서 사업을 진행하며 지리적 차이를 고려할 것인지 결정해야 한다.

글로벌기업은 세계 시장을 국가 단위 혹은 지역 단위로 세분화하고, 각 해외 시장의 특성에 따라 마케팅 프로그램을 개발하여 진행한다.

■ 인구 통계적 변수

인구 통계적 세분화는 시장을 연령, 성별, 소득, 인구수, 직업, 교육 등과 같이 측정 가능한 인구의 특성을 바탕으로 시장세분화 한다.

인구 통계적 변수는 시장을 세분화는 기준으로 많이 사용되는데, 소비자의 욕구와 요구, 사용량 등이 인구 통계적 변수와 밀접하게 관련 있기 때문이다. 다른 이유는 인구 통계적 변수는 다른 세분화 변수에 비해 측정하기 용이해 세분 시장을 구분하기 위한 기준으로 많이 활용된다.

소득과 인구에 따른 글로벌시장 세분화는 특정 회사가 글로벌시장으로 확장하여 진출하기 위한 계획을 세울 때, 시장 세분화하기 위한 중요 변수로 작용한다.

■ 심리 묘사적 변수

사회계층, 라이프스타일, 개성 등의 심리 묘사적(Psychographic) 특정을 토대로 구매자를 서로 다른 시장으로 나눈다. 동일한 인구 통계적 집단에 속해도 심리 묘사적 특징이 서로 다를 수 있다.

사회계층은 소득, 직업, 재산 수준, 교육수준 등을 복합적으로 고려해 사회적 지위를 구분하는 데, 사용되는 변수로는 상류층, 중류층, 하류층 등으로 구분한다.

라이프스타일이나 생활양식은 소비자가 살아가는 방식을 의미하며, 소비자의 활동(activity), 관심사(interest), 의견(opinion)을 통해 나타난다.

■ 행동적 변수

행동적 변수는 사용상황, 추구하는 효익, 사용량, 브랜드 충성도 등 소비자의 행동 관련 변수를 토대로 전체 구매자 시장을 세분된 시장으로 나눈다.

사용상황에 따른 구분은 소비자가 해당 기업의 제품을 언제 구매하겠다는 생각을 하는지, 언제 실제로 구매하는지, 언제 구매한 제품을 사용하는지 등의 사용상황에 따라 구매자를 나눈다.

사용상황에 따른 구분은 기업의 제품 용도를 개발에 도움을 준다. 예를 들어 '아침에 먹는 사과가 건강에 좋다.'는 생각(아침에 사과를 먹는다는 사용상황)을 바탕으로 '아침에 먹는 사과'라는 주스 음료가 시장에 출시되었다.

추구하는 효익에 따른 구분은 제품을 사용하여 소비자가 얻는 효익, 혜택, 편익에 관한 사항을 기반으로 시장을 세분화한다. 예를 들어, 소비자가 기초화장품 제품 중 로션이나 크림을 선택할 때 어떤 사람은 미백이라는 특성을 중시하고, 어떤 사람은 주름 개선이라는 특성을 중시하며, 어떤 사람은 트러블 없이 순한 제품이라는 특성을 중시하거나 어떤 사람은 보습감이라는 특성을 중시한다. 이는 소비자가 제품을 통해 얻고자 하는 효익, 혜택, 편익이 각기 다르기 때문이다.

사용량에 따른 세분화는 소비자를 제품사용량에 따라 다량사용자, 보통사용자, 소량사용자, 비 사용자롤 구분한다. 다량사용자는 전체 시장에서 적은 분포를 보이지만, 제품 소비를 많이 하는 소비자집단에 속한다.

충성도에 따른 구분은 소비자가 브랜드 충성도에 따라 전체 시장을 세분화한다. 브랜드 충성도(brand loyalty)는 소비자가 동일 브랜드를 반복 구매하는 성향을 의미하며, 기업은 자사 브랜드를 지속으로 구매하는 자사 브랜드에 충성하는 소비자집단, 다른 브랜드와 자사 브랜드를 교차하며 구매하는 소비자집단, 자사 브랜드를 구매하지 않고 다른 브랜드를 구매하는 소비자집단으로 구분한다.

사용자 수준에 따른 구분은 제품 시장을 비사용자, 과거 사용자, 잠재사용자, 첫 번째 사용자, 정규사용자로 세분화한다. 마케터는 정규사용자 집단을 지속으로 유지하고 해당 집단을 확장하기 위해 노력하며, 비사용자 집단이나 잠재 사용자 집단을 대상으로 그들이 신규사용자 집단이 될 수 있게 마케팅 노력을 제공해야 한다. 또한, 첫 번째 사용자나 과거 사용자 집단을 대상으로, 그들이 정규사용자 집단이 될 수 있게 고객 관계관리를 강화해야 한다.

[소비자 시장을 위한 주요 세분화 변수]

세분화 변수	구분
지리적 변수	국가, 지역, 도시
인구통계적 변수	나이, 성별, 소득, 직업, 교육, 종교, 인종, 세대
심리묘사적 변수	사회계층, 생활양식, 개성, 관심사
행동적 변수	사용상황, 사용률, 혜택, 충성도 수준

3 바람직한 시장세분화

마케터가 전체 시장을 세분화한 경우, 해당 시장의 세분화가 효과적으로 이루어지기 위해서 각 세분 시장은 서로 이질적/차별적(heterogeneous), 적절한(substantial) 시장 규모, 접근용이성(accessible), 세분 시장의 크기 측정성(measurable), 실현 가능성(actionable)의 특징을 갖춰야 한다.

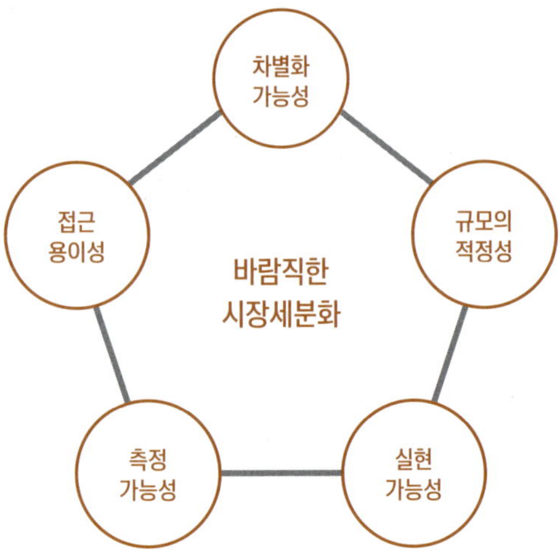

바람직한 시장세분화의 요건

■ 차별화(이질화) 가능성

차별화(이질화) 가능성은 각기 다른 마케팅믹스 요소와 프로그램을 제공할 때 소비자가 각각의 제품과 서비스를 구매할 가능성을 의미한다.

소비자의 차별적·이질적 욕구를 충족시키기 위해 기업은 전체 시장을 세분화하고 선정된 세분 시장에서 제품 개발, 광고 및 판촉, 유통망 개척하는 등 실행에 많은 자원을 투입하게 된다. 한 세분 시장의 고객 욕구가 다른 세분 시장과 특별한 차이가 없다면, 각 세분 시장의 욕구를 충족시키기 위해 투입한 자원 대비 산출된 수익이 크지 않을 수 있다.

■ 규모의 적정성

규모의 적정성은 각 세분 시장을 구분하여 공략할 만큼의 충분한 규모와 수익을 창출할 가능성을 의미한다.

각 세분 시장은 충분한 시장 규모를 지녀야 하며, 특정 세분 시장 내 고객 욕구가 다른 세분 시장과 다르더라도 고객의 수, 예상 매출액 등이 충분하지 않은 세분 시장이라면 해당 세분 시장에 진출해서 기업이 얻게 되는 수익이 적을 수 있다. 따라서 기업은 충분한 시장 규모를 갖춘 세분 시장으로 진출해야 수익 창출의 기회를 얻을 수 있다.

■ 접근 용이성·가능성

접근 용이성·가능성은 각 세분 시장에 자사 정보가 효과적으로 도달되어 소비자가 만족할 가능성을 의미한다. 각 세분 시장 접근의 용이성은 세분 시장 고객에게 자사 제품에 관한 정보를 전달할 수 있어야 고객의 구매 욕구를 자극하게 되어 고객이 자사 제품구매 의도를 가지게 된다는 것을 의미한다.

기업은 자사 제품에 관한 정보가 목표 고객에게 원활히 전달되도록 마케팅 커뮤니케이션 방법을 개발한다. 예를 들어 특정 프로그램에 관한 시청

률을 조사하여 해당 프로그램을 시청하는 주요 시청자의 연령대, 성비 등에 맞춰 해당 프로그램의 전후에 광고를 진행한다. 스트릿트 우먼 파이터, 쇼미더머니를 시청하는 주요 연령대는 10대와 20대인데, 해당 프로그램에 건강보조식품이나 의료기기를 선전하게 되면 해당 광고의 효과가 낮을 수밖에 없다.

■ **측정 가능성**

측정 가능성은 각 세분 시장의 크기, 소비자 구매력, 소비자 프로 파일에 관한 측정 가능함을 의미한다.

각 세분 시장 내 고객의 수, 각 세분 시장 내 고객의 특성을 모른다면 고객의 욕구에 맞는 제품과 서비스의 개발이 어려우며, 적절한 판매촉진 전략을 세우기 어렵다. 따라서 마케터는 각 세분 시장 내 소비자의 인구 통계적 특성과 라이프 스타일을 파악하여 표적 시장 내 차별적 전략을 수립해야 한다.

■ **실현 가능성**

실현 가능성은 세분 시장을 효과적으로 이끌기 위한 전략의 실현 가능성, 현실화 가능성을 의미한다.

1.2 표적 시장선정(Targeting)

1 표적 시장선정의 정의

전체 시장을 복수의 세분 시장으로 나눈 후 기업은 이들 중 하나 또는 그 이상의 세분 시장을 선택한다. 표적 시장선정은 각 세분 시장의 매력도를 평가한 후 하나 또는 그 이상의 목표 세분 시장을 선택하는 과정이다.

기업은 수익성을 최대로 가져다주는 고객 가치를 창출할 수 있는 시장, 시간이 지나도 지속으로 고객 가치를 유지할 수 있는 세분 시장을 선정한다.

기업은 한정된 자원과 역량을 보유하였으므로, 하나 또는 소수의 특수 부문이나 틈새시장에만 서비스를 제공하기로 결정할 수 있다. 특히 틈새시장은 주요 경쟁자가 중요한 시장으로 여기지 않는 세분 시장을 목표시장으로 선정해야 한다. 예를 들어, 수익성 있는 저비용 항공사 Allegiant Air는 소규모의 소외된 시장과 신규고객을 대상으로 서비스를 제공하며, 대형 항공사와의 직접적인 경쟁을 피한다. 소규모 온라인 검색 스타트업인 '덕덕고(DuckDuckGo)'는 개인 정보 보호를 중시하는 사용자 위주의 시장을 선택해서 거대 검색사이트를 운영하는 기업인 구글과 마이크로소프트와의 경쟁을 피하며 시장을 확대하고 있다. 로레알 그룹은 뷰티 시장의 주요 부문에 서비스를 제공하며, 각 부문 내에서 다양한 하위 부문에 서비스를 제공한다. 로레알은 로레알 럭스(L'Oreal Luxe), 소비재, 전문가 제품, 액티브 코스메틱, 바디샵과 같은 주요 사업부를 기반으로 다양한 하위 시장을 목표 대상으로 한다.

대부분 기업은 세분된 시장 중 하나의 시장을 선택하여 새로운 시장에 진입한다. 이것이 성공하면 더 많은 세분된 시장을 추가한다. 예를 들어 Nike는 러너를 위한 혁신적인 러닝화를 제공하는 세분 시장을 대상으로 기업의 활동을 시작하였다. 그러나 현재 Nike는 거의 모든 스포츠 분야, 모든 사람을 위한 광범위한 스포츠 의류나 장비를 제조·판매한다.

기업이 성장하여 전체 시장을 대상으로 시장의 범위를 확장하거나, 전체 시장 안에서도 각 세분된 시장의 특별한 요구를 충족시키기 위해 다양한 제품을 개발하여 제공한다.

2 표적 시장선정의 유형

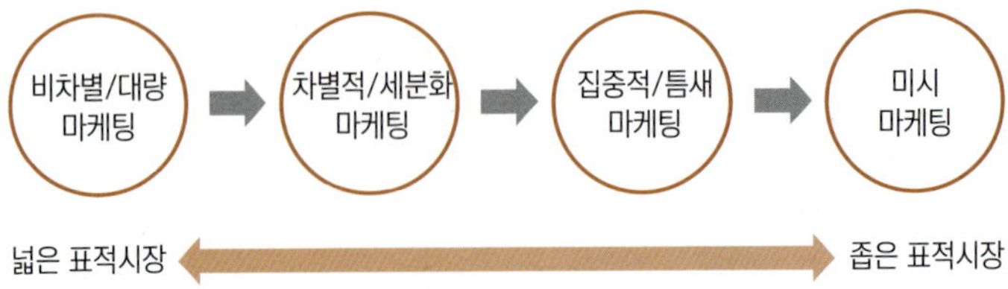

표적시장 선정의 유형

■ 비차별적 마케팅/대량 마케팅

비차별적 마케팅(undifferentiated marketing) 혹은 대량 마케팅(mass-marketing) 전략은 고객 욕구의 차이점보다 공통점에 초점을 맞춰서 시장에 대응하는 전략이다. 비차별적 마케팅 혹은 대량 마케팅전략은 각 세분 시장 간 차이를 무시하고 전체 시장 또는 가장 규모가 큰 대중 시장을 표적으로 하나의 제품이나 서비스를 제공한다. 즉, 전체 시장(모든 고객)에 동일한 제품과 서비스를 동일한 마케팅 방법을 통해 제공하는 마케팅 전략이다.

이러한 전략은 소비자 욕구의 다양성을 고려하지 않고 하나의 제품이나 서비스를 대량생산하여 규모의 경제를 통한 원가상의 우위를 얻는 것에 초점을 두기 때문에 대량마케팅(mass-marketing)전략이라고도 한다.

■ 차별적 마케팅/세분화 마케팅

차별적 마케팅(differentiated marketing) 또는 세분화 마케팅(segmented marketing)전략은 여러 세분 시장을 대상으로 각각 다른 마케팅믹스 전략을 적용한다.

여러 세분 시장을 공략을 결정하고, 각 세분 시장별로 서로 다른 제품을 제공하는 마케팅 전략이다. 예를 들어 의류 시장에서 삼성물산의 패션 부문과 LG패션은 동일 브랜드 안에서도 연령, 성별, 이용 상황별 제품을 만들어 시장에 제공하고 있다. 빈폴의 경우, 빈폴, 빈폴키즈, 빈폴레이디즈, 빈폴맨, 빈폴 골프가 있고, 닥스의 경우도 닥스, 닥스키즈, 닥스레이디즈, 닥스키즈, 닥스 골프가 있다. 이처럼 각각의 세분 시장이 갖춘 특성에 따라 제품을 다르게 생산하여 각 연령대와 이용 상황의 특성에 따른 제품을 소비자에게 제공하는 것이 차별화 또는 세분화 마케팅 전략이다.

■ 집중적 마케팅/틈새 마케팅

집중적 마케팅(concentrated marketing) 또는 틈새 마케팅(niche marketing)전략은 세분된 시장 중 세분된 하나의 시장을 대상으로 마케팅 역량을 집중하는 전략이다. 즉, 기업이 하나의 주요 세분 시장을 선정하고, 해당 세분 시장의 욕구를 충족시킬 수 있는 하나의 제품에 기업의 역량을 집중시키는 것을 의미한다.

집중적/틈새 마케팅전략은 기업이 큰 시장에서 낮은 시장점유율 얻는 것보다는 작은 시장에서 높은 시장점유율을 얻는 것이 유리하다는 판단하에 추구한다.

집중적/틈새 마케팅전략을 추구하는 경우, 소비자 욕구에 관한 풍부한 지식과 축적된 특별한 명성을 이용하여 강력한 시장 포지션을 확보할 수 있다.

■ 미시 마케팅

차별적 마케팅과 집중적 마케팅을 사용하는 마케터는 다양한 세분 시장과 틈새시장의 욕구에 맞춰 기업의 시장제공물과 마케팅 프로그램을 조정하고 통제한다.

미시 마케팅(micro marketing)은 집중적 마케팅보다 시장을 더욱 세분화한 것으로,써 각 개별 소비자에 맞춰 특정 개인이나 지역의 기호를 충족시키기 위해 제품이나 마케팅 프로그램을 조정하거나 통제한다. 미시 마케팅은 지역마케팅과 개인마케팅을 포함한다.

지역마케팅(local marketing)은 도시, 인근 지역, 특정 지역매장 등과 같이 특정 지역 내 고객집단의 욕구와 선호에 브랜드와 각종 촉진 활동을 맞추는 마케팅 전략이다.

개인마케팅(individual marketing)은 개별 고객의 욕구와 선호에 제품과 마케팅 프로그램을 맞추는 마케팅 전략이다. 개인마케팅은 일대일 마케팅(one-to-one marketing), 대량고객화(mass customization), 개인 시장마케팅(markets-of-one marketing) 등으로도 일컫는다.

1.3 포지셔닝(Positioning)

1 포지셔닝의 정의 및 특징

포지션은 소비자가 자사 제품의 브랜드를 경쟁사에 비해 어떻게 인식하고 있는지에 관한 상대적 위치를 의미한다. 포지셔닝은 목표(Target) 소비자의 마음속에 경쟁제품과 비교하여 명확하게 차별화하여 바람직한 위치에 자사 제품이 자리 잡도록 하려는 노력·일련의 활동을 의미한다.

마케터는 자사 브랜드를 경쟁 브랜드와 차별화시키고, 목표시장 내에서 최대의 우위를 얻을 수 있도록 마케팅 전략을 수립하고 수행한다.

소비자는 마케터의 도움을 받아(제품에 대한 정보 습득, 판매촉진 활동 접함, 실제 사용 등) 포지션하고, 도움 없이도 포지션한다. 소비자의 포지션 과정에 마케터는 자사 제품이 소비자에게 가장 좋은 위치를 선점할 수 있도록 포지션을 기획하고, 계획된 포지션을 위해 마케팅믹스를 설계한다. 포지셔닝 전략에 중점을 둔다는 것은 시장에서 기업의 사업방식을 구조화하여 경쟁자와 차별화하고, 더 나은 것으로 인식되도록 하는 것이므로 아래의 물음에 관해 적절한 전략적 방안을 마련하는 것과 관련된다.

첫째, 자사, 자사의 제품 및 서비스가 고객에게 어떻게 보이기를 원하는가?

둘째, 고객이 자사와 자사 제품에 대해 어떻게 말해주기를 원하는가?

셋째, 고객이 타인에게 자사 제품을 어떻게 묘사하기를 원하는가?

넷째, 누군가가 고객 중 한 명에게 전화를 걸어 추천을 요청한다면 고객이 어떤 이야기를 하기를 원하는가?

다섯째, 무엇보다 중요한 것은 어떻게 하면 고객의 마음과 생각 속에 자사 제품이 이상적인 인식을 얻을 수 있을까?

따라서 포지셔닝 전략을 수행할 때 기업은 경쟁제품과 비교해 지속적 경쟁우위를 제공할 하나 또는 그 이상의 구체적 차별점을 선정해야 한다. 이때 의미 있는 요인의 조건은 '중요성, 독특성, 우월성, 의사소통 가능성, 선점 가능성, 가격의 적정성, 수익 창출 가능성'이다.

- 중요성은 '표적 시장의 소비자들이 중요하게 생각하는 요인인가?'에 관한 사항이다.
- 독특성은 '경쟁제품들이 제공하지 못하는 자사만의 독특한(distinctive) 요인인가?'에 관한 사항이다.
- 우월성은 '다른 대안들보다 우수한(superior) 방법인가?'에 관한 사항이다.
- 의사소통 가능성은 '차별점이 소비자들에게 명확히 전달(communicable) 될 수 있는가?'에 관한 사항이다.
- 선점 가능성은 '경쟁사들이 쉽게 모방할 수 없는(preemptive) 요인인가?'에 관한 사항이다.
- 가격의 적정성은 '이 대안의 가격이 고객들에게 너무 비싸지 않은(affordable)가?'에 관한 사항이다.

• 수익 가능성은 '이 요인을 이용한 포지셔닝 전략을 통해 이익달성(profitable)이 가능한가?'에 관한 사항이다.

2 포지셔닝의 유형

포지셔닝은 가격과 제품 속성에 의한 포지셔닝, 사용상황에 따른 포지셔닝, 제품사용자에 따른 포지셔닝, 경쟁제품에 기반한 포지셔닝으로 구분한다.

가격과 제품 속성에 의한 포지셔닝은 표적소비자들이 중요하게 생각하는 제품 속성에서 자사 제품이 차별적 우위를 갖고 있음을 직접 강조하는 방법이다.

사용상황에 따른 포지셔닝은 제품이 사용될 수 있는 적절한 상황과 용도를 자사 제품과 연계시키는 방법이다.

제품사용자에 따른 포지셔닝은 표적 시장 내의 전형적 소비자를 겨냥하여 자사 제품이 그들에게 적절한 제품이라고 소구하는 방법이다.

경쟁제품에 바탕을 둔 포지셔닝은 소비자의 마음속에 강하게 인식하고 있는 경쟁제품에 대비한 자사 제품의 차별점을 제시하는 방법이다.

3 포지셔닝 맵

차별화와 포지셔닝 전략 기획에 있어 마케터는 지각적 포지셔닝 맵을 준비한다. 포지셔닝 맵은 소비자가 제품을 구매할 경우, 자사 브랜드와 경쟁사 브랜드에 관한 소비자의 지각 정도를 보여준다.

2 _ 마케팅 믹스(Marketing Mix/4P)

2.1 마케팅 믹스의 정의

마케팅은 기업과 고객에 필요한 가치 있는 것의 교환을 이루기 위한 일련의 활동으로 정의한다. 마케팅을 통해 기업은 고객을 지속적 유지 및 창출하기 위한 고객 관계관리를 진행한다.

마케팅은 고객에게 제공한 가치창출의 대가로써 기업의 수익성을 창출하는 것이며 고객 관계관리를 구축하기 위한 활동으로써의 마케팅 믹스를 활용한다. 마케팅 활동을 위해 필요한 마케팅 믹스는 제품과 서비스를 개발하는 제품(Product)전략, 효과적인 가격을 책정하는 가격(Price)전략, 유통(Place)전략, 판매·촉진(Promotion)전략에 대한 개발인 4P(Product, Price, Place, Promoting) 활동을 통해 구체화 한다.

Bordern(1964)이 만들고 McCarthy(1960)가 '4Ps'로 대중화한 마케팅 믹스(Marketing Mix)는 마케팅 제안을 변경하기 위해 기업이 통제하고 변화시킬 수 있는 주요 변수로 구성된다.

McCarthy의 프레임워크는 이러한 변수를 제품, 가격, 판매촉진, 장소 혹은 물리적 유통이라고 명명하였다.

Kotler는 마케팅 믹스를 목표시장에서 원하는 반응을 생성하기 위해 기업이 활용하는 통제 가능한 전술적 마케팅 도구의 집합으로 정의하였다.

이런 믹스 요소는 각 기업의 제품 수요에 영향을 미치는 것으로써 기업이 할 수 있는 모든 것을 의미한다.

제품 믹스 요소는 각 기업이 시장 공간을 신중하게 정의하고, 정의된 해당 공간에 특정 브랜드를 배치하여 브랜드 차별화 이점을 얻어가기 위해 활용한다.

브랜드에 관한 마케팅 믹스는 모든 커뮤니케이션 측면(제품 자체, 정가, 유통 채널, 광고 및 판촉, 제품, 가격, 장소 및 판촉의 4P)을 설계할 때 경쟁자보다 자사 브랜드가 최적의 위치에 배치되고 인지될 수 있도록 마케팅 믹스를 구성해야 한다.

마케팅 믹스는 주방에서 준비하는 특별한 요리를 위한 복잡한 레시피와 같다. 각 재료는 필수 요소이고, 각각의 재료는 정확한 형태와 양으로, 정확한 시간에 적절한 요리법을 바탕으로 만들어져야 요리의 맛이 좋아진다. 요리를 위한 요소 하나가 변화될 때 요리의 맛이 달라지듯 마케팅 믹스의 구성요소 중 하나라도 변경되면, 기업의 비즈니스 영역에 작거나 큰 변화를 가져온다.

[마케팅 믹스 요소]

제품	가격	판매·촉진	유통
• 핵심제품 • 유형제품 • 확장제품 • 제품길이 • 브랜드	• 시장기반가격 • 가격기반가격 • 침투가격 • 포지셔닝가격	• 광고(신문, TV, 포스터 등) • 공적광고 • 개인판매 • 스폰서십 • 전자상거래 • 바이럴마케팅 • 이마케팅	• 독점적 유통 • 선택적 유통 • 직접 유통 • 중간 유통

2.2 제품(Product)

1 제품의 정의 및 특징

마케팅 믹스 중 제품(Product)은 제품 또는 서비스에 관한 사안이다. 정확히 무엇을 판매하는가? 그것이 무엇인가? 어떻게 만들어지는가? 그것으로 무엇을 하는가? 그것은 어떤 목적을 수행하는가? 에 관한 질문을 통해 이루어진다.

자사가 제공하는 제품과 서비스에 관한 또 다른 질문은 '귀사의 제품이 무엇인가?'와 관련하여 고객의 삶을 변화, 개선하기 위해 해당 회사의 제품이 실제로 수행하는(do/does) 역할에 관한 질문이다.

Kotler 정의에 의하면, 제품은 '핵심제품, 유형 제품, 확장/증강 제품'으로 구분할 수 있다. 핵심제품이란 소비자가 그 제품으로부터 원하는 편익을 의미한다. 즉, 핵심 제품(Core Product) 차원에서 소비자의 청소기 구매를 설명하면 소비자는 청소를 깨끗하게 하기 위한 수단으로 청소기를 구입하고자 한다.

마케터의 입장에서 소비자는 유형 제품을 구매하는 것으로 볼 수 있다. 유형 제품(Tangible Product)은 소비자가 제품으로부터 추구하는 편익을 구체적인 물리적 속성(패키징, 상표명, 특성, 품질, 스타일 등)으로 파악하는 개념이다.

광범위한 관점에서 제품에 관해 바라보는 것이 확장/증강 제품에 대한 개념이다. 확장/증강 제품(Augmented Product)이란 유형 제품의 개념에 판매원의 서비스, 배송, 제품설치, 낮은 이율의 할부조건, 품질 보증기간, A/S 등의 특성을 추가한 개념이다.

■ Kotler의 제품 개념

- **핵심제품(Core Product)** : 소비자가 그 제품으로부터 원하는 편익을 의미한다.
- **유형 제품(Tangible Product)** : 소비자가 제품으로부터 추구하는 편익을 구체적인 물리적 속성(패키징, 상표명, 특성, 품질, 스타일 등)을 의미한다.
- **확장/증강 제품(Augmented Product)** : 유형 제품의 개념에 판매원의 서비스, 배송, 제품설치, 낮은 이율의 할부조건, 품질보증기간, A/S 등의 특성을 추가한 것이다.

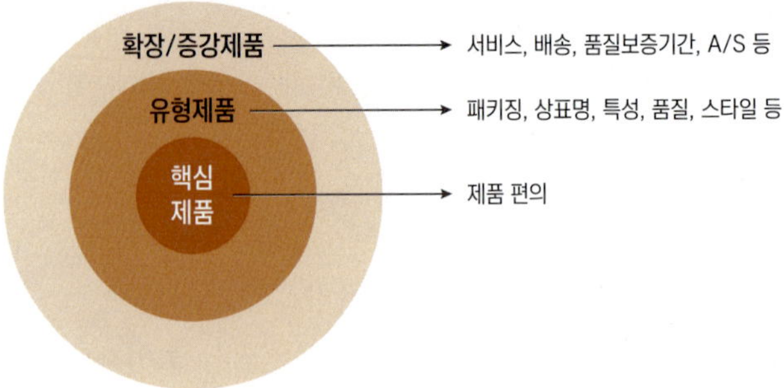

Kotler의 제품 개념

2 제품의 구분

제품과 서비스는 소비재와 산업재로 구분한다. 제품을 광의의 개념으로 파악하면 경험, 사람, 장소, 아이디어 등 마케팅 활동이 이루어지는 모든 대상물을 포함한다.

■ **소비재(Consumer Products)**

- 최종소비자가 개인적으로 소비하기 위해 구매하는 제품과 서비스이다.
- 편의품(convenience product), 선매품(shopping product), 전문품(specialty procuct), 탐색 전 상품(unsough-product)으로 구분한다.
  - 편의품은 자주, 즉각적으로 구매하는 제품으로 소비자가 구매 시 대안의 비교, 정보의 획득과 관련한 과정을 비교적 짧게 하거나 거치지 않고 반복적으로 구매하는 제품이다. 저관여 제품으로써 일반적으로 저가격으로 판매되며, 고객이 필요로 할 때 쉽게 이용할 수 있도록 여러 장소(판매처)에서 취급된다.
  - 선매품은 비교적 가끔 구매되는 제품과 서비스로써, 고객은 선매품을 구매하는 과정에서 대안의 욕구충족 정도, 품질, 가격, 스타

일 등을 신중하게 비교한다. 소비자는 선매품 구매과정에서 정보 수집과 대안의 비교에 시간과 노력을 상당히 들이는 고관여 활동을 한다.

- 전문품은 독특한 특징 또는 브랜드 정체성을 지닌 제품과 서비스로써, 해당 제품의 구매를 위해 상당한 노력을 기꺼이 감수하려는 일정 수의 구매자 집단을 갖는다. 예를 들어 에르메스, 샤넬과 같은 명품이라 불리는 디자이너 브랜드, 롤스로이스, 마세라티, 페라리 등의 고가 승용차 브랜드, 라이카와 같은 고가 카메라 등이 전문품이다.
- 탐색 전 제품은 소비자가 해당 제품의 존재를 알지 못하거나 알고 있더라도 해당 제품을 구매하려는 생각을 갖지 않는 소비 용품이다. 대부분 혁신제품은 광고를 통해 소비자에게 해당 제품의 존재를 알리기 전에는 탐색 전 제품에 해당한다. 또한, 미래를 대비하기 위한 장례서비스, 생명보험이나 연금보험 서비스 등이 해당한다.

■ **산업재(Industrial Products)**

- 추가적 가공을 위해 혹은 사업상 용도로 구매되는 제품과 서비스이다.
- 소비 용품과 산업용품의 구분은 제품의 구매목적에 근거한다.
- 산업용품은 원자재(materials), 가공재 및 부품(parts), 자본재(capital items), 소모품(supplies) 및 기업서비스(business services)로 나뉜다.
  - 원자재는 농산품과 천연제품으로 구성된다.
  - 가공재와 부품은 철, 원사, 시멘트와 같은 원자재와 부속품이 포함된다.
  - 자본재는 구매자의 제품 생산에 도움을 주는 산업용품으로 설비와 부속 장비 등이 해당한다.

– 소모품은 업무용 소모 용품(석유, 석탄, 종이, 펜, 카트리지 등), 수선유지용 소모 용품(페인트, 나사 등)이 있다.

– 비즈니스 서비스는 유지·보수 서비스(시스템, 컴퓨터, 건물 등)와 경영 자문서비스(법률자문, 경영 컨설팅 등)를 포함하며 대체로 계약을 기반으로 서비스를 제공한다.

■ 서비스(Service)

- 서비스는 무형성, 비분리성, 변동성, 소멸성이라는 특징이 있다.
  – 무형성은 소비자가 구매 전에 서비스 제품을 보거나, 듣거나, 맛을 보거나, 냄새를 맡을 수 없다는 것을 의미한다.
  – 비분리성은 서비스는 서비스 제공자와 분리될 수 없다는 것을 의미한다.
  – 변동성은 서비스품질은 누가, 언제, 어디서, 어떻게 서비스를 제공하느냐에 의해 영향을 받는다는 것을 의미한다.
  – 소멸성은 서비스는 나중에 판매하거나 사용하기 위해 저장할 수 없다는 특징을 의미한다.

3 제품 관리

■ 제품품질

- 제품품질은 마케터가 제품 포지셔닝에 이용하는 주요도구 중 하나이다.
- 제품품질은 품질 수준과 품질의 일관성의 차원으로 확인할 수 있다.
  – 품질 수준은 제품이 그 기능들을 제대로 수행할 능력, 성능품질(performance quality)을 의미한다.
  – 품질의 일관성은 목표로 삼은 품질 수준을 일관되게 제공하는 능력을 의미하는 적합성 품질(conformance quality)을 의미한다.

■ 제품디자인

- 좋은 디자인은 소비자의 주의를 끌고 미적 요구사항을 충족시켜주고 제품 성능을 우수하게 만드는 데에도 기여한다.
- 고객 가치의 증대와 제품차별화를 위해 독특한 제품디자인을 활용한다. 제품의 한 구성요소로써 좋은 디자인개발 단계에서 나아가 기업 차원에서 디자인 역량을 키우는 디자인 경영이 확산되고 있다.

■ 패키징

- 패키징은 제품의 포장물을 설계하고 생산하는 활동을 의미한다.
- 패키지는 제품의 내용물을 보호하고 제품정보의 제공 및 제품 이미지를 전달하는 역할을 한다.
- 패키지는 소비자들이 특정 기업이나 브랜드에 관해 지닌 강력한 연상 중의 하나이며, 진열대에서 자사 브랜드를 두드러지게 보이게 하는 효과적 수단이므로 브랜드 자산의 주요 원천이다.
- 패키지 구성요소를 결정하는 경우, 브랜드 인지도의 향상과 브랜드 연상 형성의 용이성, 특정 제품의 특성에 맞는 색상의 선정(언어적 연상), 패키지 색상의 활용을 통한 제품특성에 대한 소비자지각에 대해 고려해야 한다.
- 기존 패키지가 시대에 뒤떨어져 보이는 경우, 혹은 젊은 소비자층을 대상으로 한 제품의 경우 계속 최신의 제품으로 보이도록 패키지를 변경한다.
- 좋은 패키지는 시각성(Visibility), 정보(Information), 감정적 표현(Emotional appeal), 기능 수행성(Workability)을 갖춰야 한다.

4 신제품

신제품은 소비자와 기업 모두 새로움을 제공하는 것으로, 혁신제품, 모방신제품, 제품확장, 제품수정, 제품추가, 제품 재 포지셔닝으로 구분한다.

혁신제품은 소비자와 기업 모두 새로운 제품을 의미한다. 모방 신제품은 소비자에게 이미 알려진 제품이지만, 제품을 시장에 제공하는 기업에게는 새로운 제품을 의미한다.

제품확장은 제조방법 등이 해당 제품을 시장에 제공하는 기업에게 새로운 것은 아니지만, 소비자에게 새로운 제품이다. 제품수정은 기존 제품을 수정한 것이다.

제품추가는 기존 제품 계열 내에서 신제품(확장제품)을 도입하는 것을 의미한다. 제품 재 포지셔닝은 제품의 물리적 특성을 변경하지 않고, 상표의 새로운 특징을 강조하는 것이다.

신제품 분류

2.3 가격(Price)

1 가격의 정의

제품이나 서비스를 소유 또는 사용하는 대가로 지급해야 하는 금전적 가치를 의미한다. 경제학적 관점의 가격은 제품이나 서비스의 가치를 화폐 단위로 나타낸 것, 제품이나 서비스를 소유·사용하기 위해 지급해야 하는 화폐의 양을 의미한다.

2 가격의 특징

가격은 수익을 실현하는 유일한 변수이다. '이익 = 수익 − 비용 = (단위당 가격 x 판매량) − 비용' 이므로, 수익에 직접적인 영향을 준다.

가격전략은 기업의 수익을 높여줄 수도 있고 낮출 수도 있다. 실례로 1년 동안 몇 퍼센트 포인트씩 점진적으로 가격을 인상하면 수익에 극적인 영향을 미칠 수 있다. 또한, 품질을 낮추지 않으면서 작지만, 지속으로 비용을 절감하면 수익성을 크게 높일 수 있다.

기업은 제품을 판매할 때마다 실제로 손실을 보고 있는 제품이나 서비스를 발견할 수 있는데, 이 경우 기존 제품에 새로운 제품 기능을 추가하여 인지된 가치와 가격을 크게 높일 수 있다. 또는 고객이 신경 쓰지 않는 기능을 제거하고 비용을 절감하여 수익을 높일 수 있다.

가격의 미세한 변화가 수익성을 극적으로 변화시킬 수 있으므로, 기업의 비즈니스 영위 기간동안 각 제품 또는 서비스에 대해 가격 책정 전략을 지속으로 점검하고 재검토해야 한다.

일부 소비자가 고급 품목을 구매할 때는 그에 상응하는 높은 가격을 지급한다. 특정 제품의 가격이 높게 책정되었을 때, 해당 제품에 관한 소비자의 독점적 소유욕을 증대시키기 때문에 기업이 고가격 정책을 활용하기도 한다. 소비자가 해당 제품을 구입하기 위해 높은 가격을 지불했지만, 해당 제품을 독점적으로 소유했다는 감정을 얻을 수 있어 고가격 제품을 구매한다.

관여도는 특정 상황에서 특정 대상에 대한 개인의 관련성 지각 정도 혹은 중요성 지각 정도이다. 소비자에게 제공하는 관여도가 높은, 고관여 제품(가구, 전자제품, 자동차와 같은 내구재 또는 전문품이나 사치품)에 관한 보증을 연장하여 제공하는 것도 기업의 이익을 증대시킬 수 있다.

3 가격 결정 시 고려 사항

기업의 마케팅 전략, 마케팅 목표, 제품 수요의 가격탄력성과 제품원가구조 및 경쟁제품 가격에 대한 분석을 바탕으로 가격을 결정해야 한다.

기업의 마케팅 전략을 토대로 표적시장 선정, 포지셔닝 전략, 회사 내 제품 포트폴리오상에서 각 제품에 역할 등을 결정하는 마케팅 전략이 결정되고 이에 따라 제품가격의 기본방향이 결정된다.

BCG 성장률–점유율 matrix를 통해 제품 포트폴리오상에서 각 제품이 갖는 전략적 역할을 확인할 수 있다. 각 포트폴리오상의 제품별 전략적 역할을 바탕으로 시장점유율이 지속적 유지(혹은 확대)되는 것을 목표로 가격을 결정해야 한다.

제품 계열내에서 각 품목의 상대적 위치는 다르므로 다양한 소비자 욕구의 충족을 위해서 동일 제품군 내에 제품을 출시하고, 표적소비자층이나 제품품질의 차이에 따라 가격을 조정하여, 자사 상표잠식을 최대한 줄이는 가격전략을 세워야 한다.

기업이 이익의 극대화, 매출의 극대화, 품질상의 선도적 지위추구, 생존 등의 마케팅 목표 중 어느 것을 지향하느냐에 따라 제품가격 결정의 지침이 달라진다. 기업은 이윤 극대화를 위해 가격 대안들과 관련된 수요와 비용을 추정한 다음 단기 이익을 극대화하는 가격을 선택하기도 한다.

기업은 수요의 가격탄력성, 제품원가구조, 경쟁제품 가격에 관한 분석을 토대로 가격을 결정해야 한다. 소비자의 가격에 관한 민감도(가격에 따른 소비자 수요의 변화)를 수요의 가격탄력성을 바탕으로 확인할 수 있으므로, 가격에 따른 소비자 수요량 변화 정도를 확인할 수 있다.

개별 소비자의 가격에 대한 심리적 반응으로써의 준거 가격, 유보가격, 최저수용가격을 바탕으로 소비자가 자사 제품에 책정된 가격을 어떻게 지각하는지를 확인할 수 있다. 가격은 제품원가와 일정 비율의 이익으로 구성되므로 제품원가 구조를 확인하여 적정 이윤을 포함한 제품원가를 산정하고, 이에 따라 가격을 적정하게 책정해야 한다.

기업은 높은 시장점유율을 지닌 시장 내 선발주자와 경쟁하기 위해 저가격정책을 취하거나, 소비자에게 고품질 이미지를 전달하기 위해 고가격 정책을 취하기도 한다. 따라서 마케터는 시장의 경쟁구조와 경쟁제품의 가격을 고려하여 자사 제품의 가격을 책정해야 한다.

4 가격 결정에 미치는 영향 요인

■ 수요의 가격탄력성(Price Elasticity of Demand)

수요의 가격탄력성은 소비자의 가격에 관한 민감도를 반영하는 지표로써 가격변화에 따른 소비자 수요의 변화를 나타낸다. 수요의 가격탄력성(price elasticity)이 낮은 경우는 가격의 증감에 따라 수요가 크게 변하지 않으나, 수요의 가격탄력성이 높은 경우에는 가격의 변화에 따라 수요가 매우 민감하게 변한다.

■ 준거 가격(Reference Price)

소비자들이 제품가격의 고·저를 평가할 때 비교기준으로 사용하는 가격을 의미한다. 자주 구매하는 상표의 가격, 과거에 지급했던 가격, 유사제품의 평균가격 등을 이용하여 준거 가격을 형성한다.

■ 유보가격(Reservation Price)

소비자가 어떤 제품에 관해 지급할 의사가 있는 최고가격을 의미한다. 소비자의 과거 구매 경험, 지각된 제품품질, 브랜드소비자 간에 차이가 있다.

■ 최저수용가격(Lowest Acceptable Price)

너무 싸면 소비자는 제품에 하자가 있는 것으로 판단하고 구매를 거부한다. 소비자는 준거 가격을 중심으로 유보가격과 최저수용가격 내에서 제품을 구매한다.

5 기업의 가격 결정 기준

■ 원가 중심 가격 결정방법(Cost-Based Pricing)

원가 중심 가격 결정방법은 원가 가산 가격 결정방법(Cost-Plus Pricing), 목표이익 가격 결정방법(Target profit pricing)이 있다.

원가 가산 가격 결정방법은 단위당 원가에 일정률의 이익을 더해 판매가를 결정하는 방법이다. 목표이익 가격 결정방법은 설정한 목표이익을 실현하는 매출수준에서 제품가격을 결정하는 방법으로 손익분기점분석(breakeven analysis)을 이용한다.

■ 소비자 중심 가격 결정방법(Buyer-Based Pricing)

소비자 중심 가격 결정방법으로 가치중심 가격 결정방법(value-based pricing)이 대표적이다. 가치 중심 가격 결정방법은 고객이 지각하는 제품의 가치에 맞춰 제품가격을 결정하는 방법이다. 소비자가 자사 제품의 가치를 높이 평가하면 자사 제품의 원가와 상관없이 고가격 책정이 가능하고, 지각된 가치 이상으로 제품가격을 책정하면 고객이 외면할 수 있다는 관점의 가격 절정방법이다.

■ 경쟁제품 중심의 가격 결정법(Competition-Based Pricing)

경쟁제품 중심의 가격 결정법에는 시장가격 중심의 가격 결정방법, 경쟁입찰에 의한 가격 결정방법이 있다.

시장가격 중심의 가격 결정방법은 상대적 저가격정책, 상대적 고가격 정책, 경쟁자와 비슷한 가격정책을 수립한다. 상대적 저가격정책은 시장점유율을 높이기 위한 공격적 마케팅 전략이고, 상대적 고가격 정책은 기업의 명성이 높거나 상표인지도가 높은 경우 경쟁제품에 비해 높은 가격을 책정한다.

경쟁자와 비슷한 가격정책은 일반적으로 과점적 경쟁상황 하의 가격 결정법으로써, 가격변화에 대한 소비자의 반응이 민감한 상황에서 경쟁자들과 비슷한 가격을 취하는 정책이다.

경쟁입찰에 의한 가격결정방법은 기업이나 정부가 구매하는 제품이나 서비스의 가격 결정 방법이다. 경쟁입찰에 제시될 자사 제품의 가격을 기대이익(expected profit)에 근거하여 책정하는데, 기대이익은 입찰가격에서 비용을 차감하여 얻어진 이익과 낙찰 성공확률을 곱하여 형성된다.

■ 제품 믹스에 따른 가격 결정

제품 믹스에 따른 가격 결정은 제품 라인에 관한 가격 결정, 사양 제품에 관한 가격 결정, 종속제품에 대한 가격 결정, 묶음 제품에 관한 가격 결정이 있다.

제품 라인에 관한 가격 결정(product line pricing)은 한 제품 라인을 구성하는 여러 제품을 몇 개의 가격대로 구분하고, 이에 따라 제품 라인 내에 제품 간 원가 차이, 서로 다른 제품특성에 관해 고객이 지각하는 가치 등을 고려하여 가격을 결정한다.

사양 제품에 관한 가격 결정(optional-product pricing)은 주력제품에 추가되어 제공되는 각종 사양 제품 혹은 액세서리의 판매가격을 책정한다.

종속제품에 대한 가격 결정(captive-product pricing)은 특정제품과 반드시 함께 사용되는 제품에 대해 부과하는 가격이다. 예를 들어 면도기에 대한 면도날, 프린터에 대한 잉크 카트리지에 대한 결정이다.

묶음 제품가격 결정(product-bundle pricing)은 기업이 몇 개의 관련 제품을 함께 묶어 저렴한 가격으로 판매한다. 여행 패키지 상품은 숙박, 항공, 식사, 관광 등의 상품이 묶여진 묶음 제품에 관한 가격 결정의 예이다.

2.4 촉진(Promotion)

촉진은 기업이 잠재고객에게 자사 제품이나 서비스를 알리고 경쟁자가 아닌 자사로부터 구매하도록 설득하기 위해 수행하는 모든 활동을 의미한다.

촉진 믹스는 고객 가치를 설득적으로 전달하고 고객관계를 구축하기 위하여 사용되는 광고, 판매촉진, 공중관계, 인적판매, 다이렉트마케팅 같은 촉진 도구들의 조합이다. 또한, 촉진 믹스는 마케팅 담당자가 고객에게 시장제공물의 가치(의미)를 전달하고, 고객들과 소통하는 도구이다.

주요 촉진 도구 중 광고(advertising)는 공개된 후원사가 비용을 지급하고, 이루어지는 아이디어, 제품 또는 서비스에 관한 비 대면적인 프레젠테이션과 촉진이다.

공중관계(public relations)는 긍정적인 퍼블리시티를 확보하고, 호의적인 기업 이미지를 구축하며, 부정적인 루머나 사건에 대처함으로써 회사와 관련된 공중들과 우호적인 관계를 구축한다.

인적판매(personal selling)는 판매하고 고객 관계를 구축하기 위한 목적으로 수행되는 영업사원의 대면 활동이다.

판매촉진(sales promotion)은 제품 혹은 서비스의 고객 구매 혹은 판매를 조장하기 위한 단기적인 인센티브를 의미한다.

다이렉트 마케팅(direct marketing)은 고객의 즉각적인 반응을 확보하고, 지속적인 고객 관계를 키워나가기 위해 이루어지는 선별된 개별 소비자들과 직접 연계되어 이루어지는 활동이다.

모든 마케팅 믹스 요소는 특정 상황에서 전략적 효과를 발휘할 수 있다.

성공적인 캠페인은 전체 시장에 강력하고 장기적인 영향을 미칠 수 있다.

판매할 제품이 있는 마케터는 잠재 구매자에게 제품에 관해 제안할 필요가 있으며, 관심을 끌 수 있는 방식으로 이를 수행해야 한다. 판촉 활동 시 브랜드에 관한 대중의 인지도는 강력한 이점이 된다.

영업하는 경우, 커뮤니케이션은 매우 다양한 형태로 이루어진다. 암시적, 명시적, 상징적, 시각적, 청각적, 촉각적, 중재적, 비매개적, 개인적 또는 비개인적일 수 있다. 이들 중 어느 것이든 판촉 커뮤니케이션에 적용될 수 있다. 대회 후 TV 인터뷰 시 후원사 로고가 적혀 있는 야구 모자를 쓴 선수는 그 브랜드를 시청자에게 암묵적으로 홍보한다. 미디어 세계와 상징적으로 연결되어 상대 회사와 경쟁하는 것이다. 신문에 실린 투자 상품에 대한 금융 서비스 광고는 상품 품질과 상품 소유에 따른 위험에 대해 명시적으로 자세히 설명하는 기능을 한다.

1 판매촉진/판촉(Sales Promotion)

■ 판매촉진/판촉(Promotion)의 정의 및 특징

판매촉진/판촉(Promotion)은 소비자의 즉각적인 자사 제품 구매유도를 목적으로 인센티브 제공을 의미한다. 판매촉진 활동이 급성장한 이유는 판매촉진 예산의 절대액과 촉진 믹스에서 차지하는 상대적인 비중이 점진적으로 증가하고, 증가하는 판촉 활동으로 인해 즉각적인 자사 제품 구매를 자극할 능력이 갈수록 약화 되고 있기 때문이다.

판매촉진/판촉을 하는 대상에 따라 소비자 판촉, 중간상 판촉, 사업체 판촉, 영업사원 판촉으로 구분할 수 있다. '판매·촉진의 대상 고객이 누구인가? 고객이 생각하는 가치는 무엇인가? 다른 경쟁자가 제공할 수 없는 귀사의 제품 또는 서비스가 제공하는 이점은 무엇인가? 고객이 자사 제품을 구매해야 하는 가장 중요한 이유를 정확히 어떻게 설명할 수 있는가?'라는 질문에 대응한 기업의 고유한 판매 제안 사항은 모든 광고 및 판촉 활동의 핵심이 된다.

소비자 판촉은 단기적으로 소비자의 구매를 촉진, 장기적인 고객 관계 향상을 목표로 한다. 중간상 판촉은 신규 품목 취급, 재고를 미리 구매, 회사의 제품을 적극적으로 광고, 기업에게 더 넓은 진열공간을 할당하기 위해 진행한다.

사업체 판촉은 사업체 관심 유발, 구매 자극, 고객보상을 위해 진행한다. 영업사원 판촉은 영업사원에게 동기를 부여하여 기존 제품 및 신제품에 대한 영업사원 지원을 더욱 증대시키고, 신규 거래처를 개발할 수 있도록 진행한다.

■ 판매촉진/판촉(Promotion)의 구분

판매촉진/판촉은 소비자 판촉, 중간상 판촉, 사업체 판촉은, 영업사원 판촉으로 구분할 수 있다.

- 소비자 판촉 도구
  - 샘플(samples) : 샘플은 소비자에게 샘플을 무료로 제공, 시용을 유도할 목적으로 활용한다. 시용을 유도하는데 가장 효과적이라는 장점과 비교적 많은 비용을 필요로 한다는 단점이 있다.
  - 쿠폰(coupon) : 쿠폰은 구매제품에 적용될 할인액과 할인조건 및 유효기간 등을 명시한 증서이다. 시용 구매와 반복구매를 유도하고, 가격할인 효과를 소비자에게 직접 전달한다는 장점과 쿠폰 회수 기간이 상당한 시간이 필요하여 정가에 제품을 구매할 기존 고객이 사용한다는 단점이 있다.
  - 현금 환불(cash refunds) 또는 환불(rebate) : 현금 활불과 환불은 소비자가 구매증명 서류를 제조업자에게 보내면 제조업자가 일정액을 돌려주는 것이다.

- 가격할인패키지(price packs)/가격할인판촉(cents-off deals) : 제품가격을 일시적으로 인하하는 형태의 촉진 도구로써, 단기적으로 매출을 증대시키는 경우 쿠폰보다 사용 효과가 크다.
- 프리미엄(premium) : 제품 구매 시 무료로 제공되는 일종의 선물을 일컫는다. 특히 프리미엄으로 제공하는 사은품은 충동구매를 유발할 만큼의 가치를 제공해야 효과적이다.
- 광고용 판촉물(advertising specialties) 또는 판촉용 제품(promotional products) : 광고주의 이름(사명), 로고, 혹은 메시지를 담아 고객들에게 선물로 주어 브랜드인지도 높인다. 티셔츠, 볼펜, 커피 머그잔, 캘린더, 열쇠고리, 휴대용 가방, 골프공, 모자 등 다양한 형태로 제공된다.
- 구매 시점판촉(point-of-purchase promotions) : 구매하는 시점에 고객들에게 제공하는 특별진열이나 시연을 포함한다. 매장통로에 설치된 특별진열대, 음식의 무료 시식대 등이 해당된다.
- 콘테스트(contest)나 추첨(sweepstake) : 소비자에게 소정의 상금이나 상품을 제공하는 것이다. 경연은 참여자 간 경쟁을 통해 선발되므로 소비자의 지식과 노력이 요구되며 추첨은 운에 의해 결정된다.
- 게임(game) : 소비자들이 상품을 구매할 때마다 그들에게 판촉물을 제공받을 수 있는 무엇(예, 빙고숫자, 스티커 판 등)을 제출할 것을 요구하고, 평가단이 평가하여 선정한다.
- 이벤트마케팅(event marketing) 혹은 이벤트후원(event sponsorship) : 기업이 자체적으로 브랜드마케팅 이벤트를 개발하거나, 혹은 개발된 이벤트에 단독 혹은 공동후원자로 참여한다.

• **중간상 판촉 도구(Trade Promotion)** : 재판매업자들이 자사 제품을 취급하도록 진열공간을 제공하고, 소매 광고를 통하여 자사 제품을 촉

진하도록 제품을 고객에게 적극적으로 판매하기 위해서 사용한다. 소비자를 대상으로 사용하는 판촉 도구가 중간상 판촉 도구로도 활용된다. 가격할인(price-off, off-invoice, or off-list)의 경우, 소매상이 취급하는 제품에 대해 가격 할인을 실시하는 것으로써, 소매상 가격할인은 강력한 판촉 도구로 쓰인다. 중간상 할인(trade allowance)은 일정량 이상을 구매한 중간상에게 가격을 할인해주는 구매할인(buying allowance)과 중간상이 제조업자를 위하여 실시하는 판촉에 대한 지원금이나 광고 공제인 판매촉진 지원(promotional allowance)이 있다.

- **사업체 판촉 도구 :** 사업체 판촉은 거래 시작, 구매 자극, 기업고객에 관한 보상, 영업사원에 대한 동기부여를 목적으로 진행한다. 소비자 판촉이나 중간상 판촉을 위해 사용되는 도구들 중 대부분이 사업체 판촉 도구로 사용되며, 컨벤션 및 트레이드 쇼, 판매 콘테스트도 있다.

2 공중관계(Public Relation:PR)

긍정적인 제품홍보 기사(publicity)를 작성하고, 좋은 기업이미지를 구축하며, 비호의적인 소문, 이야기 또는 사건을 해결함으로써 다양한 공중들과의 우호적인 관계를 구축한다.

공중관계를 구축하기 위해 PR 부서는 언론 관계 또는 언론대행기관 관리, 특정 제품에 관한 기사를 발표하는 제품 퍼블리시티(publicity) 관리, 전국/지역적인 커뮤니티 관계를 구축하고 유지하는 커뮤니티관계(public affairs) 관리, 로비활동, 주주나 재무관련 이해관계자들과 우호적 관계 유지, 후원조성(development)의 업무를 수행한다.

3 인적판매(Personal Selling)

영업사원은 고객을 위해 가치를 부가하고 장기적으로 고객관계를 유지하기 위해 노력하는, 잘 교육을 받고 잘 훈련된 전문가이다.

영업사원은 고객의 이야기를 경청하고, 고객 욕구를 평가하며, 고객 문제 해결을 위해 노력한다. 이런 활동을 바탕으로 제품과 서비스를 판매하기 위해 영업사원의 창의적인 영업기술과 고객 관계구축에 대한 노력이 필요하다.

영업사원은 고객을 찾고, 판매기회를 포착하여, 해당 기회를 제품이나 서비스의 판매로 연결하여 회사의 이익을 증대시키기 위해 활동한다. 또한, 고객의 관심사를 파악하여 이를 해당 내부직원들에게 전달하는 거래고객의 대변자 역할도 수행한다.

고객과 회사 가치창출을 위해 마케팅 부서와 영업부서의 협업이 중요하므로, 양부서 간 원활한 의사소통, 지식과 경험의 공유가 필요하다. 이를 위해 영업과 마케팅팀 간의 공동목표 설정 및 공동보상 시스템 개발을 개발하기도 한다.

2.5 유통(Place)

1 유통(Place)의 정의 및 특징

유통경로(Channel of distribution)는 제품이나 서비스를 생산자로부터 최종 소비자에게 이동시키는 과정에 참여하는 기업과 개인들의 집합을 의미한다.

고객이 제품이나 서비스를 구매 결정하고 나면 어떻게 구매하고 어디에서 구매하는가? 사무실이나 상점에서 직접 가져오는가? 우편으로 보내는가? 이메일로 보내는가? 등에 관한 질문과 연관된 활동이 필요하다. 기업이 제품을 판매하는 장소를 변경하면 판매량과 수익성 창출이 크게 달라질 수 있다.

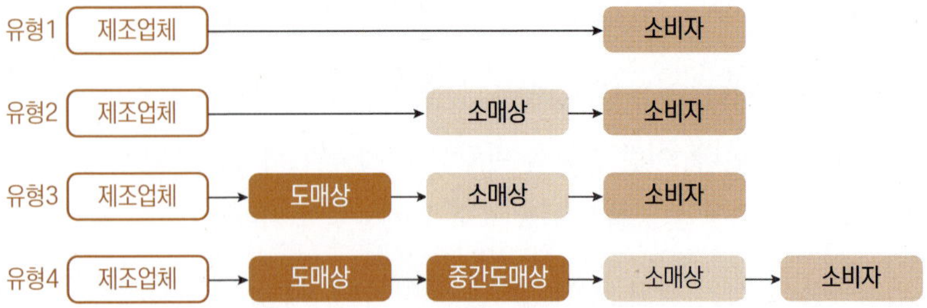

유통경로의 유형

유통경로 유형1은 직접마케팅 경로로써, 제조업자가 중간상을 거치지 않고 직접 소비자에게 판매하는 형태이다.

유통경로 유형2는 제조업자와 소비자 사이에 소매상이 개입되는 경로 형태이다.

유통경로 유형3은 제조업자와 최종 소비자 사이의 유통과정에 도매상과 소매상이 참여하는 형태이다.

유통경로 유형4는 제조업자와 소매상 사이에 여러 유형의 도매상들이 개입되는 형태이다.

고객에게 제공물을 전달하는 것은 최종 사용자에게 제품이나 서비스를 제공하는 것에 대한 물류적 노력보다 훨씬 더 많은 것을 포함한다.

제품의 물리적 이동과 관련된 물적 유통(Physical Distribution)을 원활히 진행하기 위해 고려할 사항으로 첫째, 제품의 부패성 또는 내구성을 확인해야 한다. 둘째, 브랜드 소유자가 판매 시점에 수행해야 하는 마케팅 노력에 대해 요구되는 통제의 정도이다. 셋째, 비용이다.

유통채널은 판매되는 상품에 따라 길거나 짧을 수 있다. 유통망이 짧다는 것은 카탈로그나 웹사이트를 통해 소비자에게 직접 판매하는 것을 의미한다.

카탈로그, 웹 사이트 등을 통한 직접판매를 위해서는 정교한 고가의 마케팅 장치를 설정할 필요가 없으므로, 제조업체가 쉽게 사용할 수 있다. 그러나 중개자에게 지급하는 비용이 있다.

공급망의 모든 연결지점에는 이윤이 필요하고, 공급망의 연결이 증가할 때마다 제조업체에 관한 이익이 줄어들게 된다. 또한, 진열공간, 개별 광고 또는 가격과 같은 문제에 대한 제조업체의 통제가 상대적으로 거의 없을 수 있다.

프랜차이즈는 특히 제조업체가 프랜차이즈 매장을 통해 시장에 제공물을 공급하기 때문에 비즈니스 비용을 부담할 필요가 없고, 마케팅에 대해 본사의 통제하에 이뤄지므로 서비스 시장에서 인기 있는 대안이다.

중개자로서의 현지 유통업체는 현지에 대한 마케팅 전문 지식과 정기적으로 제품을 구매하는 다수의 고객을 확보한 안정적인 매장을 보유하고 있다는 장점이 있다. 반면에 중개자는 인센티브와 가격 협상을 통해 제품 판매에 대한 동기를 부여받으므로 관리 비용이 증가할 수 있다.

2 유통경로의 종류

■ **소매상**(Retailer, Retail, Institution)

소매상은 제품이나 서비스를 최종 소비자에게 직접 판매하는데 관련된 활동을 수행하는 상인을 의미한다. 소매상은 제품을 소비자에게 판매하는 과정에서 제품의 보관 및 운송 등을 담당하여 제조업자와 도매상의 마케팅 활동 지원하고, 다양한 상품 구색을 통해 소비자에게 선택의 폭을 넓혀준다. 소비자가 원하는 상표를 소량으로 구매 가능케 하며, 제조업자와 소비자에게 필요한 정보를 제공한다.

소매점은 소매업자(소매상)의 점포 소유 여부에 따라 점포형 소매상과 무점포형 소매상으로 구분할 수 있다.

■ 점포형 소매상

[점포형 소매상의 구분]

서비스 수준	상품 구색의 폭과 깊이	상대적 상품가격
셀프서비스 소매점 한정서비스 소매점 완전서비스 소매점	전문점 백화점 슈퍼마켓 편의점 슈퍼스토어	할인점 양판점 제조업체상설할인점 회원제 도매클럽

점포형 소매상은 서비스 수준, 상품구색의 폭과 깊이, 상대적 상품가격에 따라 구분할 수 있다.

■ 서비스 수준에 따른 구분

- 셀프서비스 소매점(Self-Service Retailer)은 판매사원의 도움 없이 소비자가 직접 매장에 가서 상품을 비교해보고 선택하도록 하는 점포형태이다. 할인점, 상설할인매장, 회원제 도매클럽 등이 해당된다.
- 한정서비스 소매점(Limited-Service Retailer)은 고객이 제품 구매 시 판매 지원 서비스를 충분히 제공받는 소매점이다. 선매품(고객이 제품 구매 시 일정 수준 이상의 정보를 요구)을 주로 취급하는 백화점이 대표적인 예이다.
- 완전서비스 소매점(Full-Service Retailer)의 판매사원은 고객의 구매과정 전반에 걸쳐 정보를 제공하고 도움을 주며 고객이 여러 제품을 비교하여 선택할 수 있도록 돕는다. 완전서비스 소매점은 고관여 제품인 전문품(오디오, 사진기 등)이나 고가의 제품(보석, 디자이너 제품)을 주로 취급하는 점포이다.

■ 상품구색의 폭과 깊이에 따른 구분

취급하는 상품구색의 폭과 깊이에 따라 전문점, 백화점, 슈퍼마켓, 편의점, 드러그스토어, 슈퍼스토어 등으로 구분할 수 있다.

- 전문점(Specialty Store)은 취급되는 상품계열의 수(폭)은 한정되어 있으나 각 계열내에 상품구색을 다양하게 갖춘다.
- 백화점(Department Store)은 주로 의류, 가정용품, 잡화를 중심으로 다양한 제품 계열을 취급하며 각 제품계열은 전문구매자(Specialist Buyer)나 머천다이저에 의해 관리된다.
- 슈퍼마켓(Supermarket)은 저원가 · 저가격의 다양한 제품을 낮은 마진으로 대량 판매하는 점포이다.
- 편의점(Convenience Store)은 식료품 위주의 상품 회전율이 높은 편의품을 주로 취급하는 소규모 점포이다.
- 드러그스토어(Drug Store)는 약품, 식품, 생활용품 등을 취급하는 잡화점이다.
- 수퍼스토어(Superstore)는 슈퍼마켓에서 판매되는 식료품뿐 아니라 일상적으로 빈번히 구매되는 비식료제품도 취급함으로써 소비자의 모든 쇼핑욕구를 충족시키는 대형점포(슈퍼센터, 하이퍼마켓, 대형할인전문점)이다.

■ 상대적 가격에 따른 구분

- 할인점(Discount Store)은 유명제조업체 상표를 임대료가 싼 지역에서 상시로 낮은 가격에 판매하는 점포이다.
- 양판점(GMS: General Merchandising Store)은 식료품, 의류, 잡화 등의 다양한 상품계열을 중저가로 판매하는 실용품 중심의 종합점이다.
- 제조업체 상설할인 매장(Factory Outlet)은 다양한 재고품목들을 정상 소매가격보다 30%이상으로 저렴하게 판매하는 제조업체직영점이다.

- 회원제 도매클럽(Members Wholesale Club)은 연회비를 내는 회원들에게만 정상적인 (유명)제조업체상표를 저렴하게 판매하는 소매업태이다.
- 카탈로그점(Catalog Showroom)은 취급품목 카탈로그를 기반으로 주문하는 방식으로써 소비자가 우편, 전화 혹은 점포 쇼룸을 방문하여 전시된 품목을 주문하는 방식의 소매점이다.

■ 무 점포형 소매상

무 점포형 소매상은 직접마케팅, 자동판매기, 직접판매로 구분한다.

- 직접마케팅(Direct Marketing) : 매체를 이용하여 예상 고객들에게 제품정보를 제공함으로써, 소비자의 즉각적인 구매를 유도하는 소매행태이다.
  - 우편판매는 예상 잠재고객에게 우편으로 보내진 카탈로그를 통해 상품을 판매하는 방식이다.
  - 텔레 마케팅은 전화로 소비자에게 제품정보를 제공한 후 제품판매를 유도하거나, 고객이 TV 광고, 라디오 광고, 우 편 광고를 보고 수신자부담 전화번호(클로버 시스템)을 이용하여 주문을 하는 소매유형이다.
  - 텔레비전 마케팅은 TV 광고를 통해 제품구매를 유도하는 소매방식으로써 텔레비전 광고 및 홈쇼핑 채널을 활용하는 방식이다.
  - 온라인마케팅은 컴퓨터라는 가상공간(cyberspace)을 통해 기업과 소비자들이 상거래를 하거나 정보를 교환하는 비즈니스 방식으로써 전자상거래 주체를 소비자, 기업으로 볼 때 B2C(business to consumer), B2B(business to business), C2C(consumer to consumer), C2B(consumer to business)의 형태가 있다.

- **자동판매기(Automatic Vending Machine)** : 점포를 통해 판매하기 어려운 장소와 시간에 제품을 24시간 구매할 수 있게 하여 소비자에게 편리함을 제공한다.
- **직접판매(Direct Selling)** : 영업사원을 활용한 직접판매방식은 가장 역사가 오랜 무점포형 소매형태로써 화장품회사, 가정용 학습교재회사 등이 직접판매의 대표적 사례이다.

생각해보기 마케팅 전략 살펴보기

1. STP 전략이란 무엇인지 작성해 보시오.

2. 4P를 구성하는 요소가 무엇인지, 각 요소의 특징이 무엇인지에 관해 설명하시오.

3. 기업이 시장을 세분화하는 이유에 관해 이야기해 보시오.

4. 기업이 세분된 시장 중 목표시장 선정 시 어떤 요소를 고려해야 하는지 이야기해 보시오.

5. 기업이 포지셔닝 전략을 수립할 때 중요시 해야 하는 사항에 관에 설명하시오.

자료실 샤오미의 사물인터넷 시장 석권

2010년, 샤오미가 스마트폰 시장에 뛰어들었을 당시 샤오미는 스마트폰을 판매하지 않고 무료 안드로이드 기반의 운영 체제(OS)만 제공했다. 그럼에도 7년 만에 150억 달러의 매출을 기록하며 세계 최대 스마트폰 제조사 반열에 이름을 올렸다. 높은 성장률에 힘입어 2020년도 기준, 매출은 370억 달러를 넘어섰으며 스마트폰과 노트북을 제외한 IoT 기기 2억1000개가 90여 개국에서 판매되는 등 세계 최대의 소비자 사물인터넷(IoT) 기업으로 변모했다.

샤오미는 어떻게 이렇게 폭발적으로 성장할 수 있었을까? 그리고 다른 기업들은 샤오미의 부상으로부터 어떤 교훈을 얻을 수 있을까?에 대해 HBR이 제시하는 샤오미의 성장 비결은 '전략적 융합(strategic coalescence)'이다.

■ **소비자와의 융합**

샤오미는 미유아이(MIUI)라는 스마트폰 OS를 무료로 제공하면서 처음 중국 시장에 진입했다. 당시 시장에서는 가성비 모델부터 프리미엄 모델에 이르기까지 다양한 제품 군에서 여러 중국 기업(화웨이, 레노버 등)과 글로벌 기업(애플, 삼성 등)이 서로 경쟁하고 있었는데 중국 제조사들은 대부분 맞춤화 없이 스마트폰에 중국어 버전 안드로이드를 적용하기만 했다.

샤오미는 이들과 경쟁에 나서는 대신 기술에 능통한 스마트폰 사용자 세그먼트를 겨냥해 무료 소프트웨어를 제공하고 사용자들과 교류하면서 그들이 원하는 기능과 싫어하는 기능을 이해할 수 있는 완전한 온라인 커뮤니티를 구축했다. 소비자들은 처음으로 자신들에게 관심을 기울이는 기술 기업을 두 팔 벌려 환영했고, 적극적으로 소통하고 열성적으로 의견을 쏟아냈다.

샤오미는 기술에 정통한 소비자들이 주말을 보내러 집으로 가는 퇴근길에 다운받을 수 있도록 매주 금요일 오후에 새로운 OS 버전을 출시했다. 샤오미 엔지니어들은 사용자 제안을 받는 즉시 후속 조치를 취했으며 문제를 해결하기 위해 사용자들과 의논하기도 했다. 이런 식의 공동 개발 프로세스는 전통적인 광고에 돈을 들이지 않고도 샤오미 브랜드 인지도와 호감도를 높였으며 잠재 소비자들이 샤오미 스마트폰을 구매하도록 유도했다.

2011년 8월 처음 출시된 스마트폰은 '고품질 기술을 저렴한 가격으로' 제공하는 제품으로 포지셔닝했다. 자체 웹사이트를 통해 업계에서 가장 낮은 수준인 5% 미만의 마진으로 소비자에게 직접 판매했다. 기술에 정통한 소비자들과 직접 쌓은 관계 덕분에 전국, 지역 및 지방의 도매업체와 소매업체 등 각각 마진을 붙여 판매하는 여러 층의 중간 유통 단계를 없앨 수 있었다. 소비자에게 직접 판매하는 방식은 상당한 비용 우위를 가져왔고 타깃 소비자들은 즉각 반응했다. 지속적이고 즉각적인 제품 매진은 소셜미디어 광풍을 불러일으켰고, 이를 통해 샤오미 브랜드는 더 넓은 소비자층에게 퍼져나갔고, 더 많은 수요를 자극했다.

※ 출처: 하버드비즈니스리뷰, '샤오미가 사물인터넷 시장을 석권한 방법', 2021.04.26
(원문: How Xiaomi Became an Internet-of-Things Powerhouse)

참고문헌

박종오, 권오영, 편해수(2017), 「마케팅」, 제2판, 북넷.

안광호(2017), 「고객지향적 마케팅」, 북넷.

안광호, 권익현, 임병훈(2012), 「마케팅」, 제5판, 북넷.

Keegan, Warren J., and Mark C. Green. (2016), 「글로벌 마케팅」, 최석신, 박의범, 김보영, 김명숙 옮김, 시그마프레스.

Kerin, Roger A., Stenven W. Hartley, and William Rudelius. (2013), 「핵심 마케팅」, 김성영, 임채운, 이진용, 채명수, 최인혁 옮김, 생능출판사.

Kotler, Philip, and Gary Armstrong. (2017), 「Kotler의 마케팅 원리」, 안광호, 유창조, 전승우 옮김, 시그마프레스.

"AMA." 2008. Accessed September 24, http://www.marketingpower.com/AboutAMA/Pages/DefinitionofMarketing.aspx.

"American Management Association" http://www.amanet.org.

Borden, Neil H. (1964), "The concept of the marketing mix." *Journal of Advertising Research*. Reprinted in Ben M. Enis, Keith K. Cox, and Michael P. Mokwa (eds.), (1995) *Marketing Classics*. Prentice-Hall, Englewood Cliffs, NJ.

Hackley, Chris. (2009), *Marketing: a Critical Introduction*. Sage Publications.

Kotler, Philip, and Gary Armstrong. (2017), *Principles of Marketing*. Pearson.

McCarthy, Jerome E. (1960), *Basic Marketing – A Managerial Approach*. Richard D. Irwin, Inc.

Polese, Francesco, and Evert Gummesson. (2017), *Marketing*. G. Giappichelli.

Tracy, Brian. (2014), *Marketing* (*the Brian Tracy Success Library*). Amacom.

CHAPTER 6

사업계획서

사업계획서는 사업목적 달성을 위해 기업의 비전과 활동의 범위, 자원의 활용 방법, 경영 전략 등 사업에 관한 제반 사항을 체계적으로 작성한 문서이다. 사업 성공의 중요한 출발점이라는 측면에서 정확한 목적과 용도에 맞게 체계적으로 잘 작성해야 한다.

시장에서의 성장 가능성, 조직의 구성, 필요자금 조달 및 소요계획, 마케팅 전략 수행, 사업추진 일정 등 사업에 관한 전반적인 실행계획을 사업계획서에 포함한다. 따라서 체계적인 사업추진을 위한 설계, 계획사업을 위한 시뮬레이션 과정, 이해관계자에 관한 설득자료, 사업추진을 위한 소개자료 등에 사용하는 것이 사업계획서이다.

SECTION 1

사업계획서의 본질

1 _ 사업계획서란 무엇인가?

1.1 사업계획서의 정의

사업계획서는 사업계획이라고도 하고, 영어로 business plan으로 불린다. 사업계획서에는 기업의 비전 실현과 목표 달성을 위한 여러 가지 구체적인 청사진을 담고 있다.

사업계획서(事業計劃書)에서 사업(事業)은 목표 달성을 위한 지속적인 활동, 계획(計劃)은 지속적인 활동의 방법, 순서, 규모 등에 관한 실천방안이나 전략, 서(書)는 글로 적절히 표현하는 것을 의미한다.

따라서 사업계획서는 이윤 추구를 실현하기 위하여 기업이나 조직의 보유자원을 효율적으로 활용하기 위한 경영전략을 체계적으로 문서화 한 것이라고 할 수 있다. 즉, 사업목적 달성 전략을 설정하고, 주어진 인적, 물적, 기타 자원을 효율적으로 운영, 관리함으로써 효과를 극대화하기 위한 구체화 된 문서이다.

1.2 사업계획서의 목적

사업계획서를 작성하는 목적과 의의는 무엇일까? 우리는 살아가면서 계획을 세우는 것과 세우지 않는 것은 엄청난 차이가 있다는 것을 잘 알고 있다. 여행을 위해서 미리 여행계획을 세우고 여정표를 작성한다. 또 집을 짓거나 제품을 제작하기 전에 미리 설계도를 작성해본다. 새롭게 사업을 시작하거나 신규 사업에 진출하고자 할 때도, 미리 사업계획서를 작성함으로써, 경제적, 시간적 낭비와 시행착오를 최소화하고자 할 수 있다.

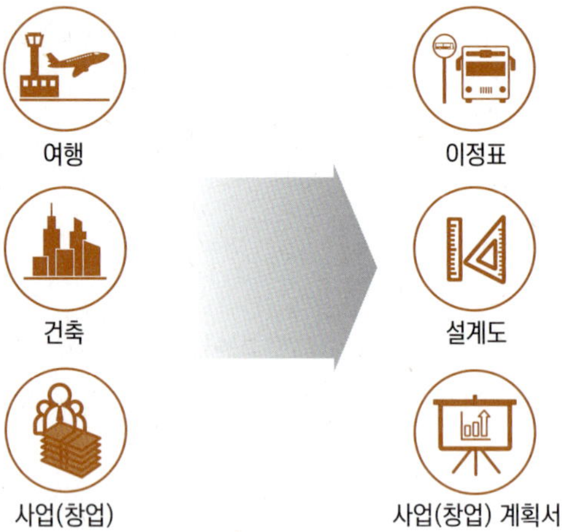

사업계획서는 사업의 성공 여부를 가늠하는 중요한 척도이다. 사업의 다양한 각도에서 타당성을 체계적으로 점검해 볼 수 있기 때문이다. 이런 이유로 사업에서 나타나는 변수를 명확히 파악하고 분석함으로써 문제점을 해결하고, 리스크(risk)를 사전에 방지할 수 있는 도구가 되기도 한다. 또한, 사업추진 일정대로 진행할 수 있게 하여 비용을 절감할 수 있고, 추진 상황을 관리하고 평가하는 점검 기준과 시뮬레이션 도구로 사용된다. 그리고 이해관계자에게 설득자료가 되거나, 자금 조달 및 각종 정책 지원을 받기 위한 자료가 된다.

따라서 사업계획서의 목적은 사업의 실패를 최소화하여 목표를 달성하고, 어떻게 경영할 것인지에 관한 기준을 제공하는 기업경영의 설계도라고 볼 수 있다.

1.3 사업계획서의 필요성

사업계획서는 왜 필요할까?

사업계획서는 작성하는 과정에서 사업에 관한 성공 가능성, 리스크(risk), 시장 및 사업 환경을 객관적으로 파악하는 데 필요한 자료가 된다. 이를 통해 사업계획을 수립하면서 위험요소를 사전에 진단하고, 대책을 수립하여 위험부담을 줄일 수 있다.

계획된 사업을 효과적이고, 효율적으로 추진하기 위해 도움을 받을 수 있는 동업자, 투자자, 금융기관, 이해관계자, 고객 등에게 사업을 설명하고, 설득하는 기초자료와 홍보자료로서 사업계획서가 되기도 한다.

사업계획서는 고급인력을 채용하는 데도 필요하다. 사업계획서 내용이 충실하고 타당성이 높다면 실력을 갖춘 직원 채용에서 비전, 사업목표, 경영방침, 기업문화 등을 효과적으로 알리는 방법이 된다. 즉, 고급인력 채용의 설득력 있는 자료가 되기도 한다.

사업상 필요한 인·허가 신청을 위한 기초자료로 제출되기도 하고, 창업자와 창업팀, 신규 사업 관련 구성원 간의 커뮤니케이션 도구로도 활용된다.

2 _ 사업계획서의 특성

사업계획서 작성은 많은 시간과 노력이 필요하다. 창업 준비 단계에서의 사업계획서, 창업 후의 사업계획서, 사업의 단계에 따른 사업계획서 등은 상황과 여건에 따라 수정 보완되어야 한다. 세계적인 창업학자로 유명한 제프리 티몬스(Jeffry Timmons) 교수에 의하면 효과적이고 체계적인 사업계획서를 준비하려면 최소한 200시간 이상이 소요되며, 하루종일 사업계획서 작성에 시간을 투자한다 해도 3개월에서 1년 정도가 필요하다고 강조한다. 이렇게 많은 시간이 소요되는 것은 빠른 환경변화, 경쟁의 심화, 예상하기 어려운 변수에 대한 고려가 필요하기 때문이다. 따라서 사업계획서의 특성을 파악하는 것은 좋은 사업계획서를 작성하는데 있어 매우 중요하다.

좋은 사업계획서가 갖추어야 할 6가지 특성을 살펴보면 다음과 같다.

- **첫째, 목표 중심이어야 한다.**

  사업계획서는 용도에 따라 내용이 달라져야 한다. 작성할 사업계획서가 무슨 용도도 사용될 것인지에 관해 명확하게 밝히고, 용도에 따라 적합한 내용과 방향으로 작성해야 활용가치가 높다. 투자유치를 위한 사업계획서와 팀원이나 고급인재 채용을 위한 사업계획서는 내용과 구성이 같을 수 없다.

- **둘째, 명료성이 있어야 한다.**

  사업계획서는 전달하려는 핵심내용과 강점을 간단·명확하게 제시해야 한다. 전달자의 아이템이 아무리 좋더라도 명료하게 표현하지 못하면 전달받는 사람은 이해하기 어려워 소기의 목적을 달성하는 데 한계가 발생한다. 내용이 불명확하고 애매하다면 전달받는 사람은 관심을 나타내지 않을 뿐만 아니라 사업에 관한 이해가 낮고, 잘 모른다고 치부해 버릴 수 있다.

• 셋째, 객관성이 있어야 한다.

사업계획서의 내용은 객관적인 자료로 구성해야 한다. 검증되지 않은 데이터나 근거, 출처가 명확하지 않은 자료는 전달받는 사람들의 신뢰를 얻기 어렵다. 통계청, 미디어, 공식기관, 정부, 지자체 그리고 설문조사 등 검증된 객관적인 자료를 제시하되, 반드시 데이터의 출처를 밝히는 것이 필요하며, 이는 신뢰성을 높이는 결과로 이어진다.

• 넷째, 차별성이다.

사업계획서를 비교할 때, 가장 중요한 요소 중 하나가 차별화이다. 차별화한 포인트가 없다면 그것은 모방이나 미투(me too)제품 또는 서비스에 지나지 않아 투자자나 이해관계자들로부터 외면받는다.
사업 경쟁자들과 비교하여 어떤 강점이 있고, 기회 요인이 무엇이며 경쟁에서 이길 수 있는 전략 등을 강조하는 차별화가 무엇보다 중요하다. 사업성이나 시장성 등 사업계획서 평가에서 가장 중요하게 생각하고, 높은 비중을 차지하는 것이 차별성이기 때문이다.

• 다섯째, 일관성이 있어야 한다.

문서작성에서 일관성은 가장 기본적인 요소이다. 사업계획서가 일관성이 없다면 읽는 사람은 무슨 이야기를 하는지 이해하기 어렵다. 논리적이고 체계적으로 제시하지 않는다면 작성한 사업계획서를 신뢰하지 않는 것은 당연하다.

• 여섯째, 단순성이다.

전문지식이나 식견을 가지고 있지 않은 일반인이 보아도 이해할 수 있도록 작성하는 특성을 '단순성'이라고 한다. 대부분 자기 분야나 기술에 관해 전문용어를 대수롭지 않게 사용하는 경향이 있다. 사업계획서는 전문가를 포함해 전문지식이 부족한 일반인도 쉽게 이해할 수 있을 정도로 최대한 평이하게 작성해야 한다.

3 _ 사업계획서의 종류

사업계획서는 목적이나 필요로 하는 주체에 따라 사업계획서에 포함해야 할 내용이 달라진다. 어떤 용도로 누가 보느냐에 따라 회사소개용, 자금신청용, 투자유치용, 기술평가용, 인·허가용, 주요인증용, 입찰제안용으로 나눌 수 있다.

사업계획서는 한 가지 용도만 있는 것이 아니라 각각의 용도에 따라 작성하는 방법도 다르다. 회사소개용은 회사를 소개하는 내용을 중점적으로 작성하고, 지원사업과 같은 자금신청용은 기업 소개보다 아이템에 관한 내용을 더 강조해야 한다.

회사소개용은 회사 개요, 사업개요, 제품 및 기술 현황, 시장환경, 개발 및 투자 계획, 마케팅 계획, 생산계획, 조직 및 인원현황, 이익 및 재무계획 등 모든 내용을 포함한다.

투자유치용은 벤처캐피털, 엔젤 투자자, 일반 투자자 등으로부터 투자받기 위한 목적으로 투자 목적 및 의도가 무엇보다 중요하다. 또한, 투자자금 회수 방안을 반드시 제시하고, 시장과 사업성, 수익성, 경영진의 역량을 포함해야 한다.

기술평가용은 기술의 경쟁력, 사업화 가능성 위주로 작성해야 한다. 기술의 명확한 비교우위의 차별성과 독창성을 포함하고, 기술개발 전략이나 로드맵을 제시해야 한다.

입찰제안용은 기업의 신용과 안정성을 중시하므로 예전의 입찰 성과 중심으로 작성해야 한다. 소요 비용자금, 자금 운용계획, 상환계획 등 자금흐름과 관련된 내용을 구체적이고 타당하게 제시하고, 매입·매출처, 관계회사 등을 명확하게 제시하여 신용도를 높여야 한다.

[사업계획서 용도별 구성내용]

● = 필수 항목, ○ = 권장 항목

구분	회사 소개용	자금 신청용	투자 유치용	기술 평가용	인허가용	주요 인증용	입찰 제안용
회사개요	●	●	●	●	●	●	●
사업개요	●	○	●	○	○	○	●
제품 및 기술현황	●	●	●	●	●	●	●
시장환경	●		●	●	○	○	○
개발계획	●	●	●	●	●	●	○
투자계획	●	●	●	○	●	●	●
마케팅 계획	●	●	○	○	○	○	●
생산계획	●	●	○	○	●	●	●
조직 및 인원계획	●	○	○	○	○	●	○
이익 및 재무계획	●	○	●	○	○	○	●
투자제안	●	○	●	●	○	○	○

4 _ 사업계획서 작성 절차

사업계획서 작성방법은 정해진 방식으로 작성하는 것이 아니라 사업계획서 작성의 기본 원칙을 지키면서 사업의 특성과 용도에 맞게 창의적이고 차별적으로 작성하는 중요하다. 이런 이유로 작성 절차에 의해 사업계획서를 작성해야 한다.

사업계획서 작성 절차는 전체목차의 구성, 시장·기술 분석, 계량분석, 내용작성 및 편집 순으로 진행된다. 전체목차 구성 단계에서는 사업내용에 맞는 전체목차를 구성한다. 제품내용, 서비스 흐름, 사업모델 등에 관한 자료를 점검하여 정리하는데, 사업계획서 양식이 별도로 정해진 경우는 작성에 필요한 내용을 확인한다.

시장·기술 분석 및 계획수립 단계에서는 시장 및 기술의 동향, 경쟁사에 관한 조사를 하고, 조사 내용을 바탕으로 사업의 방향 및 실행계획을 수립한다. 이때 자료는 공신력과 객관성이 있는 자료를 바탕으로 작성해야 한다.

계량분석 단계에서는 투자·매출·비용·손익 등을 분석한다. 이때 발생하는 문제점을 확인하여 목표 달성 가능성 수치가 나올 때까지 반복한다. 계량적 수치는 보수적인 값보다는 현실화한 데이터를 통해 접근하는 것이 좋다.

내용작성 및 편집단계에서는 목표에 맞게 완료된 항목부터 세부내용을 작성한다. 편집은 사업계획서 양식에 적절한 글씨체, 글자 크기, 이미지 크기 등을 통일해야 하고, 유사아이템 사업계획서를 참고해도 된다.

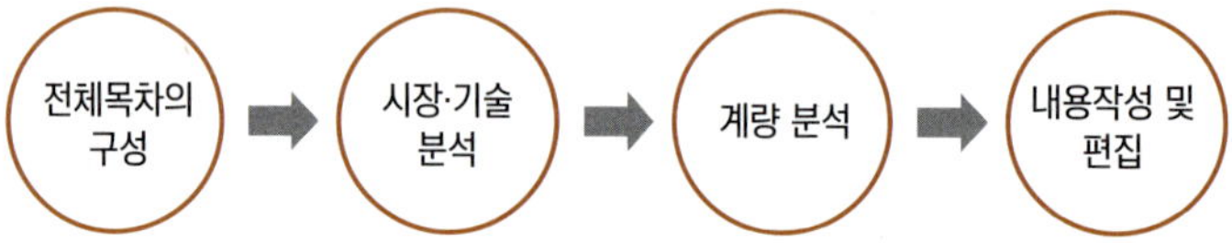

이러한 절차에 의해 사업계획서를 작성할 때 고려해야 할 요건들이 있다.

첫째, 사업이 성공할 수 있다는 자신감을 표현해야 한다. 이는 사업계획에 관해 제기할 수 있는 문제점들을 이해하고 대응방안을 마련하여 전달 내용의 요점을 간결하게 제시하기 위해 가져야 할 태도적인 측면이다.

둘째, 주장하는 논리가 일관되게 논리적이어야 한다. 전문지식이 없는 사람도 이해하기 쉽도록 일관성과 논리성을 갖추어 작성해야 한다. 특히, 가장 중요한 것은 제품이나 서비스가 좋다는 이야기보다, 왜 팔리고 이용할 수밖에 없는지를 논리적으로 어필하는 것이 중요하다.

셋째, 사업계획서 작성을 위한 여러 가지 분석 자료가 많이 필요하다. 충분한 자료준비 과정은 쉽지 않을뿐더러 시간도 많이 소요되며, 작업 준비 중 불안감도 느끼게 한다.

사업계획서 작성을 위해 필요한 자료는 관련 기관이나 단체의 정보를 활용하면 좋다. 인구통계자료는 국가통계 포털에서, 산업자료는 정부(지자체) 및 산하기관의 정책·통계자료나 협회·단체 등의 통계 및 보고서 등의 자료를 통해 구할 수 있다. 시장현황은 E-나라 지표, 경쟁 현황은 금융감독원의 DART 시스템, 키프러스 같은 특허 정보를 검색하면 된다. 또

구분	조사대상
인구통계 자료	통계청 KOSIS 국가통계포탈(www.kosis.kr) 주민등록 통계(각 지자체)
산업현황 자료	정부(지자체) 및 산하기관 정책, 통계자료 협회/단체의 통계 및 보고서 자료 통계로 보는 뉴스(www.datanews.co.kr)
시장현황 자료	E-나라지표(www.index.go.kr) 관련연구소의 시장조사 및 보고서 자료 민간 리서치전문기관 보고서 자료
경쟁현황 자료	금융감독원 기업공시 자료(http://dart.fss.or.kr) 한국IR협의회(http://www.kirs.or.kr) 특허정보 검색(http://kipris.or.kr)
고객현황 자료	한국소비자원(http://kca.go.kr) 민간 경제연구소(www.seri.org)
기타자료	공공데이터 포털(www.data.go.kr) 국회 도서관(www.nanet.go.kr) 구글 고급 검색

한, 소비자 관련 자료는 한국 소비자원이나 민간 기업 경제연구소, 구글, 네이버와 같은 포털 등에서 구할 수 있다. 자료를 쉽게 구할 수 있는 곳이나 방법을 많이 알고 있으면, 많은 시간과 노력을 줄일 수 있는 경쟁력이 된다.

5 _ 사업계획서의 구성 및 주요 내용

사업계획서의 구성과 내용은 용도와 목적에 따라 달라진다. 사업계획의 목적에 맞게 필요한 항목을 선택하거나 새로운 요소를 추가하여 융통성 있게 목차를 구성해야 한다. 사업의 목적과 특성에 따라 내용과 순서도 창의적으로 구성하면 좋다.

5.1 사업 요약

사업계획서를 작성한 후에 핵심내용을 요약하는 부분이다. 사업의 비즈니스 모델, 시장전망, 적용기술, 투자금액, 사업 비전 등 사업의 중요한 핵심내용과 그 가치를 설명하는 부분이다. 전문지식이 없는 사람이나 사업과 무관한 사람도 쉽게 이해할 수 있도록 한눈에 알아볼 수 있도록 작성해야 한다. 특히, 제품과 서비스에 관한 독창성과 경제 우위성을 부각해야 하며, 목표시장, 시장추세 및 성장성 등에 관해 핵심사항을 제시해야 한다.

5.2 회사 개요

회사 개요는 어떤 회사인지에 관해 간단하게 회사의 실체를 보여주는 부분이다. 작성 항목은 일반현황, 주요 연혁, 비전, 경영이념, 조직현황, 지식재산권 현황, 주주현황, 재무현황 등이다. 작성할 때 사실에 근거해서 최대한 성실히 작성하는 것이 핵심이며, 조직과 핵심 역량을 부각하여 회사의 비전과 목표를 최대한 정량적으로 기재하는 것이 중요하다.

5.3 사업 개요

회사의 사업이 꼭 필요하고 타당한 사업이라는 점을 나타내 끝까지 읽어보도록 하여 매력적인 사업임을 부각하는 부분이다. 사업 개요는 매력성, 이해력, 타당성, 명확성을 바탕으로 작성해야 한다.

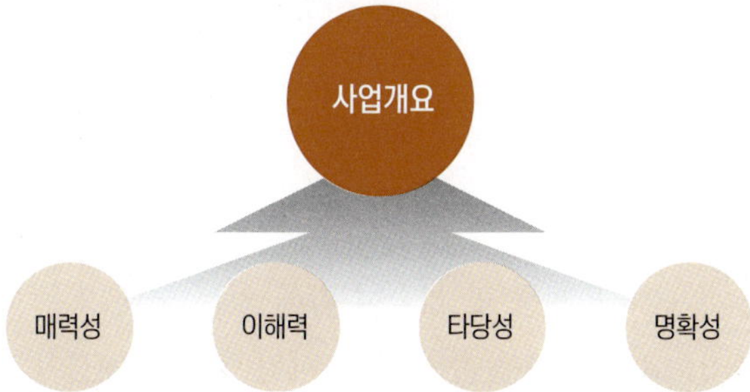

사업개요의 구성요소

사업 개요를 제시할 때는 사업의 핵심 역량 및 목표를 강조하는 것이 필요하다. 특히, 사업목표는 정량적 목표와 정성적 목표로 나누어서 나타낸다. 예를 들어 정량적 목표는 매출, 영업이익, 매출 신장률을 몇 퍼센트 달성하여 5년 후 매출 목표 달성의 구체적 수치로 제시하는 것을 말한다. 정성적 목표는 가장 취업하고 싶은 1위 기업 실현과 같은 표현을 의미한다.

사업의 목표뿐만 아니라 대표자나 경영조직, 구성원들의 핵심 역량도 평가 시 매우 중요한 요소이므로 강하게 부각해야 한다. 사업의 목적, 필요성 및 효과를 통해 사업 타당성에 관한 근거를 제시하고, 진출하는 사업 분야 및 영역 부분, 그리고 단계별 사업 방향과 전략 등도 기재한다.

5.4 제품 및 기술현황

제품 및 기술현황 부분은 자사 제품이나 기술이 우수하고 경쟁우위가 있다는 점 즉, 지금까지 나온 것 중에서 제일 좋은 제품이며 기술이라는 점을 부각하는 부분이다.

작성 항목은 제품의 개요, 제품 구성, 제품 특징 및 효과, 제품 관련 기술, 기술 우위성 등으로 구성한다. 국내·외 유사한 제품이나 기술을 같은 기준으로 비교·분석하여 차별화한 경쟁우위를 나타내야 한다. 또한, 자사 제품 및 기술의 우수성과 성장 가능성, 지속가능성 등을 인정받을 수 있도록 작성해야 한다.

5.5 시장환경

시장환경 분석은 자사 제품 및 기술이 속해 있는 국내 또는 해외 시장에서 매출액 증가, 고객 수의 증가와 같은 사업 성공 가능성이 크다는 점을 강조해야 한다. 작성 항목으로는 시장규모, 시장전망, 경쟁 현황, 고객 동향, SWOT 분석 등이 있다.

경쟁 현황은 반드시 자사와 경쟁사를 비교 분석하고, 제시한 시장 분석 자료에는 출처가 분명해야 하며, 공신력 있는 기관에서 발표한 자료를 준비하는 것이 좋다.

5.6 개발계획

개발계획은 현재 개발현황과 방향, 개발 인력 및 비용, 개발 일정 등을 기재한다. 이를 통해 연구개발 성과와 향후 연구 방향과 개발에 필요한 소요 비용과 일정 등을 부각한다.

개발 제품과 서비스의 구체적인 계획을 기술하여 특징이 무엇이고, 어떤 기술을 활용하여 개발할 것인지에 관한 전반적인 계획을 수립하고 제시한다. 사업 포트폴리오와 연계된 기술 로드맵을 제시하고, 어려운 기술적 용어나 자세한 기술적 설명은 부록에 첨부한다.

주요항목	주요내용
개발목표	• 최종적으로 개발하고자 하는 제품과 서비스는 무엇인가? • 세부적으로 개발되어야 하는 것은 무엇인가?
핵심기술	• 제품과 서비스 개발에 필요한 핵심 기술은 무엇인가? • 자사가 보유한 기술과 핵심 역량은 무엇인가?
리스크 관리 방안	• 개발하는 과정에서 발생할 수 있는 문제점은 무엇인가? • 문제 발생 시 대처방안은 무엇인가?

출처: 김진수, 이창영(2014), 「창조경제시대의 기업가정신과 창업론」.

5.7 투자 계획

투자 계획은 사업장이나 시설공사, 설비 및 비품, 기타 투자 계획 등을 종합하여 투자금액에 관한 명확한 산출 내용을 제시하는 부분이다. 시설과 설비의 상세 내용 및 구매처를 기재하는 것이 좋으나, 앞으로 구매할 시설 및 설비에 관해 사전 조사가 이루어져 정확한 금액을 제시해야 신뢰도가 높다.

시설 및 설비투자에 필요한 비용뿐만 아니라 무형자산에 관한 계획도 필요하다. 개발하고 있는 제품 또는 기술이 필요한 핵심기술을 사용하기 위해 특허를 구매하거나, 사용료를 지급해야 할 경우도 발생하기 때문이다.

5.8 마케팅 계획

마케팅 계획은 제품과 서비스에 따라 제각각 다르게 나타날 수 있으므로, 상황과 여건을 고려하여 창의적으로 작성해야 한다. 마케팅 계획수립을 위해서는 분석 도구들로 잘 알려진 3C 분석, SWOT 분석, STP 분석 등을 사용한다. 이런 툴(tool)을 활용하여 마케팅 컨셉(concept)을 만들고 마케팅믹스(4P)를 작성한다. 이를 통해 구체적인 마케팅 계획과 예산을 책정하여 실현 가능성을 강조한다. 마케팅 계획에서도 차별화 전략은 매우 중요하다.

5.9 생산계획

생산계획은 최종 결과물이 나오는지에 관한 계획을 수립하는 부분이다. 생산 공정 과정과 일정, 생산에 필요한 원·부재료 구매계획, 품질유지를 위한 계획 등을 제시한다.

상세하게 단계별 실행계획 및 예산을 기재하고, 연도별 생산계획과 산출 근거, 구체적인 품질 목표 및 관리 방안 등을 기재해야 한다.

5.10 조직 및 인원계획

조직 및 인원계획은 사업 규모와 경영환경에 적합한 조직구성, 핵심인재 구성 내용 등을 보여준다. 이는 사업 및 기술력에 관한 안정성 확보를 부각하는 부분이다. 핵심인재 확보 및 확보방안과 사업단계별 조직, 인력 계획을 상세하게 작성해야 한다.

출처 : 김진수 외(2017), 「4차 산업혁명 시대의 기술창업론」.

인원현황

구분	임원	관리자	일반직	기능직	계
합계	ADD TEXT	ADD TEXT	ADD TEXT	ADD TEXT	ADD TEXT

5.11 이익 및 재무계획

이익 및 재무계획은 매출과 이익계획으로도 표현한다. 작성 항목으로는 매출계획, 제조원가계획, 비용계획, 추정 손익계산서, 추정재무제표 등이 있다. 재무 관련 수치는 반드시 산출근거를 제시해야 하고, 손익계산서 및 재무 상태의 연계성을 확보하는 것과 연도별 매출액 및 순이익의 추세를 강조해야 한다.

5.12 투자제안

투자제안은 외부 투자자로부터 투자자금을 유치하기 위한 부분으로서, 투자자금 용도의 사업계획서에는 가장 중요한 핵심이다. 투자자에게 투자해야 하는 이유와 투자했을 때 예상되는 수익은 얼마인지 수치로 제시해야 한다. 또한, 투자자의 관심을 유도할 수 있는 내용과 투자조건이나 투자금 회수 방안을 제시하는 것이 작성 시 유의해야 할 점이다.

생각해보기 사업 설계는 사업계획서에서 시작한다.

1. 사업계획서란 무엇인지 적어보시오.

2. 사업계획서의 특징에 관해 설명하시오.

3. 사업계획서 작성 시 고려해야 할 사항에 관해 이야기해 보시오.

4. 사업계획서는 목적이나 용도에 따라 구성을 달리하지만, 공통으로 적용해서 제시해야 할 내용은 무엇이라고 생각하는지 이야기해 보시오.

자료실 계획에 관한 명언

- 생텍쥐페리(Antoine Marie Jean-Baptiste Roger de Saint-Exupéry), 프랑스 소설가
  "계획 없는 목표는 한낱 꿈에 불과하다."
- 마크 휴즈(Mark Hughes), 축구 감독
  "계획 없이 산다는 것은 실패할 계획을 세운 것과 마찬가지다."
- 피터 드러커(Peter Ferdinand Drucker), 경영학자
  "어떤 현상을 숫자로 표현하지 못하는 것은 문제를 정확하게 파악하지 못한 것이고, 정확히 모른다는 것은 관리 할 수 없다는 것이며, 관리할 수 없다는 것은 현재의 상태를 개선할 수 없다."
- 나폴레언 힐(Napoleon Hill), 성공학 연구자
  "잘 지어진 모든 집은 설계도라는 명확한 계획과 함께 시작된 것이다."
- 피츠휴 닷슨(Fitzhugh Dodson), 소아과 교수
  "목적과 거기에 도달하는 계획이 없으면 당신은 목적지 없이 항해에 나선 배와 같다."
- 노먼 빈센트 필(Norman Vincent Peale), 저술가, 연설가
  "오늘과 모든 날을 위해 당신의 일을 계획하라. 그런 다음 오늘과 모든 날에 당신의 계획을 실행에 옮겨라."

SECTION 2

사업계획서의 작성법

1_ 사업계획서 작성

사업계획은 기업의 사업화뿐만 아니라 기존사업 변경 및 개선, 투자유치, 신규 사업 진출에 매우 큰 영향을 미치는 활동이다. 이를 문서화 한 사업계획서는 기업을 평가하는 중요한 요소로서, 작성이 한 번에 끝나지 않고, 지속적으로 수정 보완해야 한다.

사업계획서는 명확한 목표를 가지고 이해관계자에게 설득을 통해 공감을 이끌어야 한다. 따라서 사업계획서는 차별적 우위를 포함하는 것이 좋다.

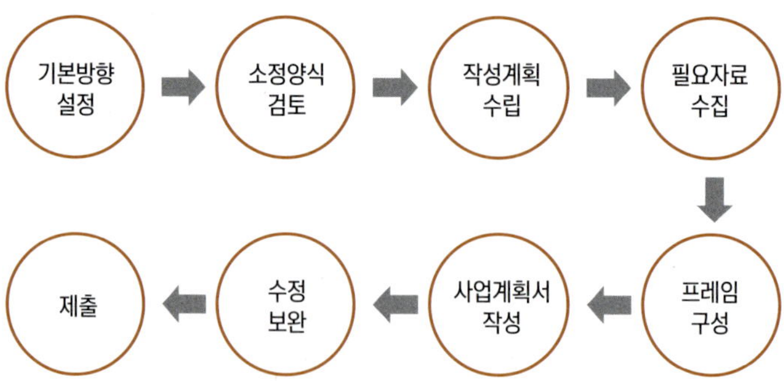

출처: 김보라(2018), 「스타트업 창업실무와 경영전략」.

즉, 강점이나 문제해결 능력, 쉽게 모방하지 못하는 것, 쉽게 얻을 수 없는 것 등 남과 비교하여 경쟁우위 요소를 담는 것이 좋다. 이러한 내용을 바탕으로 아래 순서대로 사업계획서를 완성한다.

1.1 기본방향의 설정

사업계획서의 작성 목적 및 용도에 따라 기본목표와 방향을 설정한다. 사업 타당성 검증, 창업(사업)계획 구체화, 자금 조달, 각종 인허가 등을 고려해야 한다.

1.2 제출 양식 검토

사업계획서를 요구하는 기관별로 정해진 양식이나 작성기준이 있는지를 파악해야 하고, 해당 양식에 맞게 빠짐없이 작성해야 한다. 별도의 지정된 양식이 없는 경우 비슷한 사업계획서를 참고하거나 자유롭게 작성한다.

1.3 작성계획 수립

작성을 위한 세부적인 역할분담을 하고, 제출기한에 맞춰 효율적으로 작성해야 한다. 특히, 기한 엄수를 위해 일정계획을 구체적으로 해야 한다.

1.4 필요자료 수집

사업계획서 작성을 위한 자료는 내부 자료와 외부자료, 그 밖에 기타 자료로 나누어 수집하고 정리해야 한다. 내부 자료는 회사에 관련된 자료로서 회사 개요, 제품/서비스와 기술사항, 마케팅, 재무/회계 관련 자료, 조직 및 운영 사항 등이 있다. 외부자료는 산업 현황, 시장 상황, 경쟁자 정보 등이 있고, 기타 자료는 세부적인 작성지침이나 잘 작성된 다른 회사의 사업계획서 등이 있다.

1.5 프레임의 전반적인 구성

사업계획서를 어떤 형태로 작성할 것인가, 포함할 내용은 무엇이고 차별적 우위를 어떻게 표현할 것인가에 관한 논리적인 구성과 내용 흐름을 맥락에 맞게 정해야 한다.

1.6 사업계획서 작성

작성요령을 충분히 숙지하고, 수집된 자료와 프레임 구성을 목적과 용도에 맞게 하여 사업의 방향성이 확실하게 보이도록 작성하는 것이 중요하다.

1.7 수정 · 보완

사업계획의 용도와 목적에 맞게 재구성과 편집이 필요하다. 또한, 작성한 내용과 작성 흐름에 관한 전문적인 의견을 수렴하고 검증을 하는 것도 좋다. 최종 편집단계에서는 구체적인 수치와 출처 명시가 정확한지 검토하고, 오 · 탈자 여부도 철저하게 확인해야 한다.

1.8 제출

모든 작업이 완료되면 제출기한과 제출 장소, 방법에 맞게 제출하고, 제출 여부를 반드시 확인해야 한다.

2 _ 사업계획서 작성 시 유의사항

좋은 사업계획서를 작성하는 데 왕도나 지름길은 없다. 따라서 사업계획서를 작성할 때 일반적으로 유의해야 할 사항들을 참고하면 많은 도움이 된다.

- 사업의 성공 가능성을 구체화
- 핵심 역량의 준비와 내부 역량 강화
- 팩트(Fact)에 근거하여 정직하게 기술하고, 다른 사람의 입장에서 기술
- 용도 및 목적에 맞게 이해관계자의 관심 사항을 파악하여 기술
- 경쟁우위를 바탕으로 차별점과 강점 강조
- 누구나 이해할 수 있는 쉬운 용어를 사용하고, 간결하고 명확하게 표현
- 모든 수치와 내용의 일관성 유지
- 비논리적인 주장을 배제하고, 확실한 근거와 사실에 근거하는 객관성 유지
- 계획된 사업의 문제점과 리스크(risk)를 나타내고, 대안까지 제시
- 제품이나 기술보다 사업성과 시장성에 중점
- 낙관적인 희망 사항보다 실현 가능성에 중점
- 객관적인 통계자료를 바탕으로 예측치의 신뢰도 향상
- 전문용어 사용을 자제하고, 기술적인 사항도 이해하기 쉬운 단어나 용어 사용
- 재무자료 작성 시 구체적이고 논리적인 산출근거 제시
- 목차, 강조표시, 폰트, 문자 크기 등을 적절히 활용하여 강조사항 부각
- 외부 전문가 자문이나 의견을 통해 지속적인 수정 보완

3 _ 매력적인 사업계획서

이해관계자가 매력적으로 생각하는 사업계획서가 있다. 인적자원 역량의 우수성, 확실한 수익 제시, 사업기회와 환경에 대한 통찰력 제시, 독창성과 창의성, 쉬운 언어로 간결하고 명쾌한 설명, 시장성 강조로 구성하면 차별적이고, 고유한 전략을 세울 수 있다.

■ 인적자원 역량의 우수성

기업을 움직이는 중요한 요소 중 하나가 바로 사람이다. 벤처투자자는 사람에 투자하지 아이디어에 투자하지 않는다는 이야기를 강조한다. 인적자원의 우수성이나 가능성이 보인다면 현재의 부족한 상황을 극복하고, 곧바로 추월할 수 있다는 확신을 한다. 이런 이유로 인적자원의 강점과 핵심 역량은 아무리 강조해도 부족함이 없다.

■ 확실한 수익 제시

기업은 이윤 추구가 목적이다. 수익을 얼마만큼 내고 있으며 앞으로 어떻게 증가시킬 것인지를 제시하지 못한다면 관심을 두지 않는다. 객관적인 자료를 통해 확실한 수익에 관해 설득력 있게 제시해야 한다.

■ 사업 기회와 환경에 대한 통찰력 제시

자신의 사업과 기업 환경에 관해 전문적이고 탁월한 통찰력을 제시함으로써, 창업(사업) 성공이 높다는 인식을 지니게 하는 것이 좋다.

■ 투자금에 대한 회수 여부

투자자의 가장 큰 관심은 투자금의 회수 여부이다. 투자금회수를 언제 얼마를 할 수 있는지는 여러 가지 요인들이 복합적으로 작용하므로 불확실하다. 따라서 구체적인 투자금회수 계획을 제시되는 것이 중요하다.

■ 독창성과 창의성

이해관계자는 많은 사업계획서를 접하게 된다. 비슷비슷한 내용으로 작성하면 식상하다는 인상을 주게 된다. 내용 표현 방법, 논리전개에 있어서 개성 있는 차별성을 갖춰 설득력 있게 표현하여 관심을 두게 하는 것이 좋다.

■ 쉬운 언어로 간결하고 명쾌한설명

기술용어는 되도록 배제하고, 자사의 제품이나 서비스를 명쾌하게 설명하는 것이 중요하다. 이해관계자는 시간도 부족하고, 여러 개의 사업계획서를 읽어야 하므로 쉬운 언어로 의미가 잘 전달되게 해야 한다.

■ 시장성을 강조

많은 사람은 기술을 강조한다. 시장에서 팔리지 않는 제품이나 서비스는 아무 소용이 없다. 따라서 시장이 먼저이다. 시장에서의 성장성과 성장 가능성 제시를 구체적이고 논리적으로 설명해야 한다. 실제적인 구매 가능성을 입증한다면 신뢰도를 높일 수 있다. 설문 결과나 시제품 사용 경험 자료를 첨부하면 훨씬 효과적이다.

4 _ 표준사업계획서(PSST)

우리나라는 창업지원 정책에 있어서 세계 어느 나라와 비교해도 뒤쳐지지 않고 적극적인 편이다. 매년 예비창업자와 초기창업자와 7년 미만의 창업자들을 위한 정부 지원사업을 시행하고 있다.

창업 지원사업에서 요구하는 사업계획서가 바로 표준 사업계획서로 'PSST 방식'이다. 문제 인식(Problem), 실현 가능성(Solution), 성장전략(Scale-up), 팀 구성(Team)으로 구성되어 있어 영어 첫 글자를 따서 PSST 방식이라고 한다. 중소벤처기업부(창업진흥원)의 창업 포털인 K-Startup에서 공지와 함께 양식을 제공하고 있다.

창업경험이 없거나 없다고 인정되는 일반 예비창업자가 지원하는 예비창업패키지 지원사업의 사업계획서 작성내용은 다음과 같다.

예비창업패키지 일반·특화 분야 사업계획서

1. 문제 인식(Problem)

1-1. 창업아이템의 개발 동기

1-2. 창업아이템의 목적(필요성)

2. 실현 가능성(Solution)

2-1. 창업아이템의 개발·사업화 전략

2-2. 창업아이템의 시장 분석 및 경쟁력 확보방안

3. 성장전략(Scale-up)

3-1. 자금 소요 및 조달계획

3-2. 시장진입 및 성과창출 전략

3-2-1. 내수시장 확보방안

3-2-2. 해외 시장 진출 방안

4. 팀 구성(Team)

4-1. 대표자 및 팀 원의 보유역량

5 _ 표준사업계획서(PSST) 작성하기

사업계획서는 이해하는 것도 중요하지만, 본인의 아이디어를 가지고 직접 작성해보고 수정 보완하는 것이 중요하다.

PSST 방식을 적용하여 가장 기본적인 내용을 중심으로 작성하는 연습을 해보자.

PSST 방식에서 첫 번째, 문제 인식에서는 창업아이템의 개발 동기와 필요성을 제시해야 한다. 두 번째, 실현 가능성에서는 창업아이템의 개발·사업화 전략과 시장 분석 및 경쟁력 확보방안을 설명해야 한다. 세 번째, 성장전략에서는 자금 소요 및 조달계획과 시장진입, 성과창출에 관한 내용을 기술해야 한다. 마지막으로 팀 구성은 대표자와 팀원의 보유역량과 고용계획, 업무파트너 등을 작성한다.

이 책에서는 모두가 창업을 전제로 사업계획서를 작성하는 것이 아니므로, 아이디어를 정리하는 차원에서 약식으로 작성해본다. 사업계획서를 이해하고, 필요에 따라 나의 아이디어를 구체화하여 필요한 정부 지원사업이나 창업경진대회, 창업동아리 활동 등에 지원하는 사업계획서 작성의 기초자료로 사용할 수 있다.

내가 생각하는 아이디어/아이템을 다음 양식에 따라 작성해보자.

■ 나의 아이디어/아이템 명

창업아이템의 네이밍은 매우 중요하다. 심사위원이나 사업계획서를 읽는 사람이 기술적 배경이나 전문지식이 없어도 제목만 보고도 아이템이 무엇인지 파악하여 흥미를 갖게 하는 중요한 요소이기 때문이다. 좋은 네이밍이 되려면 아이템을 사용하는 고객, 아이템의 차별적 특징, 제품인지 서비스인지를 표현하는 것이 좋다. 예를 들어 직장인을 위한 주변 식당의 혼잡도 확인 및 예약 플랫폼 또는, 직장인을 위한 해저 식물을 활용한 기능성 숙취 해소제 등이 아이디어나 아이템을 이해하기 쉽도록 네이밍했다고 볼 수 있다.

■ 나는 누구인가?

창업에서 창업자의 역량과 정신은 다른 여러 요인보다 중요하다. 따라서 나에 관해 객관적으로 살펴보는 것이 필요하다. 내가 좋아하는 것은 무엇이고, 잘하는 것은 무엇인지 적어본다. 나는 다른 사람들과 비교해서 어떠한 강점이 있으며, 생각하고 있는 아이디어나 아이템과 관련된 경험의 유·무를 적는다. 예를 들어 아르바이트를 해봤다거나, 가족이 아이템과 유사한 일을 하고 있다거나, 관련 기업에서 업무를 직접 경험한 일 등이다. 이외에 내가 흥미를 갖고 있거나 관심 있는 분야도 적어본다.

■ 아이템 선정의 배경/동기

나의 아이디어나 아이템을 생각하게 된 배경이나 동기를 기술한다. 일상생활에서 우연한 기회에 떠오를 수도 있고, 관찰을 통해 발견할 수도 있다. 주변 사람들의 불편함을 보거나, 이런 것이 있으면 현재의 문제를 해결할 수 있다는 생각에서 출발할 수 있다.

기존 아이템의 모방을 통해서 획기적이고 혁신적인 새로운 아이디어가 떠오를 수 있다. 이러한 배경이나 동기가 사업계획서를 읽는 사람으로부터 공감을 이끌 수 있으므로, 일반적이지 않으면서 설득력 있는 내용으로 작성하는 것이 효과적이다.

■ 문제 제기

PSST 방식에서 강조해야 할 중요한 부분이 바로 문제 인식이다. 문제 인식은 크게 문제 제기와 해결방안으로 구분한다. 기존 경쟁 제품이나 서비스의 불편한 점이나 문제점이 무엇인지 어필해야 한다. 일방적인 주장이나 주관적인 의견보다 보도자료, 통계자료, 사용 경험 등 객관적인 근거자료를 제시하여 문제를 확실하게 제기하는 것이 효과적이다.

■ 해결방안 및 기대효과

기존제품에 없는 새로움을 추가하거나, 제시된 문제를 획기적으로 개선하고, 불편함을 해소하는 해결방안을 제시한다.

이때 나의 아이템이 신뢰할 수 있고, 객관적인 확실한 대안임을 제시해야 한다. 이를 통해 고객의 니즈(needs)를 충족시켜 나의 고객으로 이동하게 하는 효과를 기대할 수 있다.

기대 효과에는 제공자와 이용자, 판매자와 구매자, 지역사회나 국가 측면에서 예상되는 경제적, 사회적, 개인적 실익을 간단하게 기술한다.

■ 시장과 경쟁자

나의 아이디어나 아이템에 관한 다음의 질문에 예상되는 답변을 작성해 보자.

- 나의 아이템을 구매가능한 핵심고객
- 예상되는 고객의 수
- 나의 아이템과 비슷한 경쟁자
- 나의 아이템에 대한 새로운 경쟁자의 출현 가능성 (높은지, 낮은지)
- 나의 아이템이 진입하려는 시장규모는 시장규모는? (억 원)

- 나의 아이템의 시장 전망은? (성장, 쇠퇴, 유지)

- 공급자나 외부개발 업체는? (많다, 적다)

■ 차별화 요소

차별화란 제품이나 서비스 제공을 통해 기업이 산업 전반에서 독특하다고 인식될 수 있는 그 무엇을 창조함으로써 경쟁우위를 달성하려는 것을 의미한다.

차별화는 5가지 전략 즉, 경제성, 기호성, 편의성, 신뢰성, 기능성을 기반으로 한 컨셉(concept)과 소비자가 느끼는 혜택이 균형을 이룰 때 비로소 차별화가 완성된다. 경쟁 제품과 자사 제품 사이에 뚜렷한 차별을 두고 디자인, 가격, 편리성 등의 우위성을 고객에게 전달함으로써 점유율을 확대할 수 있다.

나의 아이템이 기존제품이나 경쟁자에 비해 어떤 차별화를 시도하려는지 컨셉(concept)을 잡고 작성한다. 예를 들어 가격을 저렴하게, 맞춤형으로, 편리하게, 사용하기 쉽게, 체험 수 있게 등 고객이 나의 아이템에서 매력을 느끼고 구매할 수 있도록 차별화요인을 파악하여 작성한다.

▪ 유통경로

유통경로는 제품이나 서비스를 생산자로부터 소비자에게 전달하는 과정으로, 생산과 소비를 이어주는 중간역할을 의미한다. 전통적인 유통경로는 제조업자에서 도매상, 소매상,소비자 순서로 전달된다. 하지만 현재는 이러한 방식이 시장과 상황에 따라 유연하게 단계를 줄이기도 한다. 따라서 고객에게 제품이나 서비스를 판매하거나 전달할 경로를 예상하여 작성한다. 예를 들어 인터넷 판매나 쇼핑몰과 같은 온라인 방식인지, 매장을 운영하거나 할인점, 프랜차이즈 매장 등과 같은 방식을 채택하는 오프라인 방식인지, 두 가지 방식을 병행할 것인지를 정하여 작성하면 된다.

온라인 방식에는 종합몰, 전문몰, 폐쇄몰, 홈쇼핑, 오픈마켓, 해외마켓, 소셜커머스 등이 있다. 또한, B2C, B2B, B2G 중 어떤 판매방식을 선택할 것인지 정하여 작성하면 된다.

B2C(Business to Customer)는 최종 소비자에게 직접 판매하는 방식이고, B2B(Business to Business)는 기업에 판매하거나, 판매 대행회사, 위탁업체를 통해 소비자에게 판매하는 방식이며, B2G(Business to Government)는 정부나 지자체 등 공공기관이 고객이 되는 판매방식을 말한다.

▪ 수익구조

사업하는 목적은 이윤추구이다. 사업계획서에서 가장 관심을 가지고 보는 부분이 바로 어떻게 수익을 창출하는가이다. 나의 아이템을 통해서 수익 창출을 어떻게 할 것인가를 설득력 있게 자세히 작성하는 것이 중요하다.

예를 들면 제품판매, 중개수수료, 대여임대료, 광고수익, 제품제조, 구독료, 데이터판매, 가입비, 제휴서비스, 라이센스 로열티, 외주용역, 부가서비스 판매 등이 있다. 산출근거나 예상 매출계획도 작성하면 신뢰도를 높일 수 있다.

■ 홍보 마케팅

나의 아이템이 세상에 나왔을 때, 가장 중요한 것이 고객들에게 알려지는 일이다. 사업경험이 없거나 초기창업기업이 가장 어려워하는 부분이 홍보 마케팅이다.

홍보 마케팅에서 봉착하는 어려움은 누구에게 어떤 방법으로 나의 아이템을 알리고 구매로 이어지게 할 것인가, 홍보 마케팅을 위한 비용은 얼마가 적정한가, 과연 효과가 있을 것인가이다. 따라서 효율적이고 효과적인 홍보방안을 찾아 나의 아이템을 알리고, 소문이나 화재로 이어져 구매하게 하는 노력이 무엇보다 필요하다.

홍보 마케팅 방안으로는 언론 보도, 이벤트, 카페/블로그 마케팅, 특허출원, 영상미디어 채널 운영, 강연활동, 클라우드펀딩, 방송 출연, 홈페이지 제작, SNS/메신저, 배너광고, 오프라인광고, 인쇄물이나 판촉물 등을 활용하는 방법이 있다.

창의적이고 효과적인 방법을 개발하여 화재의 대상이 되거나, 적은 비용으로 효과를 극대화해야 한다. 소요 비용이나 어떻게 수행할 것인지의 방법과 자체제작 또는 외주 등 제작방법도 구체적으로 작성하는 것이 좋다.

■ 요구되는 대표(팀원)의 역량, 팀원 수

나의 아이템으로 사업할 경우, 대표자나 구성원이 갖추어야 할 역량이나 역할 및 필요 인원에 관해 작성한다. 아이템 사업화를 위해 필요한 전문 지식이나 리더십, 추진력과 같은 내적인 역량의 내용도 포함한다.

■ 제품/서비스의 생산/제작방법, 예상 비용

나의 아이템 사업화를 위해 시제품(MVP)을 제작하여 고객들의 반응을 반영해야 한다. 그러기 위해서 시제품 제작은 어떤 방법을 사용할 것인지 정하는 것이 필요하다. 예를 들어 자체제작, 외주용역, 자체와 외주용역의 혼합 방법 등이 있다. 예상 비용은 산출근거를 자세하게 파악하여 작성하는 것이 필요자금을 예상하는 데 도움이 된다.

▪ 자금조달 방법, 예상 조달금액

창업하면 반드시 초기 자금이 필요하다. 제품이나 서비스 제작비용, 운영비, 인건비, 기계장치비, 마케팅 등을 위해 사용하는데, 초기 인건비는 최소화해도 필수 불가결한 자금은 집행해야 한다. 따라서 사업을 시작할 때 필요한 자금을 어떻게 조달할지 결정해야 한다. 예를 들어 부모님이나 친지, 친구들로부터 빌리는 자체 조달 방법, 금융권으로부터 융자, 정부나 지자체, 기업, 학교로부터 창업 지원자금, 클라우드펀딩 등 투자유치 등이 있다. 자금을 어떤 방법으로 조달하고 얼마 정도의 시드 머니(seed money)가 있어야 사업을 시작할 수 있는지 예상해야 한다.

▪ 예상 질문과 답변

사업계획서를 작성하여 제출하고 발표한 후, 많은 질문을 받을 수 있다. 따라서 사전에 예상 질문을 예측하여 작성하고 답변을 준비해 놓아야 한다. 그래야 당황하지 않고 아이템에 관한 이해도와 답변자의 신뢰성을 높여 성공 확률을 높인다.

- 예상 질문 1

- 예상 질문 2

- 예상 질문 3

- 답변 1

- 답변 2

- 답변 3

생각해보기 사업계획서 작성

1. 사업계획서 작성이 어려운 이유는 무엇인지 적어보시오.

2. 사업계획서 작성 시 유의사항에는 어떤 것들이 있는지 적어보시오.

3. 매력적인 사업계획서가 되기 위한 전략에 관해 이야기해 보시오.

4. 표준사업계획서를 의미하는 'PSST'에 관해 설명해 보시오.

자료실 표준사업계획서(PSST) 들여다보기

PSST 방식이란 창업기업이 성장할 수 있는 아이템을 개발 및 개선하는 방법이다. 또한, 창업자과 팀원들이 지원하는 아이템 개발과 개선을 위해서 무엇이 필요한지 인지하고, 해결방안을 제시한 후, 아이템이 개발된 후 성장 가능성을 바탕으로 목표를 설정하며, 이를 실행할 수 있는 팀원이나 파트너들의 보유역량과 필요 역량에 관해 계획을 세우는 방식이기도 하다.

- Problem : 창업기업이 아이템을 개발하는데 고객기반, 경쟁자기반 차별성 등의 인지를 통해서 해결요소가 무엇인지 파악한 단계이다.
- Solution : 파악한 요소들을 어떻게 해결할 것인지에 관한 방안을 도출하고, 해결을 위한 자원과 프로세스를 작성하는 단계이다.
- Scale up : 솔루션을 통해 만들게 된 사업아이템의 예상
  매출은 얼마인지 추정하고, 이를 실현할 필요 자금과 자금 조달 방안에 관해 작성하는 단계이다.
- Team : 추정된 매출액 달성을 위해 필요한 인력(팀원과 파트너 등)에 관한 실행계획을 수립하는 단계이다.

PSST 방식의 사업계획서 핵심은 문제를 스스로 인지하고, 이를 해결하여 성장하려는 창업자나 기업을 발굴해서 실제 성장에 필요한 요소들을 지원하는 체계 구축에 있다.

출처: https://kugancity.tistory.com/entr

참고문헌

김보라(2018), 「스타트업 창업실무와 경영전략」, 늘푸른하늘.

김진수, 최종인, 임충재, 고혁진, 이유종(2017), 「4차 산업혁명 시대의 기술창업론」, 탑북스.

손동원, 허원창(2020), 「스타트업 창업바이블」, 시대가치.

이채원, Justin Craig, 한창희(2014), 「새로운 모색과 창조」, 중소기업청·한국청년기업가정신재단.

사업계획서 양식

예비창업패키지 일반·특화 분야 사업계획서 작성 목차

항목	세부항목
□ 일반 현황	- 기본정보 : 대표자, 아이템명 등 일반현황 및 제품(서비스) 개요 - 세부정보 : 신청분야, 기술분야 신청자 세부정보 기재
□ 창업아이템 개요(요약)	- 창업아이템 소개, 차별성, 개발경과, 국내외 목표시장, 창업아이템 이미지 등을 요약하여 기재

항목	세부항목
1. 문제인식 (Problem)	**1-1. 창업아이템의 개발동기** - 창업아이템의 부재로 불편한 점, 국내·외 시장(사회·경제·기술)의 문제점을 혁신적으로 해결하기 위한 방안 등을 기재
	1-2 창업아이템의 목적(필요성) - 창업아이템의 구현하고자 하는 목적, 국내·외 시장(사회·경제·기술)의 문제점을 혁신적으로 해결하기 위한 방안 등을 기재
2. 실현가능성 (Solution)	**2-1. 창업아이템의 개발·사업화 전략** - 비즈니스 모델(BM), 제품(서비스) 구현정도, 제작 소요기간 및 제작방법(자체, 외주), 추진일정 등을 기재
	2-2. 창업아이템의 시장분석 및 경쟁력 확보방안 - 기능·효용·성분·디자인·스타일 등의 측면에서 현재 시장에서의 대체재(경쟁사) 대비 우위요소, 차별화 전략 등을 기재
3. 성장전략 (Scale-up)	**3-1. 자금소요 및 조달계획** - 자금의 필요성, 금액의 적정성 여부를 판단할 수 있도록 사업비 (사업화자금)의 사용계획 등을 기재
	3-2. 시장진입 및 성과창출 전략 - 내수시장 : 주 소비자층, 시장진출 전략, 그간 실적 등 - 해외시장 : 글로벌 진출 실적, 역량, 수출망 확보계획 등
4. 팀 구성 (Team)	**4-1. 대표자 및 팀원의 보유역량** - 대표자 및 팀원(업무파트너 포함) 보유하고 있는 경험, 기술력, 노하우 등 기재

예비창업패키지 일반·특화 분야 사업계획서

※ 본문 5페이지 내외(일반현황, 창업아이템 개요 제외)로 작성(증빙서류 등은 제한 없음), '파란색 안내 문구'는 삭제하고 검정색 글씨로 작성하여 제출, 양식의 목차, 표는 변경 또는 삭제 불가 (행추가는 가능, 해당사항이 없는 경우 공란으로 유지)하며, 필요시 사진(이미지) 또는 표 추가 가능

□ 일반현황 (※ 온라인 신청서와 동일하게 작성)

신청 분야(택 1)	□ 일반분야		□ 특화분야(소셜벤처 분야 제외)		
창업아이템명	*신청·접수 마감일에는 문의 및 접속이 원활하지 않을 수 있으므로, **마감일 2~3일 이전에 'K-startup 가입 및 사업신청'을 미리 진행**하는 것을 권장*				
신청자 성명		생년월일	*1900.00.00*	성별	*남 / 여*
직업	*교수 / 연구원 / 일반인 / 대학생...*	사업장 설립 예정지	*OO도 OO시*		

팀 구성 (신청자 제외)				
순번	성명	담당업무	주요경력	비고
1	*OOO*	*마케팅*	*OO대 경영학 전공*	*채용예정('21.8)*
...				

□ 창업아이템 개요(요약)

창업아이템 소개	· ※ 핵심기능, 소비자층, 사용처 등 주요 내용을 중심으로 간략히 기재	
창업아이템의 차별성	· ※ 창업아이템의 현재 개발단계를 포함하여 기재 예) 아이디어, 시제품 제작 중, 프로토타입 개발 완료 등	
국내외 목표시장	· ※ 국내 외 목표시장, 판매 전략 등을 간략히 기재	
이미지	※ 아이템의 특징을 나타낼 수 있는 참고 사진(이미지) 등 삽입	※ 아이템의 특징을 나타낼 수 있는 참고 사진(이미지) 등 삽입
	< 사진(이미지) 등 제목 >	< 사진(이미지) 등 제목 >

1. 문제인식 (Problem)

1-1. 창업아이템의 개발동기

※ 국내·외 시장(사회·경제·기술)의 문제점을 혁신적으로 해결하기 위한 방안 등을 기재

○

-

-

○

-

-

1-2. 창업아이템의 목적(필요성)

※ 창업아이템의 구현하고자 하는 목적, 국내·외 시장(사회·경제·기술)의 문제점을 혁신적으로 해결하기 위한 방안 등을 기재

○

-

-

○

-

-

2. 실현가능성 (Solution)

2-1. 창업아이템의 개발·사업화 전략

※ 비즈니스 모델(BM), 제품(서비스) 구현정도, 제작 소요기간 및 제작방법(자체, 외주), 추진일정 등을 기재

○

-

○

-

< 사업 추진일정 >

추진내용	추진기간	세부내용
제품보완, 신제품 출시	*2021.0.0. ~ 2022.0.0.*	*OO 기능 보완, 신제품 출시*
홈페이지 제작	*2021.0.0. ~ 2022.0.0.*	*홈페이지 제작*
글로벌 진출	*2021.0.0. ~ 2022.0.0.*	*국내 OO업체 계약체결*
투자유치 등	*2022.0.0. ~ 2022.0.0.*	*VC, AC 등*
...		

2-2. 창업아이템의 시장분석 및 경쟁력 확보방안

※ 기능·효용·성분·디자인·스타일 등의 측면에서 현재 시장에서의 대체재(경쟁사) 대비 우위요소, 차별화 전략 등을 기재

○

-

○

-

3. 성장전략 (Scale-up)

3-1. 자금소요 및 조달계획

※ 자금의 필요성, 금액의 적정성 여부를 판단할 수 있도록 사업비 사용계획 등을 기재

※ 사업화자금 집행계획(표)에 작성한 예산은 선정평가 결과 및 창업아이템 개발에 대한 금액의 적정성 여부 검토 등을 통해 차감될 수 있음 (평균 51백만원, 최대 1억원 지원)

※ 사업비 세부 집행기준은 최종통과자를 대상으로 교육 진행

○

-

-

○

-

-

< 사업화자금 집행계획 >

비 목	산출근거	금액(원)
재료비	*• DMD소켓 구입(00개×0000원)*	*3,448,000*
	• 전원IC류 구입(00개×000원)	*7,652,000*
시제품제작비	*• 시금형제작 외주용역(OOO제품 .... 플라스틱금형제작)*	
지급수수료	*• 국내 OOO전시회 참가비(부스임차, 집기류 임차 등 포함*	
...		
...		
...		
...		
합 계		

3-2. 시장진입 및 성과창출 전략

3-2-1. 내수시장 확보 방안

※ 내수시장을 중심으로 주 소비자층, 주 타겟시장, 진출시기, 시장진출 및 판매 전략 등을 구체적으로 기재

○

-

3-2-2. 해외시장 진출 방안

※ 해외시장을 중심으로 주 소비자층, 주 타겟시장, 진출시기, 시장진출 및 판매 전략 등을 구체적으로 기재

○

-

4. 팀 구성 (Team)

4-1. 대표자 및 팀원의 보유역량

○ 대표자 현황 및 역량

※ 창업아이템과 관련하여 대표자가 보유하고 있는 이력, 역량 등을 기재

-

○ 팀원현황 및 역량

※ 사업 추진에 따른 팀원현황 및 역량을 기재

순번	성명	주요 담당업무	경력 및 학력 등	채용시기
1	*OOO*	*S/W 개발*	*컴퓨터공학 박사*	*'21.8*
2		*해외 영업(베트남, 인도)*	*OO기업 해외영업 경력 8년*	
3		*R&D*	*OO연구원 경력 10년*	

○ 추가 인력 고용계획

순번	주요 담당업무	요구되는 경력 및 학력 등	채용시기
1	*S/W 개발*	*IT분야 전공 학사 이상*	*'21.12*
2	*해외 영업(베트남, 인도네시아)*	*글로벌 업무를 위해 영어회화가 능통한 자*	
3	*R&D*	*기계분야 전공 석사 이상*	

○ 업무파트너(협력기업 등) 현황 및 역량

※ 창업아이템 개발에 필요한 협력사의 주요역량 및 협력사항 등을 기재

순번	파트너명	주요역량	주요 협력사항	비고
1	*OO전자*		*테스트 장비 지원*	*~'21.00*
2	...			*협력 예정*